WERBEANZEIGEN UND WERBESENDUNGEN

von Bernhard Sowinski

R. OLDENBOURG VERLAG MÜNCHEN

CIP-Kurztitelaufnahme der Deutschen Bibliothek

Sowinski, Bernhard:
Werbeanzeigen und Werbesendungen / von Bernhard
Sowinski. – 1. Aufl. – München : Oldenbourg,
1979.
   (Analysen zur deutschen Sprache und Literatur)
   ISBN 3-486-03931-8

© 1979 R. Oldenbourg Verlag GmbH, München

1. Auflage 1979   4 3 2 1   83

Umschlaggestaltung: Norbert Höchtlen, München
Satz und Druck: E. Rieder, Schrobenhausen
ISBN: 3-486-03931-8

Inhaltsübersicht

Die Werbung, speziell die Wirtschaftswerbung für Konsumgüter, hat in den letzten Jahrzehnten ein Ausmaß erreicht, das die Versuche der Bewußtseinsbeeinflussung durch andere Institutionen und Medien wahrscheinlich weit übertrifft. Durch Werbeschilder und Werbebilder, Werbesendungen in Fernsehen und Rundfunk, Werbeanzeigen in Illustrierten, Wochenblättern und Tageszeitungen, Werbehinweisen über den Postweg oder durch Verteiler, auf Verpakkungen und Transportmitteln erreichen uns täglich ungezählte Werbeappelle. Als eine wichtige Form der gezielten Informationsvermittlung, Bewußtseins- und Verhaltenssteuerung verdient die Werbung dementsprechend von allen kritisch beachtet zu werden.

Für die Wissenschaft und für die pädagogischen Disziplinen ergibt sich dabei die Aufgabe, die Werbevorgänge systematisch zu erfassen und kritisch darzustellen und diese Erkenntnisse so weiterzuvermitteln, daß möglichst viele die Vorgehens- und Wirkweisen der Werbung durchschauen, um nicht von ihnen manipuliert zu werden. Eine solche Beschäftigung mit Werbung ist zugleich erkenntnisfördernd wie emanzipierend. Sie ist vor allem der Schule aufgetragen, die junge Menschen mit den wichtigsten Erkenntnissen der Vergangenheit und Gegenwart vertraut machen und auf die sie umgebende jetzige und künftige Welt vorbereiten soll.

Die Polyfunktionalität der Werbevorgänge verlangt hier Analysen unter verschiedenen Aspekten, wobei die Erfassung und Beschreibung der Phänomene und ihrer Hintergründe eine wichtige Voraussetzung für die Vermittlung kritischer Erkenntnisse bildet, die hier angestrebt wird.

Der Deutschunterricht wird sich dabei vorwiegend auf die kommunikativen Probleme der Informationsvermittlung und Verhaltensbeeinflussung durch sprachliche und andere Zeichen konzentrieren müssen. Die nachfolgenden Darlegungen sehen darin ihren Schwerpunkt, wollen aber auch andere Probleme, die damit zusammenhängen, nicht ausklammern. Die Untersuchungen richten ihren Blick vor allem auf das wichtigste Werbemittel, die Werbeanzeigen in Illustrierten und anderen Druckerzeugnissen, beziehen aber auch andere Werbeträger wie z. B. Rundfunk und Fernsehen ein. Wenn im folgenden häufig von Werbeanzeigen die Rede ist, sind meistens gleiche oder ähnliche Gegebenheiten in der Werbung dieser

Medien mitgemeint, auch wenn dies nicht ausdrücklich formuliert wird.

Das Buch baut auf der vorhandenen wissenschaftlichen und fachdidaktischen Literatur auf und sucht diese durch weitere Angaben und aktuelle Beispiele zu ergänzen sowie in der Vielfalt der Aspekte zusammenzufassen.

1. Zur Geschichte der Werbung

,,Die Geschichte der Werbung ist im Grunde eine Geschichte der menschlichen Kultur. Seit des Menschen Geist schafft, seit Gut und Böse miteinander im Streit liegen, gibt es Werbung...«[1]. Wenn man den Begriff des Werbens, der Werbung, weit genug faßt – und Wortgebrauch und Vorstellungen zwingen uns dazu –, so haben wir es bereits dort mit ,werben' zu tun, wo ein Mensch den anderen mit gewaltlosen, angenehm wirkenden Mitteln zu einem geänderten Verhalten veranlassen möchte. Nach der biblischen Urgeschichte ist die erste Werbung somit vom Teufel ausgegangen, als er in der Form der Schlange Eva und Adam zum Apfelgenuß und zum Ungehorsam gegen Gott verführte. Aber auch im Tierreich lassen sich bestimmte Formen des Werbens beobachten, so wenn das männliche Tier um das weibliche Tier ,wirbt'. Wahrscheinlich ist das deutsche Wort *werben*, das ursprünglich *sich drehen, sich drehend bewegen* bedeutet und mit dem Substantiv *Wirbel* verwandt ist[2], in diesem Zusammenhang zu sehen; ,werben' wurde so wahrscheinlich zuerst auf das Balzverhalten bestimmter Tiere bezogen. Schon früh wurde das Wort für die menschliche Brautwerbung übernommen; später wurde es für die Soldatenwerbung üblich. Für die der Werbung ähnlichen Vorgänge der religiösen und politischen Ideenverbreitung kam dagegen seit dem 17. Jh. das Wort ,Propaganda' auf, für letztere im 20. Jh. auch das Wort ,Agitation'[3].

---

[1] Hans Buchli, Geschichte der Werbung, in: Karl Chr. Behrens, Handbuch der Werbung, Wiesbaden 1970, S. 11 – vgl. auch zum folgenden Buchlis Darstellung.
[2] Vgl. Kluge-Mitzka, Etymologisches Wörterbuch der deutschen Sprache, Berlin [16]1953, S. 871.
[3] Vgl. Ruth Römer, Die Sprache der Anzeigenwerbung, Düsseldorf 1968 (Sprache der Gegenwart 4), S. 10.

Die Wirtschaftswerbung, speziell die Absatzwerbung, ist an die Entwicklung des Handels gebunden. Mit dem Aufkommen der Schrift bei den Phöniziern, Sumerern, Chinesen und Ägyptern wird sie neben der mündlichen Form erstmalig auch durch Bild und Schrift verdinglichte Formen angenommen haben. Aus späterer römischer Zeit sind solche Werbezeichen und Werbeinschriften in der Form von Relieftafeln, Mauerankündigungen, Schildern und Malereien überliefert. Im Mittelalter trat zunächst wieder die stets wichtige Rolle der mündlichen Werbung hervor: Herolde, Trommler und Marktschreier mit ihrem ‚reclamare' (vgl. das spätere frz. reklame) bildeten mancherorts sogar eigene Zünfte (die ‚clamatores')[4]. Mauerschreibereien, -anschläge, Zunftzeichen und Schilder wirkten ergänzend. Mit dem Aufkommen des Papiers (in Spanien und Italien im 13., in Deutschland im 15. Jh.) ergab sich ein billigeres Schreibmaterial (Pergament war für wirtschaftliche Ankündigungen zu teuer), das besonders nach der Entwicklung der Holzschnittdrucktechnik und des Buchdrucks mit beweglichen Lettern massenhaft genutzt werden konnte. So werden seit dem 16. Jh. wirtschaftliche Werbetexte häufiger, meist in der Form von Flugblättern oder Messekatalogen.

Auch die politische und religiöse Werbung begann diese Formen zu nutzen (vgl. die reiche Flugschriftenliteratur der Reformationszeit). Seit dem 17. Jh. kommen dann Zeitschriften und Zeitungen als Werbeträger hinzu. Die moderne Wirtschaftsbewerbung mit graphischen Werbeträgern beginnt allerdings erst im 19. Jh. Obwohl die Industrielle Revolution und mit ihr die Produktion von Massenbedarfsgütern zunächst von England ausging, wurde Amerika zur Wiege dieser Warenwerbung. In den 60er Jahren des 19. Jhs. begann hier die große Ausdehnung des Inseratenwesens (advertising), Frankreich schloß sich dieser Mode an und steuerte dazu den eigenen Begriff ‚Reklame' bei, der später auch in Deutschland für diese Form der Handelsinformationen üblich wurde[5]. Hier wehrten sich allerdings zunächst führende Köpfe wie der Sozialistenführer Lasalle, der Nationalökonom Sombarth und der Historiker Treitschke gegen das ‚Inseratenwesen'. Der Wirtschaftsprofessor Gustav Schmoller bezeichnete die Reklame sogar als ‚unlautere Kunst'[6]. In

---

[4] Vgl. H. Buchli, a. a. O., S. 14.
[5] Vgl. H. Buchli, a. a. O., S. 21 f.
[6] Vgl. H. Buchli, a. a. O., S. 23.

der Wilhelminischen Zeit wurde aber auch Deutschland von der Anzeigenflut in Zeitungen u. dgl. überschwemmt; sie behielt hier allerdings noch lange das Odium des Unlauteren, Unwahren.

Die moderne Konsumwerbung ist eng verknüpft mit dem Aufkommen der *Markenartikel,* jenen jeweils einheitlichen Produkten einer bestimmten Großfabrikation, die – meist in einheitlicher Verpackung – unter einem bestimmten Namen bekanntgemacht und überall vertrieben werden. Für die notwendige Popularität sorgen besondere Werbeagenturen oder die Werbeabteilungen der Produktionsfirmen oder beide gemeinsam. Die Geschichte der modernen Absatzwerbung ist weitgehend die Geschichte der Markenartikel und ihrer Werbekampagnen sowie der Werbefirmen oder -abteilungen, die diese Kampagnen starteten und durchführten[7]. Diese Entwicklung setzte in den USA früher ein als in Europa und führte zu einem raschen Anwachsen dieser Branche sowie der Ausgaben für Werbung: von 50 Millionen Dollar 1867 auf 350 Millionen 1890, auf 3,426 Milliarden 1929 und schließlich auf über 12 Milliarden 1962[8]. Ein Beispiel für den Erfolg eines der ältesten Markenartikel bietet der Frucht- und Kräutersirup, den 1886 der Drogist J. S. PEMBERTON in Atlanta/USA mixte, mit einer Zuckerlösung anreicherte, und mit kohlensäuregesättigtem Wasser verdünnt vertrieb. Unter dem Phantasienamen *Coca-Cola* wird dieses Produkt seitdem in einer unverwechselbaren (gesetzlich geschützten) ,unwahrscheinlich weiblichen' Flasche (so nach Raymond Loewy) täglich in einer Stückzahl von weit über 50 Millionen in aller Welt vertrieben und konsumiert[9].

In Deutschland setzte die allgemeine Entwicklung zum Massenprodukt erst später ein, wenn auch einzelne Unternehmer hier bereits der Entwicklung voraneilten, wie z. B. der Dresdener Karl August LINGNER, der 1893 mit seinem Mundwasser *Odol* hier das Prinzip des Markenartikels (mit wirksamen Produktnamen und originaler Verpackung) begründete und zugleich die Mundhygiene popularisierte[10], der Bielefelder Apotheker Dr. August OETKER, der sich

---

[7] Vgl. dazu: Willi Bongard, Männer machen Märkte. Mythos und Wirklichkeit der Werbung, Oldenburg/Hamburg 1963.
[8] Angaben nach: Eike Hennig, Die Abhängigkeit der Massenmedien von den Werbeeinnahmen und dem Anzeigenteil, abgedr. in: Peter Nusser (Hg.), Anzeigenwerbung, München 1975 (Kritische Information 34) S. 42.
[9] W. Bongard, a. a. O., S. 208.
[10] Vgl. hierzu und zum folgenden: Willi Bongard, Fetische des Konsums. Portraits klassischer Markenartikel, Hamburg 1964, S. 13 ff.

1899 sein Backpulver *Backin* gesetzlich schützen ließ, der Düsseldorfer Chemiker Fritz HENKEL, der 1907 das erste ‚selbsttätige Waschmittel‘ *Persil* auf den Markt brachte und fortan durch intensivste Werbung (mit schneeweiß gekleideten ‚Persildamen‘ auf Hauswänden und Blechschildern bis zum ‚Persilkarton‘ der Rekruten) zum bekanntesten Markenartikel Deutschlands machte (er erfuhr 1959 mit dem ‚neuen Persil 59‘ eine Belebung), sowie der Bremer Kaufmann ROSELIUS, der 1906 mit seinem koffeinfreien *Kaffee Hag* die Idee des Markenkaffees durchsetzte.

Der eigentliche Aufschwung der Markenartikelwerbung mit einem größeren Angebot an Produkten vollzog sich in Deutschland erst in den späten 20er Jahren, als eine verbesserte Druck- und Informationstechnik, das Aufkommen eigener Werbefirmen und die Nutzung neuer kommunikativer und psychologischer Erkenntnisse eine breitere Werbewirkung ermöglichten. Als neues Medium wurde nun auch der R u n d f u n k genutzt; die bisher fast ausschließlich graphisch orientierte Werbetechnik gewann die akustisch-elektronische Dimension dazu. Elly Heuss-Knapp z. B., die Frau des ersten Bundespräsidenten, entwickelte das ‚akustische Werbezeichen‘ und erstrebte mit ihren Werbetexten eine ,,Massierung des Unterbewußtseins‘‘: ,,Worte und Sätze müssen unter die Haut kriechen.‘‘[11]

In diesem Entwicklungszusammenhang ist auch der Umstand zu sehen, daß nun das bisher übliche Wort ‚Reklame‘, das die Bedeutung eines aufdringlichen, marktschreierischen Warenanbietens assoziierte, durch das seriösere Wort ‚Werbung‘ verdrängt wurde, das zugleich den neuen Stil des werberischen Vorgehens signalisierte[12].

Mit dem 2. Weltkrieg wurde die Entwicklung der deutschen Warenwerbung gewaltsam unterbrochen. Sie setzte erst Anfang der 50er Jahre mit dem beginnenden ‚Wirtschaftswunder‘ neu ein. Die nun enorm anschwellende Branche bediente sich in zunehmendem Maße (tiefen-)psychologischer Erkenntisse. Werbung sollte nun nicht mehr nur Aufmerksamkeit wecken und die Markenartikel vorteilhaft präsentieren, sondern vielmehr die geheimen Wünsche und unbewußten Strebungen der Menschen ansprechen, sich zur ‚Strategie im Reich der Wünsche‘ entwickeln, wie es in einem gleichnami-

---

[11] Vgl. W. Bongard, Fetische S. 158.
[12] Vgl. R. Römer, a. a. O., S. 11.

gen Buch des bekanntesten Wortführers und Ratgebers dieser Werbetechnik, des Austro-Amerikaners Ernest DICHTER (deutsch 1961), heißt. Die Methoden dieser suggestiven Konsumbeeinflussung und ihre Auswüchse, die damals durch den amerikanischen Sozialkritiker Vance PACKARD in einem Bestseller über die ‚Geheimen Verführer' (deutsch 1958) bloßgestellt worden sind, haben seitdem immer wieder zu Wellen der Kritik an der mächtig angewachsenen, inzwischen durch Film- und Fernsehwerbung erweiterten ‚Werbeindustrie' geführt, auch schon manche internen und gesetzlichen Beschränkungen bestimmter Werbemaßnahmen bedingt; die Weiterentwicklung dieser Branche wurde jedoch durch derlei öffentliches Unbehagen gegenüber der Werbung kaum nachhaltig beeinflußt. Die allenthalben zu beobachtende zunehmende Integration der Absatzwerbung in das Gesamtmanagement der Unternehmen, wie sie sich neuerdings äußert entweder in einer engen Koppelung der betriebseigenen Werbeabteilungen mit der betriebseigenen Imagewerbung (public relations-Abteilung) an die eigene Marktforschung und Produktionsplanung im Rahmen von marketing (= market making)-Strategien oder in der Übernahme von Aufgaben der Marktforschung und Absatzplanung durch Werbeagenturen in Zusammenarbeit mit den Firmen, hat zwar inzwischen zu Schwerpunktverlagerungen wie auch zu wissenschaftlich begründeten Umakzentuierungen, nicht aber zu nennenswerten Umsatzrückgängen der Werbefirmen geführt. Bestimmten konjunkturbedingten Umsatzretardierungen in Krisenzeiten (wirtschaftlichen Rezessionen, z.B. 1966/67 und 1975/76) steht ein Umsatzzuwachs in den folgenden Jahren gegenüber, der darauf verweist, wie eng die Absatzwerbung mit der volkswirtschaftlichen Entwicklung verbunden ist und gezielt als marktwirtschaftliches Instrument gehandhabt werden kann-

---

[13] Das vom Zentralausschuß der Werbewirtschaft (ZAW) Bonn-Bad Godesberg jährlich herausgegebene Jahrbuch Werbung gibt für 1976 7,676 Milliarden DM als Nettoumsätze der gängigen Werbeträger an. Darin sind bestimmte firmeninterne Werbekosten nicht enthalten.

2. Zur Bedeutung der Werbung

2.1 Zur wirtschaftlichen Bedeutung der Werbung

Werbevorgänge sind meistens wirtschaftlich bedingte kommunikativ wirksame Prozesse. Wer ihre kommunikativen Aussagen und Wirkungen untersucht, sollte zugleich ihre ökonomischen Voraussetzungen kennenlernen, um die Komplexität dieser Vorgänge zu erfassen.

Die heutige Wirtschaftswerbung, insbesondere die Konsumgüterwerbung (Markenartikelwerbung), ist ebenso ein Ergebnis wie eine Notwendigkeit der modernen Warenproduktion in einer vorwiegend auf privatem Besitz der Produktionsmittel und des Kapitals beruhenden Marktwirtschaft, in der der Warenkonsum und dementsprechend die Warenproduktion nicht oder nicht zureichend vorgeplant werden können. Gegenüber den autarken oder halbautarken Wirtschaftsweisen früherer Zeiten mit einem begrenzten, überschaubaren Markt (z. B. mittelalterlicher Städte mit ihren begrenzten handwerklichen Produktionskapazitäten und einer überschaubaren Konsumentenzahl aus Kleinstadt und Umland) ist die neuzeitliche Industrieproduktion von vornherein darauf angewiesen, einen größeren Absatzmarkt zu finden, wo die einzelnen Firmen in hartem Konkurrenzkampf den eigenen Marktanteil nach Möglichkeit ständig zu erhöhen suchen, um mit Hilfe des eingebrachten Kapitals und der extensiven Nutzung der Faktoren Technik und Arbeit Gewinne zu erwirtschaften. Dies ist nur möglich, wenn die Produkte gut verkauft werden. Das mit der neuzeitlichen Wirtschaftsentwicklung verbundene Auseinanderfallen von Produktion und Markt, von Warenherstellung und Warenabsatz und -verbrauch, das einerseits eine Bereicherung und Differenzierung des Warenangebots ermöglicht, andererseits Schwankungen in den Preisen, Qualitäten und Quantitäten der Waren zuläßt, führt notwendigerweise zu Disproportionen im Warenverkehr, die als Über- oder Unterangebot sichtbar werden und zu Stockungen oder Einseitigkeiten im Produktionsprozeß und damit verbundenen Umschichtungen führen können. Dabei neigen marktwirtschaftlich-privatkapitalistische Wirtschaftsweisen meist zu Überproduktion und Absatzkrisen, planwirtschaftlich-staatskapitalistische Wirtschaftssysteme zum Unterangebot von Konsumwaren. Das Bestreben der

15

Produzenten und Händler, Gewinne aus der Warenproduktion und dem Warenabsatz zu erreichen, zu garantieren und zu steigern, das nur über entsprechende Markttechniken realisiert werden kann, führt zu unterschiedlich kalkulierten Absatzstrategien, die entsprechende Marktanteile sichern und vergrößern sollen. Die ‚klassische' Methode der Absatzförderung und Marktausweitung durch niedrige Preise bzw. temporäre Preissenkungen gegenüber konkurrierenden Firmen und ihren Produkten findet ebenso wie andere Mittel, z. B. der Verbesserung der Qualität, ihre Grenze an den notwendigen Herstellungs- und Vertriebskosten und den Gewinninteressen der Kapitaleigner; zudem verlangen Markenartikel eine relative Preisstabilität. Es müssen also andere Wege gesucht werden, um den Warenabsatz zu verbessern. Neben anderen verkaufsfördernden Maßnahmen, wie sie heute meistens im Rahmen der marketing-Konzepte entwickelt werden, kommt dabei der Werbung eine besondere Bedeutung zu.

Durch geschickte Werbeaktionen ist es möglich, 1. die jeweilige Ware, den jeweiligen Markenartikel, bekannter zu machen, so daß er gegenüber weniger bekannten bevorzugt gekauft wird, 2. das Bild(image) einer Ware zu verbessern und so deren Gebrauchswert und Tauschwert zu erhöhen, 3. Konsumbedürfnisse der potentiellen Käufer zu wecken oder zu steigern und auf bestimmte Waren hinzulenken, 4. neue Käuferschichten für einzelne Waren zu gewinnen.

Den Firmen, denen es gelingt, ihre Waren bekannter und attraktiver zu machen und somit die vorgenannten Werbeerfolge zu erreichen, erlangen so in natürlich vorhandenen oder werblich angeregten Bedarfssituationen größere Verkaufsanteile und damit höhere Gewinne. Sobald jedoch ein Hersteller damit beginnt, sich mit Hilfe der Werbung einen größeren Marktanteil zu verschaffen, ruft er die Konkurrenten auf den Plan, die – soweit es ihnen möglich ist – nun nicht auf eigene Werbeaktionen verzichten können, um sich keine Marktanteile abjagen zu lassen, diese vielmehr ebenfalls zu vergrößern. Nur Firmen mit einem Produktionsmonopol (ähnlich dem Zündhölzer- und Brennspiritusmonopol) oder mit einem relativ festen Kundenkreis können auf besondere Werbung verzichten, die letzteren nur, soweit sie keine Marktausweitung anstreben.

Zu dieser allgemeinen volkswirtschaftlichen Bedeutung der Werbung, die für alle Branchen, insbesondere jedoch für die Markenartikel der Konsumwirtschaft gilt, kommt hinzu, daß die Durchführung der Werbung in großem Ausmaß inzwischen zu einer eigenen großen Branche ‚Werbewirtschaft' geführt hat, die einen beachtlichen Anteil am Gesamtumsatz und an der gesamten Beschäftigungszahl der Wirtschaft erreicht hat[14]. Außerdem ist zu beachten, daß ein großer Teil der Ausgaben für Werbung für die jeweiligen Werbeträger zu entrichten ist, also in die Kassen der Rundfunk- und Fernsehanstalten, der Zeitschriften- und Zeitungsverlage, der Druckereien und anderen graphischen Betrieben wandert und diesen zugute kommt[15].

In welchem Maße beispielsweise Illustrierte von den Einnahmen aus der Werbung abhängig sind, zeigt ein einfaches Beispiel, das von jedem an jeder Illustrierten in ähnlicher Weise überprüft werden kann: Das Heft 45/1977 des Illustrierten-Magazins ‚Stern' umfaßt 304 Seiten, von denen 166$\frac{1}{3}$ Seiten, also rd. 54 % aus Werbeanzeigen bestehen. Hiervon sind wiederum 118 Seiten farbige Anzeigen. Das Einzelheft dieses Magazins kostete DM 2,50. Ein solcher Preis für 304 z. T. farbige Seiten im Illustriertenformat ist nur möglich aufgrund eines so hohen Anteils der Werbung an der Finanzierung der Herstellungskosten des Einzelheftes. Im Durchschnitt machen die Einnahmen aus dem Werbegeschäft etwa $\frac{2}{3}$ der Gesamteinnahmen der Zeitschriften- und Zeitungsverlage aus. Angesichts eines so hohen Anteils der Werbeanzeigen bzw. -sendungen an der Medienfinanzierung ist wiederholt die Frage einer Abhängigkeit der Medien von den Anzeigengebern bestimmter Wirtschaftsbranchen und damit einer Gefährdung der Pressefreiheit diskutiert worden[16], die u. U. durch Anzeigenauftragssperren o. ä. herbeigeführt werden könnte. Eine Diskussion dieses Problems zeigt, welche wirtschaftliche Bedeutung der Werbung auch unter diesem Aspekt zukommt.

2.2 Werbung in der öffentlichen Diskussion

Wer sich kritisch mit den Erscheinungsformen der Wirtschaftswerbung beschäftigen will, muß sich auch mit den Einwänden und

---

[14] Die Werbewirtschaft hatte 1976 rd. 300 000 Beschäftigte.
[15] Von den 7,6 Md. DM an Nettoumsätzen der Werbeträger entfielen 1976 allein auf die Tageszeitungen 3,5 Md. DM. (n. Jahrbuch Werbung 1976/77, S. 99 u. 103).
[16] Vgl. dazu den Beitrag von E. Hennig (Anm. 8).

Vorwürfen auseinandersetzen, die vor allem aus Verbraucherkreisen gegen die Werbung erhoben werden[17].

Es sind vor allem vier Einwände, deren volle oder teilweise Berechtigung zu erörtern ist, nämlich

1. daß die Werbung die Kosten verteure,
2. daß Werbung überflüssig sei und abgeschafft werden sollte,
3. daß die Werbung die Menschen manipuliere,
4. daß die Werbung bestimmte Ideologien durchsetze.

Im einzelnen ist dabei folgendes zu bedenken:

1. Es ist unbestreitbar, daß die Werbung ihren eigenen Preis fordert, der wie andere Betriebskosten in den Verkaufspreis der Ware eingeht und so vom Verbraucher zu tragen ist, auch wenn von seiten der Werbewirtschaft oft behauptet wird, daß der Werbekostenanteil am Endpreis des einzelnen Produkts verschwindend gering sei[18].

Die Werbungskosten erweisen sich dann als besonders hoch, wenn ein neues Produkt auf dem Markt eingeführt werden soll oder wenn bestimmte Firmen (Konzerne) miteinander in einen starken Konkurrenzkampf um höhere Marktanteile treten und dabei ihre Produktwerbung fast bis zur Unerträglichkeit für die Konsumenten intensivieren, wie dies z. B. vor einigen Jahren in der Waschmittelwerbung zu beobachten war[19]. Ähnlich werbungskostenintensiv

---

[17] Als populärster Kritiker der Werbung kann noch immer der Amerikaner Vance Pakkard mit seinem Buch ‚Die geheimen Verführer‘ (The Hidden Persuaders). Der Griff nach dem Unbewußten in jedermann. Düsseldorf 1968, gelten. Kritische Einwände finden sich u. a. auch bei: Brigitte Hauswaldt-Windmüller, Sprachliches Handeln in der Konsumwerbung, Weinheim 1977; Georg Bergler, Ethische Probleme der Werbung, in: Behrens, Handbuch S. 201 ff.; Wolfgang F. Haug, Kritik der Warenästhetik, Frankfurt ²1972.

[18] In den Schriften zur Rechtfertigung der Werbung, wie z. B. in der vom ZAW herausgegebenen Unterrichtshilfe von Meyer-Herrmanns-Holscher, Werbung – Aufgabe und wirtschaftliche Bedeutung, Essen 1974 und in dem dazu entwickelten Unterrichtsmodell von J. Zielinski (ebd.), wird darauf hingewiesen, daß der Werbekostenanteil beispielsweise je Zigarette nur Bruchteile von Pfennigen betrage. (Man wählt eins der kleinsten Produkte, um einen Minimalwert zu suggerieren!)

[19] Beispiele für die Höhe der Werbeausgaben einzelner Firmen bietet Marcal Moliné in dem rororo-Sachbuch 7133 ‚Werbung-Motive, Märkte, Medien‘ Reinbek 1978. Danach haben in USA die Lebensmittelkonzerne Kellog 12,6 %, die Kosmetikfirmen Ponds 20 %, Williams 32,7 %, Colgate-Palmolive 23,7 %, Gillette 15,3 % und die Coca Cola-Stammfirma 12,3 % ihres Umsatzes 1968 in die Werbung investiert. Moliné verweist hier (S. 33) auf Untersuchungen der Harvard-Universität, wonach 85 % der Werbeausgaben wirkungslos seien, nur 10 % effektiv bleiben, weitere 5 % sogar der Werbeabsicht entgegenwirken. – Die verstärkten Werbekampagnen der Waschmittelfirmen (mit Dash, Ariel, Persil, Weißer Riese u. a.) spiegeln den Kampf großer Chemiekonzerne (z. B. Unilever-Sunlight, Henkel) um größere Marktanteile in der Bundesrepublik.

sind z. B. Arzneimittelwerbungen und Werbungen für die verschiedensten Genußmittel. Musterbeispiele für besonders teure Einführungswerbungen bieten auch die Werbeaktionen für bestimmte ‚Bestseller' auf dem Büchermarkt[20]. Die auch hierbei zugrundeliegende Erwartung, nach der ein höherer Werbekosteneinsatz auch einen entsprechend höheren Umsatz bedinge, entsprechend mehr Gewinn bringt und dennoch relativ niedrige Preise ermögliche, läßt sich allerdings nicht immer verwirklichen. In der Regel werden die Werbungskosten bei der Preiskalkulation auf entsprechend niedrige Absatzzahlen vorberechnet, der Preis entsprechend hoch angesetzt, so daß bei dem erwarteten Absatz keine Verluste entstehen, ein höherer Absatz jedoch mehr Gewinn bringt. Erst bei entsprechendem Konkurrenzdruck oder anderen Absatzschwierigkeiten finden sich Produzenten und Lieferanten zu Reduzierungen des ursprünglichen Preisansatzes bereit. In der Regel werden die Werbungskosten jedoch auch dann noch voll von den Verbrauchern getragen.

2. Die mitunter mit dem Kostenvorwurf verbundene Forderung, die Werbung ganz abzuschaffen, weil man sie für überflüssig hält, verkennt die Situation moderner Industrieproduktion und Marktwirtschaft, die darauf angewiesen sind, in ausreichendem Maße Abnehmer für ihre Produkte zu finden und dies nur im Wettbewerb der Produzenten und Verteiler erreichen können (vgl. S. 15). Denkbare andere Produktions- und Absatzformen, beispielsweise die planwirtschaftlich gesteuerte Warenversorgung durch staats-(‚volks'-) eigene oder privatkapitalistische Monopole oder durch entsprechende wettbewerbsfremde Marktabsprachen, durch die der Kampf um Marktanteile mit Hilfe der Werbung überflüssig würde, ständen im Widerspruch zu unseren wirtschaftspolitischen Vorstellungen bzw. zu Antikartellgesetzen, weil so durch monopolistische Machtkonzentration die demokratische Freiheit unseres Staatswesens und seiner Bürger gefährdet werden könnte. Inwieweit allerdings die Freiheit des einzelnen Staatsbürgers durch zu große Freiräume der Wirtschaft und ihrer Werbung ebenfalls gefährdet wird, bleibt gesondert zu erörtern (s. u.).

Sieht man von den erwähnten politischen Auswirkungen einmal ab, so würde ein Wegfall der Werbung vielleicht Preissenkungen

---

[20] Materialien über die Methoden der Bestseller-Werbung bietet: Helmut Popp (Hg.), Der Bestseller, Oldenbourg-Verlag München 1975 (Reihe: Studientexte für die Kollegstufe).

ermöglichen, andererseits aber auch einschneidende volkswirt-schaftliche wie private Veränderungen bedingen, die wahrscheinlich kaum als vorteilhafter empfunden würden, z. B. den Wegfall von konkurrierenden Angeboten und damit die Gefahr der Produktver-schlechterung, mögliche Verteuerungen der Massenmedien auf-grund des Wegfalls ihrer hohen Werbeeinnahmen, mögliche Verlu-ste von Arbeitsplätzen in der Werbebranche wie im Medienbe-reich[21]; ferner Einschränkungen der Käuferorientierung sowie Ab-hängigkeit des Einzelhandels von den Zuteilungen eines monopoli-stischen Großhandels. Inwieweit schließlich Produktionsrückgän-ge, Versorgungslücken, weitere Arbeitsplatzverluste, Kaufkraft-schwund u. a. m. die Folge wären, bleibe hier unerörtert. Die Tatsa-che, daß selbst planwirtschaftlich orientierte Wirtschaftsordnungen in bestimmten Grenzen auf Werbeaktionen angewiesen sind[22], spricht eigentlich für die Unerläßlichkeit bestimmter Wirtschafts-werbungen in den Industriestaaten.

Wenn man also die Forderung nach Abschaffung der Werbung unter den gegenwärtigen politischen und wirtschaftlichen Bedin-gungen verneinen muß, so bleibt dennoch zu überlegen, worin das bestehende Unbehagen an der Werbung seinen Grund hat und wie bestehende Mißstände und Auswüchse in der Werbung beseitigt werden können. Dabei wären zunächst auch die weiteren Vorwürfe gegen die Werbung zu erörtern.

3. Den bisherigen vorwiegend wirtschaftlich orientierten Vor-würfen stehen stärker moralisch motivierte Bedenken gegen die Werbung zur Seite. Sie richten sich vor allem gegen Verletzungen von einzelnen Wert-, Moral- und Geschmacksnormen beim Einsatz bestimmter Werbemittel wie gegen manche sittlich bedenklichen Tendenzen und Praktiken der Wirtschaftswerbung im allgemeinen. Gemeint ist dabei einerseits die Tendenz aller Werbung zu Übertrei-bungen, die leicht zu unwahren Behauptungen oder Versprechen führen, andererseits die mit den Werbevorgängen verbundene Ge-fahr der Manipulation des menschlichen Bewußtseins und Willens.

Der übertreibende (hyperbolische) Stil der Werbung, der ihr seit jeher eigen ist, gerät leicht in die Gefahr, die dargestellte Wirklich-keit und somit die Wahrheit im sachlogischen Sinn zu verfehlen. Be-

[21] Vgl. Anm. 14.
[22] Zur Werbung in den Ostblock-Staaten vgl. Emil Peter Ehrlich, Werbung in der so-zialistischen Volkswirtschaft, in: K. Ch. Behrens, Handbuch S. 981 ff.

reits die allen Werbungen eigene Beschränkung auf positive Aussagen über die Werbeobjekte führt oft zu Halbwahrheiten. Bedenklicher ist es, wenn Werbungen einen Markennutzen herausstellen, der überhaupt nicht gegeben ist, so wenn beispielsweise ein Produkt als Heilmittel gepriesen wird, ohne daß bestimmte Heilwirkungen nachweislich darauf zurückzuführen sind (außer evtl. autosuggestiven Wirkungen bei leichtgläubigen Patienten). Hier sucht zwar das neue Arzneimittelgesetz manchen Unfug zu unterbinden, auch versuchen mitunter Institutionen der Werbewirtschaft solche Praktiken, die die ganze Branche in Verruf bringen können, entgegenzuwirken[23]. Für den Käufer bleiben jedoch genügend Gelegenheiten, solchen Werbevorspiegelungen kritisch zu begegnen.

So wird beispielsweise – trotz häufiger Kritik und mancher Verbote – die Verpackung bestimmter Markenartikel dazu benutzt, einen höheren Wert, eine bessere Qualität oder einen reicheren Inhalt vorzutäuschen.

Schwerwiegender ist der Vorwurf der *Manipulation,* der zwar von den Werbeinstitutionen und von manchen Werbetheoretikern immer wieder zurückgewiesen oder relativiert wird, aber nie völlig entkräftet werden kann, vielmehr durch manche psychologische Untersuchungen erhärtet wird. Der Begriff der Manipulation wird zwar in der Wissenschaft nicht einheitlich aufgefaßt; er meint jedoch meistens „eine Steuerung fremden Verhaltens, deren sich die betroffenen Personen kaum oder gar nicht bewußt werden und die besonders im Interesse der Ausführenden liegt[24]."

Werbung erfolgt oft im Grenzbereich zwischen erlaubter und verwerflicher Beeinflussung. Zwar sind ihr unrichtige und irreführende Angaben (ebenso wie herabsetzende Angaben) sowohl durch Gesetz (Gesetz gegen den unlauteren Wettbewerb = UWG) als auch meist durch verbandsinterne Regelungen untersagt, auch sind manipulative Tricks, wie z. B. Unterschreitungen der Bewußtseinsschwelle bei Filmreklamen, verboten, doch bleiben einer erfindungsreichen, nicht nur rational argumentierenden Werbung un-

---

[23] Vgl. die Hinweise im jeweiligen Jahrbuch des ZAW über die Arbeit des Deutschen Werberates.
[24] So nach Brockhaus-Enzyklopädie, Bd. 11 S. 90; vgl. zum Begriff der Manipulation auch: G. Wolff, Ein Begriff der sprachlichen Manipilation, DU 26/1974, H. 2, 5. 40 ff.; H. J. Heringer, Sprache als Mittel der Manipulation, in: Sprache – Brücke und Hindernis, München 1973, 49–57.

zählige Möglichkeiten, auf die Psyche der Konsumenten einzuwirken, indem sie mit ihren Werbestrategien wahrnehmungsassoziations- oder tiefenpsychologische Erkenntnisse zu nutzen sucht, um durch entsprechende Bild- und Textgestaltungen momentane oder bleibende Gefühlswirkungen auszulösen oder wenig bewußte und unbewußte Wünsche oder Triebe anzusprechen. Die Methoden reichen von der suggestiven Leitbildwerbung etwa bis zum sex-appeal, von der Vorspiegelung von Wunschsituationen bis zum Ansprechen des Geltungsstrebens oder der Mutterliebe, von der wiederholten semantischen Aufwertung von Waren- oder Firmennamen im positiven Umfeld bis zur Wahrnehmungssteuerung durch bestimmte Gestalt- oder Farbstrategien. Rechtfertigungsversuche der Werbefachleute[25], die beispielsweise darauf hinweisen, daß sie – entgegen andersartigen moralischen Zielsetzungen – den Menschen so ansprechen, wie er nun einmal sei, werden derartigen Beeinflussungstechniken das Odium des Manipulativen nicht nehmen können; eine öffentliche, möglicherweise auch gesetzlich geregelte Kontrolle gegen Manipulationsmißbrauch sowie eine verstärkte Aufklärung über das Vorgehen und die Techniken der Werbung könnten jedoch dazu beitragen, vorliegende manipulative Wirkungen abzuschwächen, zu neutralisieren oder zu rationalisieren[26].

4. Globaler und weniger durch Gegenargumente zu widerlegen ist der Vorwurf, der der Werbung die Verstärkung, Verbreitung und Durchsetzung bestimmter Ideologien und Lebensauffassungen unterstellt, die die bisherigen ethischen Normen untergraben. Er richtet sich sowohl gegen die Einzelversuche mancher Werbestrategen, ihre Werbeaktionen durch Verletzungen des ,,Schicklichen" (z. B. durch sexuell-frivole Bilder, Aufwertungen von Moralverstößen u. ä.) attraktiver zu machen, als auch gegen die massive Durchsetzung einer Konsumideologie. Beide Erscheinungen sind Ausfluß eines neuen ,epikureischen' Lebensprinzips, das das ,Genießen' in den Vordergrund rückt und nach dem Grundsatz ,Erlaubt ist, was ge-

---

[25] S. Anm. 18. Vgl. auch G. Bergler (Anm. 17) und neuerdings: Horst W. Brand, Die Legende von den ,geheimen Verführern', Weinheim 1978 (Beltz-Monographien, Psychologie).

[26] Formen öffentlicher Kontrolle der Werbung werden verschiedentlich diskutiert. Praktikable Lösungen, die allen Seiten (und ihren Rechten) gerecht werden, liegen aber bisher kaum vor. – Eine andere Form der Waren- (und Werbungs)kontrolle liegt in den öffentlich subventionierten Warenprüfungen der Stiftung Warentest vor; allerdings werden deren Güteprädikate von den betroffenen Firmen wieder (zu Recht) als wirksame Werbung genutzt.

fällt' sich über bisherige, vor allem vom Christentum geprägte Lebens- und Moralauffassungen, etwa die der Tugend, der geistgeprägten Askese, der Selbstbeherrschung und Mäßigkeit, des Opfers für Notleidende, und deren Verkündigungen hinweggsetzt[27].

Es wäre unrichtig, wollte man die Durchsetzung der Konsumideologie allein der Werbung anlasten, da es sich um gesellschaftliche Wandlungen großen Ausmaßes handelt. Die Werbung indes nutzt solche Strömungen, um mit der Propagierung konsumfreudigen Verhaltens, Erlebens und Genießens die eigenen Ziele der Absatzsicherung und -steigerung geschickt zu verbinden.

Ein Musterbeispiel dafür bietet etwa der Einsatz des Erotischen und Sexuellen, das in den letzten Jahrzehnten – häufig durch eine vergröbernde Verwertung der Freudschen Tiefenpsychologie motiviert –, die Enttabuisierung des Sexuellen fördernd und nutzend, in der Werbung ungehemmt Verwendung fand. Daß hierbei oft das Bild der schönen Frau nur als Lockvogel für irgendwelche Waren fungiert, die Würde der Frau dabei aber häufig mißachtet wird, fällt heute kaum noch auf[28]. Wie verhängnisvoll die Leitbilder der Konsumideologie wirken, ließe sich beispielweise am Werbeideal beständiger Jugend und Schönheit aufzeigen, das nicht selten zur Ursache von Komplexen und Lebenskrisen mancher alternder Menschen wird, die diesen Leitbildern nicht oder nicht mehr entsprechen.

Auch bei anderen Leitbildern, wie z. B. Erfolg im Beruf oder in der Liebe, Natur und Natürlichkeit, Reichtum, Glück, Gesundheit u. dgl. werden in der Werbung nur die idealtypischen Hochwerte betont; daß diese eigenes Zutun, eigene Leistung, eigene Opfer verlangen und dennoch nicht allen zuteil werden, daß aber gerade auch die Armen, Kranken, Unglücklichen in der Gesellschaft der Hilfe bedürfen, wird von der Werbung kaum bewußt gemacht. Es bleibt den Hilfseinrichtungen der Kirchen, der Wohlfahrtsverbände, des Roten Kreuzes und ähnlichen staatlichen, kommunalen oder gesellschaftlichen und privaten Einrichtungen vorbehalten, mit meist viel

---

[27] Eine etwas abweichende Herleitung bestimmter Formen der Werbung aus christlichen Traditionen findet sich bei: Leo Spitzer, Amerikanische Werbung als Volkskunst verstanden, STZ 1964, 951–973, abgedr. in: P. Nusser (s. Anm. 8), 180 ff.
[28] Der Prozeß der Frauengruppe um Alice Schwarzer gegen das Magazin ‚Der Stern‘ 1978 sollte auf derartige Entwürdigungen der Frau hinweisen.

geringeren Etatmitteln für die Unterstützung von caritativen und sozialen Maßnahmen zu werben.

Die von der Konsumwerbung vorgespiegelte ,heile Welt' kann leicht dazu führen, andere Probleme nicht mehr zu sehen. Die Allgegenwart und Intensität dieser Werbung kann zudem mitunter als ,Konsumzwang', ja als ,Konsumterror' empfunden werden. Insbesondere für die Jugend, die wegen ihrer ständig steigenden Kaufkraft und wegen der leichteren Beeinflußbarkeit von der Wirtschaft immer mehr umworben wird, können die ,geheimen Verführer' der Werbung zu gefährlichen Einflußfaktoren werden.

Hier ist z. B. auf die verhängnisvollen Auswirkungen der Alkoholikawerbungen hinzuweisen, die mit allen möglichen Tricks den Genuß alkoholischer Getränke verherrlichen und so zum Ansteigen des Alkoholismus, auch unter Jugendlichen, beitragen. In ähnlicher Weise fördert die Zigarettenwerbung durch ihre Propagierung angenehmer Genüsse beim Zigarettenrauchen ein suchtartiges, letztlich gesundheitsschädigendes Verhalten, um so den eigenen Warenabsatz und Gewinn zu steigern. Es hat erst der Androhung des gesetzlichen Verbots der Zigarettenwerbung im Fernsehen bedurft, um die Zigarettenwerbung zu veranlassen, sich aus diesem Medium zurückzuziehen. Das hatte Verlagerungen dieser Werbung auf andere Werbeträger, z. B. Plakate, zur Folge, ebenso wie die Orientierung auf neue Zielgruppen, z. B. junge Frauen und Mädchen, die nun – wie zuvor in den USA – auch hier ihr von der Werbung verordnetes Image, das Zigarettenrauchen, pflegen[29].

Jede Gesellschaft, die die Konsumwerbung frei gewähren läßt, wird mit deren ideologischen und sozialen Auswirkungen konfrontiert. Sie wird ihnen entgegenwirken müssen, sofern dadurch die gesundheitlichen, sozialen und ethischen Grundlagen des gesellschaftlichen Zusammenlebens gefährdet werden. Kritische Analysen der Werbung in der Gesellschaft können dabei hilfreich sein, ein kritisches Verbraucherverhalten zu fördern und zugleich den Blick für manipulative Kommunikationen zu schärfen. Möglicherweise wird eine solche kritische Konsumerziehung und Verbraucheraufklärung allein aber nicht genügen, sondern öffentliche Kontrollen mancher Werbeaktionen notwendig machen[30].

---

[29] Bestimmte Zigarettensorten haben ihre Werbung von vornherein auf Frauen und Mädchen abgestimmt (z. B. KIM).
[30] Vgl. Anm. 26.

3. Werbung als Gegenstand der Wissenschaft und Wirtschaft

Die Kunst oder Technik, Menschen zur Änderung ihres Verhaltens zu bewegen, hat schon früh in der Lehrdisziplin der Rhetorik eine wissenschaftliche und pädagogische Basis gefunden. Für die Wirtschaftswerbung als einer Form angewandter Rhetorik sind erst im 20. Jh. wissenschaftliche Theorien und Methoden entwickelt worden.

Es zeugt von der erhöhten Bedeutung der Werbung in unserer Zeit, wenn sich heute mehrere wissenschaftliche Disziplinen ausschließlich oder teilweise mit den Erscheinungsweisen und Auswirkungen dieses Phänomens beschäftigen. Dabei wurden zahlreiche Erkenntnisse gewonnen, die auch für die Analyse von Werbeanzeigen und Werbesendungen von besonderer Wichtigkeit sind. Es erscheint daher angebracht, die wissenschaftlichen Disziplinen, die sich mit der Werbung beschäftigen, in ihrer Arbeitsweise und in einigen wichtigen Ergebnissen zu charakterisieren, um die Grundlagen der hier vorgelegten Darstellung anzugeben und dem interessierten Leser die eigene Weiterarbeit zu erleichtern[31].

Dabei ist zu unterscheiden zwischen wissenschaftlichen Disziplinen, die durch ihre Erkenntnisse die Werbung als solche zu fördern suchen (z. B. in dem Wirtschaftswissenschaften), und solchen, die die Zielsetzungen und Praktiken der Werbung kritisch beobachten und bloßstellen.

3.1 Werbung als Gegenstand der Wirtschaftswissenschaft

Verständlicherweise findet die Werbung als Forschungsgegenstand heute in den Wirtschaftswissenschaften die stärkste Beachtung, kann sie doch – wie bereits aufgewiesen wurde (S. 15) – als ein wichtiger Faktor zur Regulierung und Belebung des wirtschaftlichen Lebens angesehen werden. Hauptziel der Forschung und Lehre der werbewissenschaftlichen Institute an den Universitäten und Hochschulen ist die Verbesserung der Transparenz und Effektivität des Verhältnisses von Produktion und Absatz im Wirtschaftsleben. Dazu gehört auch die Erforschung und Darstellung erfolgreicher

---

[31] Als wichtige Hilfe kann dabei das bereits genannte ‚Handbuch der Werbung‘, herausgegeben von Karl Chr. Behrens, Wiesbaden 1970, dienen, das zahlreiche wissenschaftliche Einzeldarstellungen vereinigt.

Werbemethoden und ihrer Voraussetzungen. Diese letztere, mehr praxisorientierte Aufgabe wird auch von den Werbefachschulen und Werbeakademien sowie privaten Werbeinstituten wahrgenommen. Dabei werden auch besondere Ausbildungsgänge in Werbestrategie und Werbegestaltung angeboten, wobei die grafische Werbegestaltung auch an Kunstakademien und Werkkunstschulen gelehrt wird.

Wichtige Aufgabe der werbewissenschaftlichen Forschung ist die Entwicklung theoretischer Grundlagen der Werbung aufgrund empirischer Angaben (Daten über Werbeetats, Umsatzveränderungen, Konjunkturbeobachtungen, Interviewergebnisse, Bedarfsprognosen u. ä.), oft in Zusammenarbeit mit der Absatzforschung. Diese Grundlagen bilden häufig den Ausgangspunkt für Werbestrategien im einzelnen wie auch für grundsätzliche Werbekonzeptionen, die auf exakten Daten und auf Hypothesen beruhen.

Die stärker praxisorientierte Werbelehre an den Werbefachschulen und Werbeakademien arbeitet dabei mit notwendigen Ergänzungsdisziplinen, etwa der Werbepsychologie und der Werbegrafik, zusammen.

3.2 Werbung als Gegenstand wirtschaftlicher Planung

In der Absatzwirtschaft erfolgt die Produktwerbung meistens in enger Zusammenarbeit mit anderen Abteilungen der Produktions- und der Verkaufsplanung bzw. des Marketing. Das nachstehende Schema kann dies verdeutlichen:

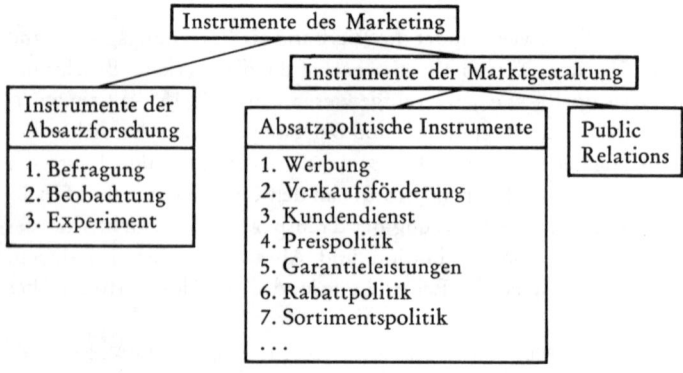

(n. Nieschlag u. a., Marketing, Berlin 1971, S. 116)

26

So wie die Werbung als ein Faktor der absatzpolitischen Instrumente begriffen und nur im Zusammenspiel mit den anderen Faktoren geplant und eingesetzt wird, so ist wiederum jede Werbeaktion das Ergebnis sorgfältiger Planung und Zusammenarbeit innerhalb der Werbeabteilungen der Firmen oder in den mit der Werbung betrauten selbständigen Werbeagenturen[32]. Dabei kommt es vor allem auf das Zusammenwirken von drei verschiedenen Planungen an, die man als Markenstrategie, Gestaltungsstrategie und Mediastrategie bezeichnet hat[33].

Die *Markenstrategie* legt fest, welche Aussagen über das Werbeobjekt (den Markenartikel, das Serviceangebot o. ä.) getroffen werden sollen und mit welchen Argumenten bzw. Taktiken dafür geworben werden soll. Dabei kommt es vor allem darauf an, das rechte *Markenimage* zu finden (n. D. Ogilvy), durch das die vorgesehenen Konsumentenzielgruppen angesprochen und zum Kauf angeregt werden können. Besonders angesichts der starken Konkurrenz oft gleichartiger oder ähnlicher Produkte ist es wichtig, das jeweilige Werbeobjekt in seinem Markenbild besonders hervorzuheben und einen bestimmten Nutzen (den *unique selling proposition*, n. R. Reeves) herauszustellen, auch wenn es sich dabei um einen ‚Nebennutzen' handelt, durch den sich dieses Produkt von anderen unterscheidet (z. B. die Betonung der Stoß- und Wasserfestigkeit von Armbanduhren – statt des Hauptnutzens der Zeitangabe).

Die *Gestaltungsstrategie*, die meistens erst von der Festlegung der Markenstrategie abhängig ist, legt dagegen die Art und Stimmung der Werbung fest, die Einfügung des Werbeobjekts in eine bestimmte Situation oder Atmosphäre (vgl. S. 59 ff.), die dem Markenbild gemäß ist und auf die Zielgruppe konsumstimulierend wirken soll. Hierbei kommt es sehr auf die Kreativität und das Können der Werbetexter und Werbegrafiker an, die dabei jedoch häufig Anregungen durch die Marktforscher und Werbepsychologen erhalten. Wie die Markenstrategie, so wird auch die Gestaltungsstrategie häufig erst bei ausgesuchten Testgruppen auf ihre Erfolgschanchen hin

---

[32] Wichtigste Aufgaben der Werbeabteilungen wie auch der selbständigen Werbeagenturen sind (n. J. v. Rohrscheidt, in: Behrens, Handbuch S. 349): Werbevorbereitung, Werbeplanung, Werbemittelgestaltung, Werbemittelherstellung, Werbemittelstreuung, Werbeerfolgs- und Werbewirkungskontrolle.

[33] So nach H. Windecker, Werbung, in: Marketing- und Verkaufsleiter-Handbuch, München 1970, S. 617 ff.

geprüft, wobei derartige *Pretests* nicht immer maßgebend für den späteren Erfolg oder Mißerfolg sind[34].

In der *Mediastrategie* wird schließlich entschieden, auf welche Art, in welcher Intensität und auf welchen Wegen (= mit welchen Medien) die vorgesehenen Zielgruppen angesprochen werden sollen. Dabei ist zu überlegen, ob einer möglichst großen Reichweite, d. h. der Ausdehnung der Werbung auf viele Verbraucher, oder einer möglichst großen Frequenz, d. h. einer möglichst großen Zahl von Werbeimpulsen, der Vorzug gegeben werden soll, ferner durch welche Medien die Zielgruppen am besten erreicht werden können.

Schema der Werbungsplanung

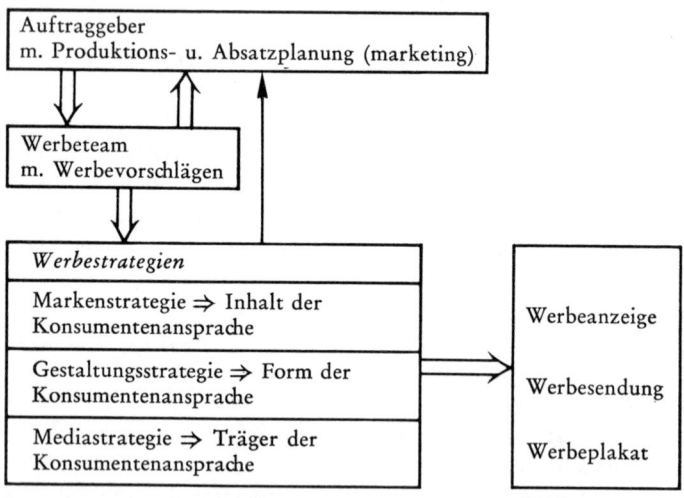

Bei allen Werbungsplanungen spielt natürlich die Höhe des jeweiligen *Werbeetats* eine große Rolle, zudem ob es sich um *Einführungswerbungen* für neue Produkte oder um *Erinnerungswerbungen* für eingeführte Waren handelt. Ob die jeweiligen, oft nur auf Vermutungen aufbauenden Strategien richtig waren, erweist letztlich erst der Verkaufserfolg der Waren.

---

[34] Vgl. M. Moliné, Werbung – Motive, Märkte, Medien, Reinbek 1978 (rororo), S. 50 ff.

3.3 Werbung als Gegenstand der Psychologie

Da die Wirtschaftswerbung vor allem auf die Änderung der Einstellungen und Verhaltensweisen der potentiellen Konsumenten im Sinne der Werbeziele einwirken, also psychisches Verhalten beeinflussen will, sucht sie alle die Erkenntnisse über Menschenbeeinflussung zu nutzen, die von der Psychologie bisher gewonnen wurden. Dazu zählen Erkenntnisse über die Sinneswahrnehmungen und Reaktionsweisen ebenso wie solche über innere Antriebe und Strebungen. Die in der Psychologie jeweils dominierenden Theorien und Methoden werden in den Psychologiekapiteln der Werbeliteratur und in der Praxis der Werbebüros stets rezipiert, wenn auch mitunter oft vergröbert und verspätet[35].

Während in den ersten Jahrzehnten unseres Jahrhunderts ältere assoziations- und reaktionspsychologische Einsichten vorherrschten, die später durch verhaltens- und lernpsychologische (behavioristische) Erkenntnisse ergänzt wurden, dominierten in den 50er und 60er Jahren tiefenpsychologische Ansätze, die insbesondere Kaufmotivationen und Beeinflussungsmöglichkeiten aufgrund des Geltungs-, Sicherheits-, Freiheits- oder Sexualstrebens der Menschen zu ermitteln suchten, wobei oft weniger der Sachnutzen der Produkte als vielmehr deren Reizwert zur Weckung geheimer Wünsche berücksichtigt wurde. Die Hauptwerke des Wortführers dieser Richtung, Ernest Dichters ,Strategie im Reich der Wünsche' (engl. The Strategy of Desire, 1960) und ,Handbuch der Kaufmotive' (1964), zählen noch immer zu den Standardwerken vieler Werbetechniker. Diese tiefenpsychologisch begründeten Werbetechniken sind weiten Kreisen durch die kritische Darstellung Vance Packards über die ,Geheimen Verführer' bekannt geworden. Der dort[36] berichtete Vorschlag E. Dichters an den amerikanischen Schuhhandel: ,,Verkaufen Sie an Frauen nicht Schuhe – verkaufen Sie hübsche Füße!" charakterisiert diese neue Art der Konsumentenansprache,

---

[35] Von den zahlreichen Schriften zur Werbepsychologie seien hier nur genannt: T. Herrmann/F. Denig, Psychologische Probleme der Werbung, sowie: P. Brückner, Psychologische Methoden der Werbeforschung und Markterkundung (beide Beiträge in: K. Chr. Behrens, Handbuch S. 91 ff. bzw. 731 ff.). – L. v. Rosenstiel, Psychologie der Werbung, Rosenheim 1969. – H. J. Hoffmann, Psychologie und Massenkommunikation. Planung, Durchführung und Analyse öffentlicher Beeinflussung, Berlin 1972. – H. J. Hoffmann, Werbepsychologie, Berlin 1972 (Göschen 5009).
[36] Zit. n. V. Packard, Die geheimen Verführer, S. 26.

oder genauer: der Ansprache geheimer Wünsche und Strebungen im Konsumenten, die nun als Beweggründe seiner Kaufentscheidungen ermittelt und ausgenutzt werden. Daß mit derartigen Praktiken der Verhaltensbeeinflussung der Vorwurf der Manipulation aufkommen mußte, wie ihn Packards Buch schon im Untertitel erhebt[37], ist leicht zu begreifen, geht es doch dieser Art der Werbung um die geplante Steuerung tiefster psychischer Gegebenheiten im Dienste wirtschaftlicher Umsatz- und Gewinnmaximierung.

Inzwischen werden in der Psychologie, soweit sie sich mit Problemen der Werbung beschäftigt, verstärkt empirisch und experimentell gewonnene Erkenntnisse berücksichtigt, wie sie sich ergeben etwa durch elektro-physiologische Messungen des Hautwiderstandes bei emotional stimulierenden Werbebotschaften, durch tachistoskopische (kurzzeitliche) Messungen der Lesbarkeit und durch Aufzeichnungen des Blickverlaufs bei der Wahrnehmung von Werbeanzeigen[38]. Dabei ergab sich u. a., daß emotional stimulierende Botschaften und Wörter (auch Produktnamen im emotionalen Kontext) länger als andere im Gedächtnis haften (was Manipulationen durch die Verbindung emotionaler und sachlicher Informationen ermöglicht[39] und daß bei der Erfassung von Anzeigen bestimmte Selektions- und Reihenfolgeeffekte üblich sind (z. B. werden emotional aktivierende Bildinformationen zuerst erfaßt, dann andere Bildinformationen, dann aktivierende Textelemente usw.)[40].

Neben solchen experimentell erfahrbaren Einsichten stehen solche, die durch Befragungen und Beobachtungen von Testpersonen gewonnen werden, aber auch Erkenntnisse, die der allgemeinen Wahrnehmungspsychologie, der Gestaltpsychologie, der Ganzheitspsychologie, der Motivationspsychologie, der Lern- und Gedächtnispsychologie, schließlich auch der Sozialpsychologie[41] und den Methoden der einzelnen Disziplinen entstammen.

Gegenstand werbepsychologischer Untersuchungen können dabei das Verhalten der Verbraucher ebenso sein wie die Werbeobjekte

---

[37] V. Packard, Die geheimen Verführer. Der Griff nach dem Unbewußten in jedermann, Düsseldorf 1958.
[38] Vgl. W. Kroeber-Riel, Konsumentenverhalten, München 1975.
[39] Vgl. dazu: B. Schulz, Werbung: Leise zieht's durch mein Gemüt, in: Psychologie heute 7/1978, S. 36 ff. vgl. auch S. 136 (Semiotik W. Nöths).
[40] Vgl. Kroeber-Riel (Anm. 38) u. B. Schulz (Anm. 39) S. 39.
[41] Vgl. R. Hofstätter, Einführung in die Sozialpsychologie, Stuttgart [4]1966.

(Waren), die Beschaffenheit und Wirkung der Werbemittel ebenso wie die Verpackung der Produkte, die möglichen Kaufmotive ebenso wie das Image des Produzenten.

Dabei kann die Psychologie im Dienste der Werbung stehen oder auch zur Verbraucheraufklärung durch Aufhellung der Voraussetzungen und Wirkungsweisen der Werbung beitragen. Für eine kritische Sicht der Werbung – wie sie beispielsweise im Deutschunterricht vermittelt werden sollte – müßte die aufklärerische Seite der Psychologie noch stärker entwickelt werden.

3.4 Werbung als Gegenstand der Semiotik und der Sprachwissenschaft

Für die Semiotik oder Semiologie, die Wissenschaft von den Zeichensystemen, ist Werbung schon deshalb von besonderem Interesse, weil hier verschiedene Zeichen und Zeichensysteme in spezifischer Weise möglichst wirkungsvoll verbunden werden, so daß in den Werbeanzeigen beispielsweise stets neue hervorragende Beispiele für semiotische Untersuchungen zur Verfügung stehen.

Einer der bekanntesten Semiotiker, der Italiener Umberto Eco, hat deshalb der Werbung bzw. der ‚Reklame-Botschaft‘ und ‚Reklamekommunikation‘ ein besonderes Kapitel in seiner ‚Einführung in die Semiotik‘ gewidmet[42]. Er untersucht dabei das Verhältnis des verbalen Registers zum visuellen Register und zu den Reklamecodes sowie die Möglichkeiten einer visuellen Rhetorik. Dabei stützt er sich u. a. auf Vorarbeiten des französischen Strukturalisten Roland Barthes[43], auf den übrigens auch Hermann K. Ehmer in seiner Analyse einer Doornkaat-Werbung zurückgreift[44].

Die semiotischen Erklärungen W. Nöths[45], die er ebenfalls an Werbeanzeigen verdeutlicht, stützen sich auf die Zeichentheorien

---

[42] U. Eco, Einführung in die Semiotik, München 1972 (UTB 105) S. 267 ff., vgl. S. 132.
[43] R. Barthes, Mythen des Alltags, Frankfurt 1964, und besonders: ders., Rhetorik des Bildes, in: Alternative, Juni 1967, S. 107 ff., Teilabdruck in: G. Schiwy, Strukturalismus, Reinbek 1969 (rde 310/11), S. 158 ff. – vgl. S. 131 f.
[44] H. K. Ehmer, Zur Metasprache der Werbung – Analyse einer DOORNKAAT-Reklame, in: Visuelle Kommunikation. Beiträge zur Kritik der Bewußtseinsindustrie, Hrsg. von H. K. Ehmer, Köln 1971 (DuMont-Aktuell) S. 162 ff. – vgl. auch ders., Von Mondrian bis Persil. Zur Ideologie des Reinen in Kunst und Werbung, ebd. S. 179 ff.
[45] Winfried Nöth, Semiotik. Eine Einführung mit Beispielen für Reklameanalysen, Tübingen 1975 (Anglistische Arbeitshefte 8) vgl. S. 136.

von PEIRCE und MORRIS und nützen deren Gliederung in indexalische, ikonische und symbolische Zeichen. Außerdem berücksichtigt Nöth auch die Pragmatik als Teildisziplin der Semiotik und verbindet die Analyse semiotischer Codes im Sinne von R. BARTHES mit linguistischen Analyseebenen.

Als einen theoretischen Beitrag zur Semiotik der Werbung kann man auch die Ausführungen von Max BENSE über die Ästhetik der Werbetexte[46] ansehen, die er in seiner ‚Informationstheoretischen Ästhetik' vorbringt. Danach bietet die moderne Werbung, die er als eine Art ‚‚Textdesign" betrachtet, ‚‚in dem linguistische, ästhetische und marktwissenschaftliche Aspekte zusammenkommen müssen"[47], verschiedene Übereinstimmungen mit der Literatur, besonders in der Weltspiegelung (allerdings einer manipulierbaren Konsumwelt), in der ästhetischen Gestaltung, in der Variation der Text- und Stilgestaltung und in der Reduktion mancher Zeichen auf ihre bloße Signalqualität, so daß man bei Werbetexten von einer neuen Literaturgattung, einer Art angewandter Literatur sprechen könne.

Eine Zusammenfassung kommunikativer und semiotischer Analyseansätze in Verbindung mit didaktischen Bearbeitungsvorschlägen bietet die umfangreiche Arbeit von Wolfgang BRANDT[48], wobei allerdings die im Titel genannte ‚Sprache' der Werbung nur im Verwendungszusammenhang und mehr statistisch im Anhang untersucht wird. Wichtig ist hier vor allem die Analyse der Elemente des Modells der Werbekommunikation in zwei Analyseschritten (1. Untersuchung der visuellen, auditiven, lingualen Ebene, 2. Untersuchungen der Zeichenkombinationen) und drei Synthesestufen, die im wesentlichen nur der Zusammenfassung der Ergebnisse dienen[49]. Für die visuellen und auditiven Formen der Werbung im ZDF in einem bestimmten Zeitraum legt J. BRECHTEL-SCHÄFER in ihrer Marburger Dissertation von 1972 ausführliches Material vor[50].

---

[46] M. Bense, Einführung in die informationstheoretische Ästhetik. Grundlegung und Anwendung in der Texttheorie, Reinbek 1969 (rde 320) S. 127 ff.
[47] Ebd. S. 128.
[48] Wolfgang Brandt, Die Sprache der Wirtschaftswerbung. Ein operationales Modell zur Analyse und Interpretation von Werbungen im Deutschunterricht, in: Germanistische Linguistik 1–2/1973, S. 1–288.
[49] Ebd. passim.
[50] Jutta Brechtel-Schäfer, Analyse der Fernsehwerbung in der BRD. Anhand einer Untersuchung der Werbeeinblendungen im ZDF und im Hessischen Regionalprogramm in der Zeit vom 12.2.–7.3.1970, Diss. Marburg 1972.

In den linguistischen Untersuchungen zur Werbung, die fast durchweg im Sinne der traditionellen Philologie empirisch und kaum modelltheoretisch vorgehen, haben besonders Text- und Sprachelemente das Interesse der Forschung gefunden. Unter den verschiedenen Zeitschriftenaufsätzen zu diesen Themen sollten die Beiträge von Leo SPITZER, Eberhard BEHEIM-SCHWARZBACH, L. KERSTIENS und S. GROSSE genannt werden. Leo SPITZER[51] verdeutlicht an einer amerikanischen Orangenreklame, die er als ,moderne Volkskunst' nach der romanistischen Methode der ,explication de texte' analysiert, Grundzüge der visuellen und sprachlichen Werberhetorik, aber auch den pseudoreligiösen predigthaften Charakter dieser Form der Menschenbeeinflussung. E. BEHEIM-SCHWARZBACH[52] konzentriert sich dagegen auf die Funktionen des Benennens, Beschreibens, Beziehens und Beseelens in den Werbeanzeigen. L. KERSTIENS[53] untersucht sprachkritisch Eigenarten des ,werbenden Sprechens' der Verkaufswerbung, das nach seinen Beobachtungen bewußt unscharfe, aber stimmungweckende Aussagen, Fragen, Konditionalsätze u. dgl. bevorzuge, um fiktive Welten vorzuspiegeln. Das ,Reklamedeutsch', dem S. GROSSE 1966 einen Aufsatz widmete[54], ist für ihn nicht die Sprache des Alltags, sondern eine künstliche Sprache mit hoher Wirksamkeit aufgrund reicher Differenzierungsmöglichkeiten durch Abkürzungen, Markennamen, Adjektiv- und Substantivkomposita, Satzverkürzungen sowie verschiedene Stilformen (worunter eigentlich Werbetechniken gemeint sind).

Ausführlicher als bei Grosse werden die sprachlichen Eigenheiten der Werbesprache in der Monographie von Ruth RÖMER[55] beschrieben. Sie untersucht zunächst die gegenüber dem Bild dominante Rolle der Sprache in der Anzeigenwerbung, dann die hier üblichen Formen der Wortbildung, der Wortwahl, des Satzbaus und die häufig vorkommenden rhetorischen Mittel. Innerhalb der Wortwahl widmet sie den Erscheinungen der ,semantischen Aufwertung', den Formen der Wertsteigerung und Übertreibung mit sprachlichen Mitteln, besondere Aufmerksamkeit. Ein abschließendes Kapitel

[51] Vgl. Anm. 27.
[52] Eberhard Beheim-Schwarzbach, Sprache in der Wirtschaftswerbung, in: Wirkendes Wort 1954/2, Sonderheft, 13–23.
[53] Ludwig Kerstiens, Das werbende Sprechen, ZfdS 26/1970, 129–141.
[54] Siegfried Grosse, Reklamedeutsch, Wirk. Wort 1966/2, 89–104, abgedr. in: P. Nusser, Anzeigenwerbung S. 76 ff.
[55] Vgl. Anm. 3.

über die Wirkungen der Werbesprache greift auch die Frage nach der Eigenart der Werbesprache in der Kommunikation auf und betont ebenfalls den konstruierten Charakter dieser Sprachformen, die jedoch um gute Verständlichkeit bemüht sind.

Mehrere Arbeiten beschränken sich nur auf einen Teilbereich der Werbeanzeigen, nämlich den *Slogan*. 1963 hat Volker KLOTZ eine erste Analyse dieser indizierenden und agitativ-rhythmischen Merkzeile vieler Werbeanzeigen (aber auch politischer Losungen) vorgenommen und sie mit dem Sprichwort, von dem sie sich durch Unbestimmtheit unterscheide, und mit dem Aphorismus, von dem sie sich jedoch durch ihre Kontextbindung abhebe, verglichen[56]. Ausführlicher untersuchen Jochen MÖCKELMANN und Sönke ZANDER Form und Funktion der Werbeslogans, wobei sie in Einzelanalysen und Gesamtcharakterisierungen die Funktionsweisen (Bekanntmachen und Einprägen, Informieren und Argumentieren, Anpreisen und Appellieren) und die typischen stilistischen Merkmale der Slogans herausstellen[57].

In kritischer Auseinandersetzung mit der bisherigen Literatur hat 1972 und 1974 Dieter FLADER[58] eine Analyse von Werbeslogans nach Kriterien der linguistischen Pragmatik, insbesondere der Sprechakttheorie J. Searles, im Zusammenhang mit einem tiefenpsychologischen Erklärungsmodell versucht und bestimmte Sprechhandlungstypen herausgestellt, die den einzelnen Slogans zugrunde liegen sollen (vgl. S. 90ff.). An die Stelle einer bloß rhetorisch-stilistischen Analyse tritt so die Analyse nach kommunikativen Voraussetzungen, Wirkungsbedingungen und Handlungsintentionen. Die dabei vorgenommene Reduzierung der psychologischen Grundlagen des Werbevorgangs auf zwei Grundtypen (infantile Konfliktlösungsschemata der Ich-Omnipotenz und der Eltern-Omnipotenz) dürfte hier allerdings zu sehr konstruiert sein[59].

---

[56] Volker Klotz, Slogans, STZ 1963, S. 538–546, abgedr. in: P. Nusser, Anzeigenwerbung S. 96 ff.

[57] J. Möckelmann/S. Zander, Form und Funktion der Werbeslogans, Göppingen 1970.

[58] Dieter Flader, Pragmatische Aspekte von Werbeslogans, in: Linguistische Pragmatik, hrsg. v. D. Wunderlich, Frankfurt 1972, S. 341–376, und ders., Strategien der Werbung. Ein linguistisch-psychoanalytischer Versuch zur Rekonstruktion der Werbewirkung, Kronberg 1974.

[59] Die psychoanalytische Orientierung Fladers (n. Edith Jacobson, The Self and the Objekt World, New York 1964) bedeutet ein Festhalten an Vorstellungen der 50er und 60er Jahre in der Werbepsychologie.

3.5 Werbung als Gegenstand der fachdidaktischen Literatur

Obgleich die Anzeigenwerbung bereits mit dem Aufblühen der wirtschaftlichen Verhältnisse in der Bundesrepublik zu Anfang der 50er Jahre erheblich zunahm und schon damals einen breiten Raum in den Massenmedien beanspruchte, hinterließ diese Entwicklung zunächst keinerlei Spiegelungen in der linguistischen wie in der fachdidaktischen Literatur des Faches Deutsch. Zwar hatte Erika Essen bereits 1956 die ‚Einbeziehung der Werbeformen der täglichen Gesprächswirklichkeit, Zeitung, Reklame, Rundfunk‘ gefordert (ohne allerdings dazu methodische Anleitungen zu geben)[60], eine intensive Beschäftigung mit diesem Sujet setzte jedoch erst dann ein, als sich die Vorstellungen von einem literarischen Textkanon im Deutschunterricht zu lockern begannen und – zunächst im Rahmen der Lesebuchkritik – dann immer häufiger der Einbezug von ‚Gebrauchstexten‘ in den Deutschunterricht gefordert wurde[61].

Es sind denn auch zuerst Schulbücher, Lesebücher und vor allem Sprachbücher, in denen solche Gebrauchstexte aus der Wirtschaftswerbung auftauchen und mit Analyseanweisungen versehen sind[62]. Die Bestimmungen der Deutschrichtlinien der einzelnen Bundesländer tragen zumeist erst spät dieser Erweiterung der Stoffgebiete des Deutschunterrichts Rechnung. Erst 1968, im gleichen Jahr als die Monographie R. Römers über die Sprache der Werbung veröffentlicht wurde, erscheinen die ersten fachdidaktischen Aufsätze zum gleichen Thema[63]. Sie zielen vor allem auf die Erfassung rhetorischer Strukturen in ausgewählten Werbetexten ab und sehen die Behandlung dieses Themas in der Mittelstufe und Oberstufe der Gymnasien vor. Osswald und Gramer[64] z. B. betonen die Eignung solcher Analysen besonders für die Mittelstufe (8.–10. Schuljahr),

---

[60] E. Essen, Methodik des Deutschunterrichts, Heidelberg ⁶1968, S. 53.

[61] Zuerst berücksichtigt in K. Gerths ‚Lesebuch 65‘. Der Begriff ‚Gebrauchstexte‘ wird nicht einheitlich gebraucht, vgl. B. Sowinski, Gebrauchstexte im Unterricht, in: B. Sowinski (Hg.), Fachdidaktik Deutsch, Köln 1975, S. 279 ff.

[62] Vgl. V. Merkelbach: Medien für den Deutschunterricht, in: H. Ivo/V. Merkelbach: Abschied vom klassischen Schulfach. Zum Beispiel Deutsch, Heidelberg 1972, S. 109 ff.

[63] Dieses Faktum ist auch im Zusammenhang mit der Studentenbewegung und der nun aufkommenden Umorientierung des Deutschunterrichts zu sehen, durch die der Einbezug alltagsnaher Texte zur Förderung der Emanzipation und der kommunikativen Kompetenz gefordert wurde.

[64] Paul Oßwald/Egon Gramer, Die Sprache der Werbung, DU 20/1968, H. 5, 76–97.

weil Schüler dieses Alters weniger für Dichtung, mehr jedoch für derartige Gebrauchstexte empfänglich seien, mit denen sie ja täglich konfrontiert werden. Der gleichzeitig erschienene Beitrag von HEI-STRÜVER[65] konzentriert sich auf die Betrachtung von Werbeslogans in einer 12. Klasse. Claus SIEFER[66] schlägt die Sammlung und Auswertung von Werbeslogans sogar für die 13. Klasse vor. Die Sammeltätigkeit der Schüler als methodische Hilfe betont auch Karl Jürgen HELLER[67] für Schüler der 11. Klasse, trotz weitergehender Lernzielbestimmungen. Anspruchsvoller, weil historisch weither abgeleitet, sucht Ulrich KLEIN[68] die rhetorische Analyse von Werbetexten durchzuführen.

Die Analyse der Sprache der Werbung nach den Anregungen der Arbeit von R. RÖMER wird Anfang der 70er Jahre in einer Reihe weiterer Arbeiten exemplarisch beschrieben. Dabei werden derartige Unterrichtsaufgaben vor allem für die 8.–10. Klasse vorgesehen.

So bezieht beispielsweise Franz HEBEL[69] Werbeanzeigen in die Anwendungsübungen neuerer linguistischer Verfahren ein (wobei er den Begriff des semantisch-syntaktischen ‚swing‘ für die werbetypischen Bedeutungserweiterungen einführt). Robert ULSHÖFER[70] fügt der 8. Auflage seiner Methodik des Deutschunterrichts für die Mittelstufe ein eigenes Kapitel über Werbesprache und Werbetexte hinzu. J. D. BÖDEKER[71] stellt sogar sprachliche Materialien für einen eigenen ‚Arbeitskurs zum Verständnis des appellativen Gebrauchs der Sprache‘ zusammen.

Im Gegensatz zur bisher referierten Konzentration sprachlicher Analyseaufgaben auf die Mittel- und Oberstufe des Gymnasiums bzw. auf die 8.–10. Klasse der Haupt- und Realschulen betont

---

[65] Hans Dieter Heistrüvers, Die sprachliche Untersuchung von Werbetexten im DU einer Unterprima, DU 20/1968, H. 5, S. 98–111.

[66] Claus Siefer, Werbeslogans im Unterricht der 13. Kl., DU 1971, H. 4.

[67] Karl-Jürgen Heller, Die Sprache der Parteienreklame. Die Sprache der Artikelwerbung. Forschungsprojekte für Schüler, in: Ide, H. (Hrsg.), Projekt Deutschunterricht, Bd. 2, Stuttgart 1972, S. 60 ff.

[68] Ulrich Klein, ‚. . . weich und weiß zugleich.‘ Appellierende Werbetexte in der Schule, in: Zeitnahe Schularbeit 21/1968, H. 10.

[69] Franz Hebel, Zur Didaktik des Sprachunterrichts im Deutschunterricht der Sekundarstufe I, in: Diskussion Deutsch 3/1971, 66–83, abgedr. in: Rötzer, G. (Hg.), Zur Didaktik der Deutschen Grammatik, Darmstadt 1973, S. 484 ff.

[70] Robert Ulshöfer, Methodik des Deutschunterrichts, Bd. 3 Mittelstufe II, Stuttgart 81972.

[71] Johann Dietrich Bödeker, Sprache der Anzeigenwerbung, Karlsruhe 1971 (Sprachhorizonte 2).

Dietrich BOUEKE[72] die Eignung derartiger Analysen für alle Klassen der Hauptschule. Bernhard ENGELEN[73] möchte eine vorsichtige Behandlung dieses Gegenstandsbereichs sogar schon mit dem 3. Schuljahr beginnen und dann behutsam steigern.

Der Gruppe der nur sprach- und stilorientierten fachdidaktischen Beiträge zur Anzeigenwerbung stehen die Arbeiten gegenüber, die die Werbung komplexer betrachten wollen und eine gleichzeitige unterrichtliche Behandlung auch der ökonomischen, künstlerischen, musikalischen und sprachlichen Aspekte des Sujets fordern.

Der gesellschafts- und ideologiekritische Aspekt, der in der Abwehr möglicher Manipulationen bereits bei einzelnen Sprachanalysen mitbedacht wurde, wird nun stärker betont. Erste Ansätze dazu bietet schon die Arbeit von Christa BÜRGER über einen neuen emanzipatorischen Deutschunterricht[74], wo u. a. auch Vorschläge zur Analyse der kommunikativen Faktoren der Werbeanzeigen nach dem sprachlichen Funktionenmodell R. Jakobsons erläutert werden (vgl. die ähnlichen, aber differenzierteren Ansätze von I. HANTSCH S. 48ff. dieser Untersuchung).

Eine komplexe unterrichtliche Behandlung der verschiedenen Aspekte der Werbung erläutert Hanns-Fred RATHENOW in einer besonderen Arbeit[75], in der vor allem die didaktischen Überlegungen sorgfältig erörtert und an Beispielen erprobt werden.

Werbetexte im Zusammenhang mit der zugrundeliegenden Wirtschafts- und Kommunikationsstruktur zu behandeln, empfiehlt auch Volker ARNOLD bei der Erläuterung eines Unterrichtsprojekts ,Kommerzielle Werbung'[76]. Die seit einigen Jahren üblich gewordene Projektarbeit im Deutschunterricht, die nach ihrer Intention ursprünglich ein Zusammenwirken verschiedener Lehrfächer vor-

[72] Dietrich Boueke, Werbetexte im Unterricht, Westermanns Päd. Beitr. 22/1970, S. 248–254.

[73] Bernhard Engelen, Zu einem Unterrichtsprojekt Wirtschaftswerbung, in: W. Pielow, Theorie und Praxis im Deutschunterricht. Projekte und Vorschläge, München 1975, S. 74ff.

[74] Christa Bürger, Deutschunterricht-Ideologie oder Aufklärung, Frankfurt 1970; Teilabdruck daraus: Chr. Bürger, Die Sprache der Werbung, in: Joachim Dyck (Hg.) Rhetorik in der Schule, Kronberg 1974, S. 136ff. (vgl. auch die Kritik B. Engelens (s. Anm. 73) an Bürgers Ansatz.

[75] Hanns Fred Rathenow, Werbung, Berlin 1972 (Didaktische Modelle 1).

[76] Volker Arnold, Unterrichtsprojekt: Kommerzielle Werbung, aus: Überlegungen und Vorschläge zum kritischen Deutschunterricht, Diskussion Deutsch 4/1973, H. 11, S. 53–70, abgedr. in: J. Dyck (Hg.), Rhetorik in der Schule, Kronberg 1974, S. 187ff.

sah, läßt sich beim Thema ‚Werbung' recht gut verwirklichen.

Diesen Gedanken betont auch Bernhard ENGELEN in einer didaktischen Studie zur Werbung.

Im Zusammenhang komplexer Werbeanalysen im Deutschunterricht ist schließlich noch einmal auf die umfangreiche Arbeit von Wolfgang BRANDT (vgl. S. 32) hinzuweisen, die ja bereits vom Titel her als didaktische Arbeit verstanden werden will[77]. BRANDT bietet in seiner bisher wenig beachteten und schwierig zugänglichen Arbeit neben einer detaillierten kritischen Würdigung der bisherigen Forschungsergebnisse eine Reihe von Modellentwürfen, die die Problematik des Zusammenwirkens sprachlicher und außersprachlicher Komponenten und deren didaktische Konsequenzen verbal und schematisch verdeutlichen. Der Verfasser hebt allerdings auch die Schwierigkeiten hervor, die sich für den Deutschlehrer als Nichtfachmann für die außersprachlichen Bereiche ergeben, und konzentriert sich daher im wesentlichen auf die semiotischen, rhetorischen und linguistischen Aspekte des Themas.

Abschließend sei hier noch auf einige Ergänzungen zur fachdidaktischen Literatur in der Form von Unterrichtshilfen und Materialsammlungen hingewiesen, die manche wichtigen Einsichten zur Analyse und Interpretation von Werbeanzeigen enthalten. So bringen die von Jakob LEHMANN und Hermann GLASER[78] dargebotenen ‚Studientexte und Arbeitsmaterialien' über ‚Werbung, Warenästhetik, Trivialmythen' Erläuterungen, Texte und Arbeitsaufgaben zu den genannten Theman an Beispielen der Konsumgüterwerbung, der Urlaubswerbung und der Partnerwerbung[79]. Didaktische und unterrichtsmethodische Hinweise bietet auch der Unterrichtsvorschlag ‚Kommunikationsstrukturen der kommerziellen Werbung', der zur Erläuterung der ‚Rahmenrichtlinien Sekundarstufe I 7./8. Jahrgangsstufe Deutsch S I – D 1974' des Hessischen Kultusministers' erschienen ist[80]. Allein auf Materialien zur Werbung für

---

[77] Vgl. Anm. 48.
[78] Jakob Lehmann/Hermann Glaser, Werbung-Warenästhetik-Trivialmythen, Bamberg 1973 (Studientexte u. Arbeitsmaterialien für den Deutschunterricht in der Sekundarstufe 2).
[79] Zur Partnerwerbung (= Heirats- u. ä. Anzeigen) vgl. auch Birgit Stolt, Heiratsanzeigen in der ‚Zeit'. Vorläufige Ergebnisse eines interdisziplinären Forschungsvorhabens, Muttersprache 84/1974, H. 5, S. 346–371.
[80] Vertrieb (auch der entsprechenden Unterrichtsmaterialien) durch den Diesterweg-Verlag.

den Deutschunterricht und die Gesellschaftslehre beschränken sich dagegen die Sammlungen von Rolf GÜNTHER[81] und Ingo SPRING-MANN[82].

3.6 Möglichkeiten der Analyse von Werbeanzeigen und Werbesendungen

Der Überblick über die verschiedenen werbungsrelevanten Disziplinen hat gezeigt, daß man sich dem Phänomen Werbung auf unterschiedliche Weise, aus unterschiedlichem Interesse, mit unterschiedlichen Aspekten und Methoden zuwenden kann. Je nach Interessenlage, Zielsetzung, Blickrichtung und Methode kann sich dem Betrachter ein anderes Bild des Gegenstandes bieten, ohne daß dabei das Untersuchungsobjekt in seinem Wesen jeweils ein anderes ist. Eine umfassende Erkenntnis des Gegenstandes ist daher nur aus der Zusammenschau unterschiedlicher Ansätze möglich. Das gilt für die Werbung ebenso wie für alle komplexen Wirklichkeitserscheinungen.

In seiner Komplexität ähnelt der Werbevorgang dem Prozeß der literarischen Kommunikation, besonders auch darin, daß in der Werbung Rezipienten durch Bilder und Texte angesprochen werden. Es ergibt sich somit die Frage, ob die hermeneutischen Methoden der Literaturwissenschaft auch für Analysen von Werbeanzeigen angewandt werden können, zumal Deutschlehrer mitunter nur mit diesen Methoden der Textanalyse vertraut sind. Man würde dabei allerdings nicht nur die Text-Bild-Einheit der Werbeanzeigen übersehen, sondern auch die unterschiedliche Intentionalität beider Textsortenbereiche. Während wir es bei der Mehrzahl literarischer Texte mit verhältnismäßig zweckfreien Wirklichkeitskonstrukten zu tun haben, sind Werbeanzeige und andere Werbetexte gerade durch den intentionalen Charakter aller ihrer Elemente bestimmt.

---

[81] Werbung. Materialien für den Deutschunterricht und die Gesellschaftslehre, hrsg. von Rolf Günther, Frankfurt 1975 (Texte u. Materialien z. Lit. Unterricht).

[82] Werbetexte/Texte zur Werbung, für die Sekundarstufe hrsg. von Ingo Springmann, Stuttgart 1975 (Reclam 9522) (Arbeitstexte für den Unterricht). Als weitere Literatur zur didaktischen Behandlung sei genannt: Methoden, hrsg. von Arnold Meese u. Andreas Seiverth, München 1974. – Peter Nusser, Massenpresse, Anzeigenwerbung, Heftroman, Stuttgart 1976 (Deutsch in der Sekundarstufe 1). – Werbung im Unterricht. Unterrichtsmittel für den Lehrer, hrsg. von Friedhelm Klein u. a., München 1971 (p. a.: M. Popp). – H. D. Feil, Das Werbeplakat als Unterrichtsmodell, Ravensburg 1977 sowie die zahlreichen Behandlungen des Themas in Sprach- und Lesebüchern.

Zwar entwirft auch die Werbung in ihren Texten und Bilder oft fiktive Situationen und Handlungen und verwendet dabei ästhetisch ansprechende Bild- und Sprachelemente, doch ist das Ästhetische hier nicht Selbstzweck wie in poetischen Werken, sondern nur Mittel zum Zweck der Konsumentenbeeinflussung im Sinne der außerhalb des Sprachlichen liegenden kommerziellen Zielsetzung, auch wenn derartige Gestaltungen in sich eigene ästhetische Strukturen aufweisen sollten.

Eine nur ‚werkimmanente Interpretation' von Werbeanzeigen, die diese pragmatischen und kommunikativen Aspekte außer Betracht ließe, würde daher das Wesen dieser Textsorte verfehlen[83]. Die adäquate Untersuchung einzelner Werbeanzeigen kann nur aufgrund sorgfältiger Gesamtanalysen der jeweils vorliegenden Intentionen, Strategien, Kommunikations- und Gestaltungsfaktoren erfolgen, wobei die Analysevorgänge mit ihrer Isolierung, Segmentierung und Bestimmung der Einzelelemente und -faktoren durch Syntheseschritte ergänzt werden sollten, in denen die Funktionalität und das Zusammenwirken der Teile zu Wirkungsganzheiten aufgewiesen werden. Wie bei literarischen Untersuchungen, so kann auch hier die Analyse mit der Erarbeitung von Teilstrukturen in beliebiger Reihenfolge beginnen und zu größeren Komplexen fortschreiten; es empfiehlt sich aber, von größeren Wirkungseinheiten, wie z.B. Gesamteindruck, Bildinhalt, Textaussage, Schlagzeile u.ä. auszugehen.

Werbeanzeigen sind – im Gegensatz zu manchen anderen Texten – in der Regel leicht verständlich. Das ergibt sich aus dem Wesen der Werbung, die ja möglichst viele Konsumenten dazu bewegen will, sich für das Werbeobjekt zu interessieren und es zu erwerben. Die leichte Verständlichkeit kann allerdings dazu verleiten, bestimmte Gegebenheiten der Anzeige, besonders die pragmatischen (ökonomischen, intentionalen) und kommunikativen Voraussetzungen (Strategien, Zielgruppenerwartungen u.ä.) zu übersehen. Es gehört schließlich zum Wesen der heutigen Werbung, daß sie diese Voraussetzungen und die daraus resultierende Überredungsabsicht im Werbekommuniqué möglichst verschleiert oder ebenso wie das Werbeobjekt positiv verfremdet (z.B. als Hilfeleistung, guten Rat,

---

[83] Vgl. die Kritik Chr. Bürgers (Anm. 74) an L. Spitzer (Anm. 27).

Warnung o. ä.). Bereits daraus ergibt sich, daß Werbeanzeigen – sollen sie nicht nur oberflächlich im Sinne der Werbung wirken, sondern emanzipativ kritisch erfaßt werden – der sorgfältigen Entschlüsselung bedürfen.

Die vorstehenden Überlegungen zur Einzelanalyse von Werbeanzeigen (die analog auch für Werbesendungen und andere textgebundene Werbeaktionen gelten) sollen jedoch Teilanalysen von Werbeanzeigen, wie sie sich z. B. beim Vergleich mehrerer Anzeigen, Anzeigen bestimmter Branchen, Produkte oder Agenturen u. ä. angebracht sind, nicht ausschließen. Solche Teilanalysen unter bestimmten Aspekten und Zielsetzungen liefern oftmals erst die methodischen und inhaltlichen Voraussetzungen für komplexere Einzelanalysen. Zudem können dadurch auch bestimmte Tendenzen, Gestaltungstechniken und Strategien in der Werbung für bestimmte Zeiträume, Branchen, Medien oder Zielgruppen besser als anhand von komplexen Einzelanalysen aufgezeigt werden.

4. Werbung als Kommunikationsvorgang

Von allen Definitionen der Wirtschaftswerbung ist – wie O. W. HASELOFF betont[84] – diejenige Kennzeichnung am zutreffendsten, die Werbung als »geplante öffentliche Kommunikation zum Zweck einer ökonomisch wirksamen Information, Persuasion und Entscheidungssteuerung« bezeichnet.

Mit dieser Kennzeichnung greift die Werbelehre auf einen Begriff zurück, der bereits ein beträchtliches Alter aufzuweisen hat, im letzten Jahrzehnt allerdings eine geradezu inflationäre Verbreitung gefunden hat. In seiner Etymologie auf das lat. *communicare* (= gemeinschaftlich handeln, aus lat. *communis* = allgemein, gemeinsam) zurückgehend[85], enthält er heute die Bedeutungskomponente des Informationsaustausches wie der sozialen Gruppenbildung und Interaktion mit Hilfe von Zeichen[86]. Während er zunächst mehr auf

[84] O. W. Haseloff, Kommunikationstheoretische Probleme der Werbung, in: K. Chr. Behrens, Handbuch (s. Anm. 1), S. 158 f.
[85] Vgl. L. Mackensen, Reclams Etymologisches Wörterbuch, Stuttgart 1966, S. 200.
[86] Vgl. DUDEN-Fremdwörterbuch, Mannheim 1961, S. 367.

die Verbindung zwischen den Menschen bezogen war[87] und so auch in der neueren Psychologie verwendet wird[88], tritt neuerdings, besonders im linguistischen und pädagogischen Bereich, der informations- und sprachtheoretische Aspekt dieses Begriffs in den Vordergrund.

Die Charakterisierung des Werbegeschehens als eines Kommunikationsvorgangs hebt dieses ab von nur psychologisch orientierten Erklärungsversuchen und verweist demgegenüber auf Faktoren, die bei einem solchen Vorgang beteiligt sind, ihn gleichsam erst konstituieren. Diese Faktoren sind in den letzten Jahren im Rahmen von Konstruktionsversuchen zu *Kommunikationsmodellen* immer wieder genannt worden[89].

Sehr stark vereinfachtes Modell
der einfachen Kommunikation

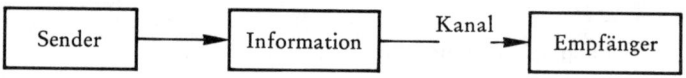

Grundsätzlich gehören dazu die Faktoren des **Senders** (Sprechers, Schreibers, Kommunikators) und des **Empfängers** (Hörers, Lesers, Kommunikanten, Rezipienten), zwischen denen über einen bestimmten **Kanal** je nach Art der Mitteilung eine **Information** (Nachricht, Mitteilung, Botschaft, Kommuniqué) in einer bestimmten **Form** (Sprache, Text, Code) ausgetauscht wird. Dieses einfache **Kommunikationsmodell** in Form einer knappen Ereigniskette, das wie alle Modelle eine stark schematisierte Abstraktion wesentlich

---

[87] Vgl. Goethe im Brief an Zelter vom 6. 6. 1825: ‚Reichtum und Schnelligkeit ist, was die Welt bewundert und wornach jeder strebt; Eisenbahnen, Schnellposten, Dampfschiffe und alle möglichen Fazillitäten der Kommunikation sind es, worauf die gebildete Welt ausgeht, sich zu überbieten, zu überbilden und dadurch in der Mittelmäßigkeit zu verharren.'
[88] Vgl. P. Watzlawik/J. H. Beavin, D. D. Jackson, Menschliche Kommunikation. Formen – Störungen – Paradoxien, Bern ⁴1974.
[89] Vgl. W. Herrlitz, Kommunikation und Sprache, in: Funkkolleg Sprache Bd. 1, Frankfurt 1973 (Fischer Tb. 6111) S. 27 ff. – G. Wolff, Der Kommunikationsbegriff in der Sprachdidaktik. Kritische Bemerkungen zu einem modischen Denkmodell, DU 1977 H. 1, S. 21 ff.

komplexerer Vorgänge darstellt, wird in anderen Modellen ergänzt durch eine Reihe weiterer Faktoren, die der Komplexität menschlicher Kommunikation eher gerecht zu werden suchen, etwa durch die nähere Kennzeichnung der verwendeten **Codes,** ihren **Kongruenzgrad,** der (En-)**Kodierungs-** und **Dekodierungsvorgänge,** der **Intentionen, Bewußtseinsvoraussetzungen** und **Rollenerwartungen** bei Sender und Empfänger und der **situativen** und **sozialen Voraussetzungen.** Schließlich ist zu bedenken, in welchem Maße der einzelne Kommunikationsakt, der stets nur einen einseitigen Vorgang (S → E) kennzeichnet, auf *Rückkopplungen (feed backs)* in Form von Korrekturen, Antworten, Reaktionen u. ä. angelegt ist. Sucht man hierbei noch die aus psychologisch-psychiatrischen Erkenntnissen stammenden Kommunikationsaxiome hinzuzufügen[90], wonach es sich bei allen zeichenhaft interpretierbaren Formen zwischenmenschlicher Begegnung und Äußerung um aufeinanderfolgende sprachliche *(digitale)* oder nichtsprachliche *(analoge) symmetrische* oder *komplementäre* Kommunikationsakte zwischen gleichgestellten oder sozial untergeordneten und abhängigen Partnern handelt, die sowohl inhaltlich strukturierte *Informationen* als auch soziale *Beziehungen* vermitteln oder bestätigen bzw. nicht bestätigen, so erreichen derartige Generalisierungen und Modellkonstruktionen selbst einen Komplexitätsgrad, der denen wirklicher Kommunikationsvorgänge oft nahekommt.

Komplexeres Modell einer textlichen Kommunikation

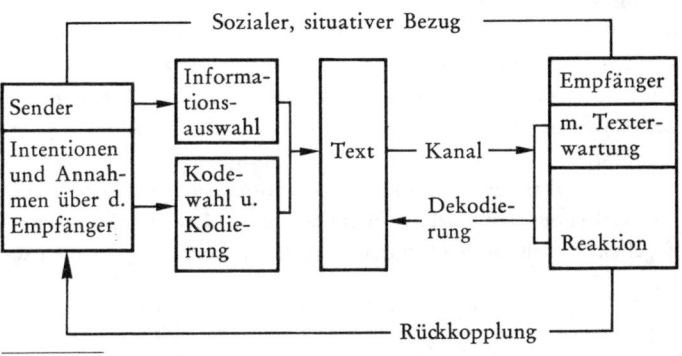

[90] Von Watzlawick u. a. (vgl. Anm. 88).

Überträgt man alle diese Faktoren eines komplexen Kommunikationsmodells auf einen einzelnen Werbevorgang, so wären zunächst auf der Senderseite die situativen und pragmatischen Faktoren zu berücksichtigen, also die Absicht, nach Maßgabe bestimmter Vorüberlegungen (Marken-, Gestaltungs- und Mediastrategien, vgl. S. 29 ff.) für ein bestimmtes Produkt bei den dafür in Frage kommenden möglichen Verbrauchern (Konsumenten) zu werben, um diese zum Kauf der Ware oder Dienstleistung anzuregen (Produktwerbung) oder zumindest Voraussetzungen für einen solchen Kauf zu schaffen (Vertrauenswerbung). Der Warenproduzent, meistens vertreten durch sein Werbebüro, geht bei der Planung der Werbebotschaft und ihrer Gestaltung von bestimmten Zielvorstellungen über das Produkt und den Empfänger der Botschaft, dessen Wünsche, Interessen, Kauf- und Verstehensmöglichkeiten aus, die in den Kodierungsvorgang einfließen, wo diese Überlegungen, zusammen mit der Festlegung des jeweiligen Übermittlungmediums *(Werbeträgers)* und des ‚Kanals‘, zur Ausformung der *Werbemittel,* der Werbetexte und der Werbebilder führen.

Bei Werbeanzeigen und Werbesendungen wählt der Werbende überlegt solche Informationen und Codes aus, von denen er annimmt, daß sie vom Empfänger leicht verstanden werden und auf ihn im Sinne der Werbeabsicht einwirken.

Die *werbliche Kommunikation* ist allerdings nicht als automatisch ablaufender Prozeß im Sinne idealer Verständigung aufzufassen[91]. Weder gelingt es dem Werbenden immer, seine Intentionen ausreichend und wirksam zu kodieren, noch wird die Werbebotschaft vom Empfänger (Kommunikanten) stets so wahrgenommen, dekodiert und beachtet, wie es sich der werbende Kommunikator wünscht. Wirtschaftswerbung in der Form von Anzeigen und Funksendungen ist zudem – im Gegensatz etwa zur direkten Kommunikation des Gesprächs oder Briefes – stets *öffentliche indirekte Kommunikation.* Kommunikator und Kommunikant sind einander unbekannt und treten nicht unmittelbar miteinander in Verbindung; die Werbebotschaft wird nur über bestimmte Massenmedien weitergegeben, so daß für den Empfänger meistens kein situativer oder so-

---

[91] Die meisten Kommunikationsmodelle gehen von einer problemlosen Abfolge von Kodierung und Dekodierung, Mitteilung und Rezeption aus, die aber bei öffentlichen Texten (z. B. Pressetexten, Werbung, Reden) nicht ohne weiteres garantiert ist, vgl. das Kommunikationsmodell von W. Nöth (Anm. 45) u. vgl. S. 30.

zialer Zwang zur Beachtung und Dekodierung besteht, selbst wenn er den Werbeträger (zumeist aus anderen, nicht werbungsorientierten Gründen) wahrnimmt. So wird nicht jede Werbeanzeige von allen gelesen, nicht jede Werbesendung von allen gehört; aber auch das Gelesene und Gehörte wird nicht ohne weiters beachtet.

Werbekommunikation als Massenkommunikation muß mit dieser selektiv reduzierten Rezeption der Werbeimpulse rechnen und wird daher versuchen, durch bestimmte Strategien, Techniken und Redundanzen den Beachtungswert ihrer Botschaften zu verstärken und zu steigern. Aber auch dort, wo diese beachtet werden, erreichen sie für den Empfänger lange nicht die Verbindlichkeit, die Mitteilungen der direkten Kommunikation haben können, in denen dem Rezipienten ein Partner unmittelbar gegenübertritt und in denen Rückkopplungen möglich sind. Werbeimpulse können lediglich auf vorhandene Kenntnisse, Einstellungen und Ansprüche verändernd einwirken, wenn dazu eine entsprechende Bereitschaft, ein Interesse oder ein Bedarf für das Werbeobjekt besteht oder wenn der Kommunikator durch seine Botschaft ein solches Interesse wecken kann.

Wie neuere Untersuchungen über Massenkommunikationen festgestellt haben[92], wirkt dabei die Werbebotschaft nicht nur allgemein auf die Zielgruppe aller potentiellen Verbraucher, sondern auch besonders auf die Gruppe der sog. *opinion leader* oder Induktoren, die die Werbeimpulse zumeist in direkter Kommunikation in ihrem Wirkungskreis weitergeben. Als *opinion leader* (Meinungsführer) werden innerhalb der Konsumenten Personen mit erhöhtem Produktinteresse, schnellerer Kaufentscheidung und stärkerem Erprobungsdrang verstanden, außerhalb dieser Gruppe auch Personen, die aufgrund ihrer Stellung oder Erfahrung durch kommunikativen Kontakt oder durch Konsumdemonstration eine verstärkte Persuasionswirkung ausüben.

4.1 Modellhafte Kennzeichnung des Werbevorgangs

Versucht man, den Vorgang der werblichen Kommunikation in einem Schema nach der Art bekannter Kommunikationsmodelle zu verdeutlichen, so läßt sich dies wie folgt darstellen[93]:

[92] Vgl. O. W. Haseloff (Anm. 84).
[93] Das hier gebotene Modell berücksicht die eben erläuterten Erkenntnisse (vgl. auch Anm. 91).

Vorgangsschema der werblichen Kommunikation

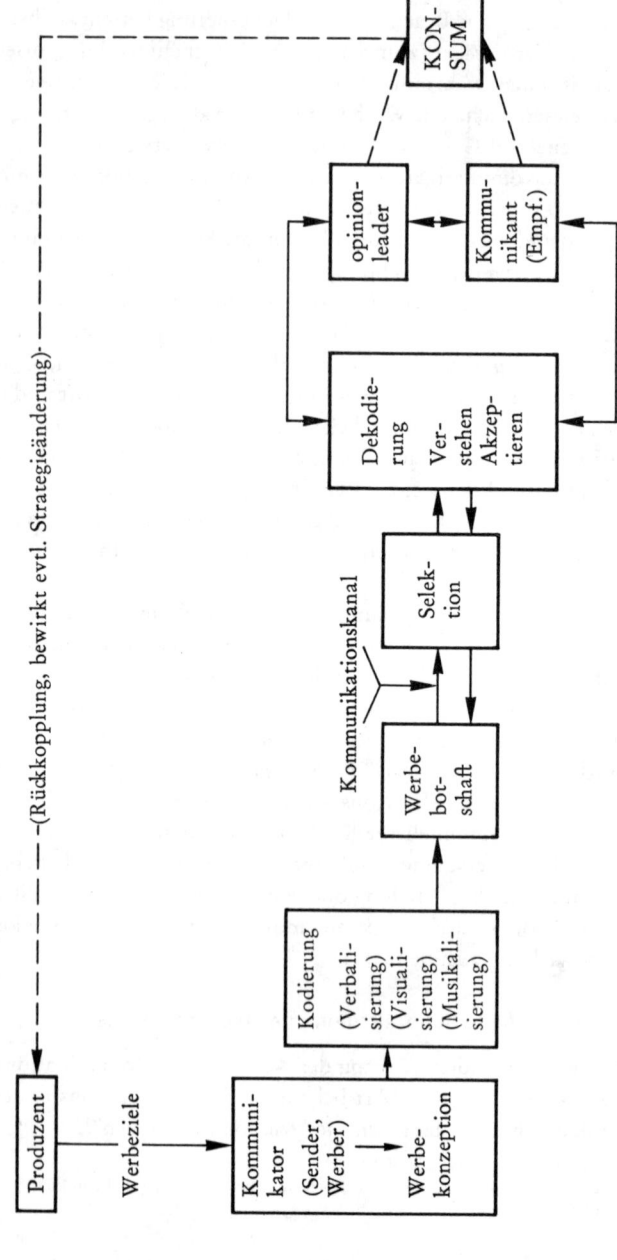

Gegenüber anderen Kommunikationsmodellen fallen hier einige Besonderheiten auf, die nur der Werbekommunikation eigen sind:

1. Zwischen dem Produzenten als dem Initiator der Werbung und der Werbebotschaft ist die Institution des Werbers (= Werbeagentur o. ä.) zwischengeschaltet, die die Werbekonzeption (bzw. -strategie) und Kodierung bestimmt, auf die auch der Produzent als Auftraggeber einwirken kann.

2. Die (En-)Kodierung erfolgt fast stets mit mindestens zwei Kodes (Bild und Text, evtl. auch Musik).

3. Nicht alle Werbebotschaften und -informationen erreichen alle Empfänger des jeweiligen Werbeträgers (z. B. Illustriertenleser); daher ist im Schema vor die Dekodierung auf der Empfängerseite ein schematisierter Nachrichten- und Informationsfilter als Selektionsinstrument eingefügt.

4. Die potentiellen Konsumenten empfangen ihre Werbeimpulse entweder unmittelbar aus den Werbeanzeigen oder mittelbar durch sog. *opinion-leader* oder auf beiden Wegen.

5. Eine kommunikative Rückkopplung (feed-back), die evtl. zur Kommunikationsänderung bzw. Änderung der Werbestrategie führt, ist in der Regel nur anhand von Kaufreaktionen (Umsatzveränderungen), also über den Konsum, zu den Produzenten möglich.

4.2 Kommunikative Faktoren und ihre Variation in der Werbung

Die kommunikativen Aspekte und Faktoren sind bereits lange vor der Entwicklung von Kommunikationsmodellen durch Angehörige des Prager Linguistenkreises in die Sprachbetrachtung einbezogen worden. Der älteste Ansatz dieser Art stammt von dem deutschen Psychologen und Sprachtheoretiker Karl BÜHLER (1934 in ‚Sprachtheorie') und ist als ‚Organonmodell der Sprache' bekannt. Bühler charakterisiert darin die drei Grundfunktionen der Sprache, den sprecherbezogenen *Ausdruck*, den hörerbezogenen *Appell* und die gegenstandsbezogene *Darstellung*, die in jeder Sprachäußerung in unterschiedlichem Grade gegeben und wirksam sind. J. MUKAŘOVSKY fügte diesen drei Funktionen die ästhetische (= poetische) Funktion hinzu[94]. JAKOBSON erweiterte schließlich diese Aspekte durch die des jeweiligen Kontaktes oder Kanals und des sprachbe-

---

[94] M. Riffaterre möchte die ästhetische (poetische) Funktion als ‚stilistische' verstanden wissen; vgl. M. Riffaterre, Strukturale Stilistik, München 1973, S. 125 f. u. 314 f.

zogenen Sprechens und nennt nunmehr sechs Funktionen der Sprache, die sich auf die wichtigsten kommunikativen Faktoren beziehen[95]: die senderbezogene *emotive* Funktion, die empfängerbezogene *conative* Funktion, die kontext- oder gegenstandsbezogene *referentielle* Funktion, die text- bzw. nachrichtbezogene *poetische* Funktion, die kanalbezogene *phatische* Funktion und die codebezogene *metasprachliche* Funktion.

Schema der (kommunikativen) Sprachfunktionen

(in Anlehnung an Bühler, Mukařovsky, Jakobson)

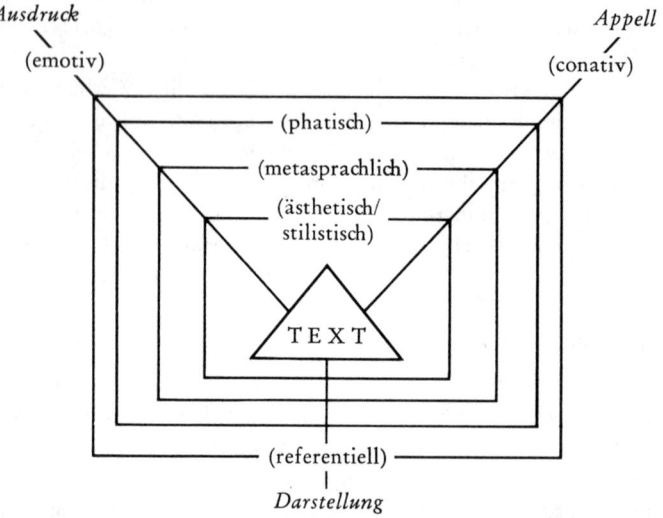

So wie sich Sprachanalysen unter pragmatischem Aspekt recht gut nach dem Kategorienschema Bühlers durchführen lassen, so eignet sich diese Funktions- und Faktorenzusammenstellung gut als Analyseraster für Werbeanzeigen. I. HANTSCH[96] hat dementsprechend

---

[95] R. Jakobson, in: Style in Language, ed. v. Sebeok, T. A., Cambridge/M. 1960, S. 350 ff.

[96] Ingrid Hantsch, Zur semantischen Strategie der Werbung, und: diess., Textformanten und Vertextungsstrategien von Werbetexten. Ein systematisches Analyserepertoire, abgedr. in: P. Nusser (Hg.), Anzeigenwerbung, München 1975, S. 137 ff.

,Textformanten und Vertextungsstrategien' am Beispiel vorwiegend englischer Werbeanzeigen zusammengestellt und den genannten kommunikativen Funktionen und Dimensionen der Sprache nach BÜHLER/JAKOBSON zugeordnet. Auf diese Weise soll das Superzeichen ,Werbeanzeige' in seinen möglichen Einzelsignalen erhellt werden.

Als wichtige Einzelelemente können so in den einzelnen Dimensionen genannt werden[97].

a) in der **Ausdrucksdimension** (senderbezogen, *emotiv*):
1. alle Formen der Selbststilisierung, z.B. die Betonung des Traditionsimages, wobei das Alte und das Originale als besonders gut erscheinen; die Produktionserfahrung (Hervorhebung der Firma oder Marke als bewährt und zuverlässig); das Lob des Firmengründers; die Hervorhebung des Firmennamens und Markenzeichens und ihrer möglichen Assoziationen; evtl. wissenschaftliche Leistungen und Verfahren, Prüfungen, Auszeichnungen und andere Erfolge; die Vorstellung von eigenen Experten und Mitarbeitern; die Darstellung der Fabrik, der Räume, Maschinen, des Produktionsvorgangs, der Vertriebsstätten des Produkts (z.B. Hotels, Gasthöfe, Geschäfte in aller Welt); die firmen- oder markentypische Verpackung; das for-you-Pathos; die Betonung der eigenen Glaubwürdigkeit und Zuverlässigkeit; die Nutzung eines Nationalimages oder einer anderen institutionellen Aufwertung (z. B. ,Klosterfrau' = Kirche); die Betonung des besonderen Kundenservice; Formen der Selbstästhetisierung und Preziösität.
2. Vermittlung durch ,Sekundärsender':
z.B. durch die Leitbildfunktion des Sekundärsenders als Angehöriger einer höheren Sozialschicht, der Idealität an Schönheit, Jugend, Erfolg als Sport-, Film- oder Fernsehstar o.ä.; durch die erhöhte Glaubwürdigkeit und Vertrauensweckung bei Vertretern gleicher Sozialschicht, durch Durchschnittskonsumenten; Erreichung positiver Werbewirkungen durch negative Sekundärsender; durch Fiktionalisierung von Überredungssituationen (Experte: Verbraucher); durch Vermittlung von Unterhaltung als vordergründige Intention sowie andere Ablenkungstechniken; durch Einschaltung von anonymen OFF-Sprechern.

---

[97] Die nachfolgende Auflistung hält sich größtenteils an die Vorschläge von I. Hantsch (Anm. 96), modifiziert und erweitert diese jedoch.

b) in der **Appelldimension** (empfängerbezogen, *conativ*):
alle individuellen oder gruppenbezogenen Anredeformen; das Ansprechen von Rollenerwartungen, Gruppennormen und -idealen; die Verwendung spezifischer Jargons (z. B. ‚Teenagersprache‘, Fachsprache); Ansprechen des Ich-Bewußtseins, der Kennerschaft; Zuordnung zu bestimmten Vorbildgruppen und -rollen (z. B. den Klugen, Erfahrenen, Reichen, Glücklichen, Bevorzugten, Angesehenen, Abenteurern); Versprechen zur Hebung des Lebensstandards, des Ansehens, der Selbsteinschätzung und des Selbstgefühls; Ansprechen des Exkapismusverlangens (Flucht in bessere Welten); Versprechen der Integration in heile Welten; Ratschlag- und Rezeptwerbung; Darstellung des Produkts in bestimmten Zugriffsituationen (z. B. halb herausgezogene Zigaretten); Weckung von Gewinnhoffnungen bei Preisausschreiben u. ä.; Aufforderungen zu bestimmten Entscheidungen (‚Ja zu x!‘ usw.); Hervorhebung bestimmter Ideale oder allgemeiner Grundsätze; Schaffung und Steuerung von Angstpotential (z. B. Schmutzangst, Schmerzangst, Angst vor Krankheit, Alter, Tod, Isolation, Konkurrenzangst, Leistungsangst); Ansprechen der Triebe (Nahrungstrieb, Sicherheitsbedürfnis, Geschlechtstrieb, Mutter- und Pflegetrieb, Spiel- und Bewegungstrieb, Aggressionen, Selbstbestätigungsdrang, Selbstbehauptungsstreben, Kraftgefühl, Verwurzelungsgefühl, Reinlichkeits-, Genuß-, Luxus-, Prestigebedürfnis u. ä.); Vermittlung und Weckung von Wunschbildern (Appetenzsymbolen, z. B. Sehnsucht nach Liebe, Jugend, Schönheit, Gesundheit, Frische, Natur, Potenz, Männlichkeit bzw. Weiblichkeit, Emanzipation, Freiheit, Selbstbestimmung usw.).

c) **in der Darstellungsdimension** (produktbezogen, *referentiell*):
alle Formen der Produktdarstellung, -benennung und -beschreibung sowie der Produktcharakterisierung und -wertung;
Produktbestimmtheit der gewählten Strategien (z. B. Markenatmosphäre); produktbezogene denotative und konnotative Bedeutungen; sachliche und emotionale Informationen über das Produkt; Hervorhebung eines bestimmten Nutzens (‚unique selling proposition‘); Kreation bestimmter Mythen durch Wirkungsverheißung (z. B. Frische, Abenteuer, Erlebnis, Natur...); Personifizierung oder Allegorisierung des Produkts; Bild- und Textmetaphern und

Metonymien zum Produkt; Überlagerung des tatsächlichen Gebrauchswertes durch Suggestivwerte (z. B. Erotisierung, Sexualisierung). Ware als Leitbild-, Wunsch-, Antiangstsymbol; Aurabildung zum Produkt; Kennzeichnung des Produkts als Mittel zum Zweck; Zuordnung eines Produktimages oder einer ‚emotionalen Ausstrahlung' des Produkts (Art der ‚Aura'); Verdeutlichungs- und Integrationstechniken (z. B. Darstellung imaginärer Gebrauchssituationen des Produkts als Bestandteil von positiven Erlebnissituationen, Wiedergabe realer Leistungssituationen), Vergleich mit Konkurrenzprodukten (evtl. Grad der Indirektheit des Vergleichs, Art des Komparativs u. ä.); Qualitäts- und Leistungsbeweise (z. B. Produktauszeichnungen, Gütetests), Zusatzversprechen über Mehrleistungen des Produkts); Preisausschreiben, Gutscheine und Beigaben zum Produkt.

d) in der **Stilisierungsdimension** (urspr. *poetische* Funktion, nachricht- und gestaltungsbezogen):
Arten der verwendeten Codes; optische Wirksamkeit der Zeichenzuordnung und graphische Gestaltung; Beziehung der Codes und Zeichen zueinander; Leichtfaßlichkeit (readibility); offene oder versteckte Nachrichten; kognitive vs. affektive Inhalte (Wissen, Überzeugungen und Einstellungen, Vorurteile) und ihr Verhältnis zueinander; Realisierung sozialer Stereotypen, Redensarten, Sprichwörter u. ä.; einseitige/zweiseitige Darstellung (implizite/explizite Antithetik als Grundprinzip); sprachlich-rhythmische Hervorhebungen; semantische Aufwertung durch Aufbau von Assoziationsfeldern; Einbezug von rhetorisch-stilistischen Elementen; Arten und Funktionen von Redundanzen; Verwendung unterschiedlicher Register (Dialekte, Fachsprachen, Jargons usw.); Einbezug unterschiedlicher Stilebenen; semantische Offenheit und Mehrdeutigkeit.

e) in der **Dimension des Mediums/Kanals** (vermittlungsbezogen, *phatisch*):
Rolle des Trägermediums und ihr Einfluß auf die Zielgruppen; Formen der Mediengestaltung (z. B. Fotos, Grafiken, headline, Einzelzeichen, Bild- und Texteinteilung), durch die Wahrnehmung gesteuert wird; alle Erscheinungsformen offener und versteckter Nachrichten.

f) in der **Dimension der Codes** (zeichenbezogen, *metasprachlich*)
Hier wird unterschieden nach dem linguistischen, dem visuellen,

dem rhetorischen, dem ästhetischen und dem ideologischen Code (bzw. entsprechenden Registern).

Innerhalb des *linguistischen Codes* finden sich zunächst Merkmale des *lexikalischen Bereichs*, z. B. Erscheinungen der *Worthäufigkeit,* der *Wortverteilung* (Anteil der Wortarten) und der *Wortverknüpfung:* Neologismen, Fremdwörter, fremdsprachliche Teile (Exotisierungswirkung); Elemente der Gruppenjargons; Wortspiele, Oxymora; Superlative, Komparative einschl. unvollständiger Komparative; unterschiedliche Anteile an Konkreta und Abstrakta; bestimmte Sublimierungsmechanismen und Hervorhebungstechniken, wie z. B. Neuheitswerbungen, Originalitätsbetonungen, direkte und indirekte Vergleiche, Metaphern; Kontrastierungen (m. Antithesen), Zusatzsymbolik, Argumentation ex negativo, Anzitieren von bekannten Wendungen; Verwendung von Redewendungen u. ä. und Abweichungen graphematischer, morphologischer oder lexikalischer Art; Orts- und Zeitdeiktika; semantische Unbestimmtheit; bewußte Ambiguitäten (Mehrdeutigkeiten).

Im *syntaktischen Bereich* kommt es auf die Art des Satzbaus, die verwendeten Satzarten und Satzverknüpfungen an. Wichtig sind hier auch Einsatz und Funktion von Negationen, Verweisungen im Text, Präsuppositionen (Voraussetzungen der Aussagen), Verwendungen offener Satzmuster, Satzabbrüche u. ä., Inversionen.

Im *phonologischen Bereich* fallen auf: bestimmte Klangmuster und -wirkungen; Knappheit oder Länge der Lautungen, Rhythmus der Aussagen, besonders bei Schlagzeile und Slogan; Klangmalereien, Lautsymbolik, Lautmusikalität und von ihnen getragene Vorstellungen; Klangredundanzen: Reim, Alliteration, Assonanz und ihre Funktionen.

Innerhalb des *visuellen Codes* ergeben sich Wirkungsmöglichkeiten durch Umfang und Ausgestaltung des Layout, die Art und optische Konstellation der Zeichen, die Druck- und Schrifttypen, die Verteilung, Symbolik und Psychologie der Farben, Art und Wirkung von Zeichnungen und Fotografien, Leistung und Wirkung von Schwarz-Weiß- oder Farbbildern, die Verklammerungen der linguistischen mit der ikonischen Nachricht, Bedeutungserweiterungen im Bild, Objekte der Bilddarstellung und die Art ihrer Darstellung (Ausschnitt, Bildgröße, Begrenzung), Blickpunkte und Perspektiven, Tiefenschärfe der Bilder, spezifische Wirkungen des gewählten Objektivs (z. B. Weitwinkeleffekt, Naheinstellung); Bildsymmetrie, Axialsymmetrie, Assymmetrie; bevorzugte Bildfelder; Bilddenotation und -konnotation; ,story appeal' der Abbildung; Bilderfolgen; Bildwiederholungen; Semantik, Syntaktik und Pragmatik der Bilder.

Als Möglichkeiten des *rhetorischen Codes* kommen in Frage: Formen der Wiederholung, der Antithese, der Steigerung, der Umkehrung (Inversion), des Parallelismus, der Ellipse; Topoi wie Reinheit, Frische, Abenteuer, Gesundheit, Schönheit, Jugend, Genuß, Leistung und ihre Ideologie; Allegorien, Personifikationen und Symbole; verschiedene Argumentationen (ein-, zweiseitig, primär oder sekundär) und Argumentationstypen; offene und versteckte Imperative; verschiedene Stilhöhen und Stiltypen, Stilfiguren.

Als Ausdrucksformen des *ästhetischen Codes* nennt I. Hantsch: die Funktionen des kulturellen Appells (z. B. an die Intellektualität) und der Memorierung, der Zitatverwendung, des Anschlusses an bekannte Klangmuster und Darstellungsmuster (z. B. an Comics, an Gemälde), die Formen der Bildästhetik (Farben, Formen, Komposita, Perspektiven), die Ästhetik der linguistischen Codifizierung (Poetizität).

Möglichkeiten des *ideologischen Codes* sind: Beziehungen der etablierten Bedürfniserweckung und Versprechen von (Schein-)Befriedigung zu soziopsychologischen Setzungen/zur allgemeinen sozialen Norm; die Konsumgütersemantik als System der Konsumgesellschaft (Systemzwänge, z. B. Moden o. ä.); die Kreation/Vermittlung von sozialen Stereotypen (z. B. Leitbildern).

Die vorstehende stichwortartige Zusammenstellung konnte sich nur auf die wichtigsten Elemente der Gestaltung von Werbeanzeigen beschränken. Eine umfangreiche Analyse vieler Anzeigen könnte wahrscheinlich noch Ergänzungen erbringen. Außerdem ist auch die Zuordnung der aufgeführten Elemente zu den Kommunikationsfaktoren nicht immer eindeutig möglich. Manche Elemente können auch in einer anderen Rubrik erscheinen oder mehreren Rubriken zugeordnet werden (z. B. innerhalb der verschiedenen Codes).

Eine derartige Elementarisierung kann dazu beitragen, die Werbevorgänge transparenter zu machen. Sie muß allerdings in Einzelinterpretationen jeweils bestätigt werden.

4.2.1 Mögliche Erschließungsfragen zu den kommunikativen Bedingungen der Anzeigen- und Funkmedienwerbung

1. Welche Intentionen liegen allgemein Werbeanzeigen und Werbesendungen zugrunde? 2. Wie kommen sie zum Ausdruck? 3. Wie wird der Adressat angesprochen (allgemein, in der jeweiligen Anzeige)? 4. Welche Vorstellungen über ihn werden vorausgesetzt? 5. Unter welchen Bedingungen nimmt er die Werbung zur Kenntnis? 6. Unter welchen Voraussetzungen kann die Werbung in der Regel erfolgreich sein? 7. Welche ‚Botschaften, Mitteilungen' enthält die (einzelne) Anzeige? 8. Wo und wie äußert sich hier der ‚Sender' (Produzent, Auftraggeber)? 9. Wie sind hier die Grundfunktionen der Sprache nach Bühler/Jakobson (vgl. S. 48 ff.) realisiert? 10. Welche Faktoren müßte ein Kommunikationsmodell zur werblichen Kommunikation besonders berücksichtigen?

4.3 Grundfunktionen der Werbeanzeigen und Werbesendungen

In den meisten Fällen soll die Werbung auf bestimmte Produkte oder Dienstleistungen aufmerksam machen, sie bekanntmachen und als kaufwürdig darstellen und empfehlen. In der Werbetechnik wurden diese Grundfunktionen der Werbemittel früher durch die sog. AIDA-Formel charakterisiert[98], die die vier wichtigsten Werbeschritte nach ihren Anfangsbuchstaben zusammenfaßt: 1. die Erweckung von Aufmerksamkeit (= *attention*), 2. die Steuerung des Interesses *(to interest)*, 3. die Weckung von Konsumwünschen (= *to desire*), 4. die Veranlassung der Kaufhandlung (= *action*). Wenn auch ein solches Schema zu sehr an das behavioristische Reiz-Reaktionsschema angelehnt ist und komplizierteren psychologischen Vorgängen vielleicht nicht gerecht wird, so scheint es doch geeignet zu sein, einige Grundfunktionen zu kennzeichnen, die vielen Werbeanzeigen gemeinsam sind.

---

[98] Die Methode der Motivforschung in der Werbung wird demgegenüber gelegentlich als Emma-Formel bezeichnet (aus MR = Motivations researches). Ein erweitertes Schema zur Erfassung der Grundfunktionen in der Werbung schlägt H. Rück, Pragmatische Typologisierung der Sorte Werbetext (Vortrag auf der GAL-Tagung 1978, demnächst in: Kongreßberichte GAL Mainz 1978) vor: 1. Kontaktherstellung, 2. Weckung von Problembewußtsein, 3. Nennung der Ware als Problemlöser, 4. Nennung des Funktionsprinzips der Ware, 5. Aufzeigen des Verwendungsergebnisses der Ware, 6. Beseitigung von Bedenken beim Adressaten, 7. Vermittlung von Kaufanstößen, wobei einzelne dieser Phasen in einzelnen Anzeigen fehlen können. – Wir gehen im folgenden davon aus, daß eine noch reichere Ausgestaltung der Grundfunktionen möglich ist.

Im folgenden sollen solche Grundfunktionen in einer abgewandelten Form erläutert werden. Es geht dabei um die vier Funktionen der Benennung und Kennzeichnung des Werbeobjekts, seine Einordnung in eine Werbestrategie und seine Empfehlung gegenüber möglichen Konsumenten.

Übersicht zu den Grundfunktionen der Werbemittel

Benennung der Werbe-objekte	Kennzeich-nung der Werbe-objekte	Zuordnung zu einer Werbe-strategie		Konsum-empfehlung/-aufforde-rung
Marken-artikel-namen	Bilder	,objektive' Darstellung	Eigenlob des Wer-benden	direkt (m. Impera-tiv)
Marken-zeichen	Charakteri-sierungen	ideale Ver-wendung	Sekundär-sender	indirekt (Fragen, Verweis auf Verhalten anderer u. ä.)
	Beschrei-bungen	positive Bewertung	Dialogi-sierung	
		story-An-dichtung	Zusatz-angebote	
		Erfolgsver-heißung	Angst-appelle	
		Weckung von Wünschen	Komik	
		Lob/Tadel f. Konsu-menten	,Umweg-werbung'	

4.3.1 Die Benennung des Werbeobjekts

Die ursprünglichste Form der Warenwerbung war und ist noch immer das Anbieten der Ware in einer Verkaufssituation, wie wir sie auf Wochenmärkten und – modernisiert – auch in Selbstbedienungsläden beobachten können. Die Anzeigenwerbung ist demgegenüber eine mittelbare Präsentation der Waren, die deren Absatz bereits lange vor dem Verkauf fördern soll. Angeboten werden nun nicht mehr bestimmte Teilmengen eines Produkts, wie dies früher beim Einzelhändler geschah, sondern bestimmte *Markenartikel* mit besonderen Namen und Erscheinungsformen (standardisierten Verpackungen), durch die sie sich von möglichen gleichartigen Produkten anderer Produzenten unterscheiden. Durch den Markennamen, durch Markenzeichen und -verpackungen erreicht das bisher anonyme Produkt eine gewisse Individualität gegenüber anderen Waren, es wird zum Markenartikel, der sogar den Schutz der Gesetze genießt (vor Nachahmung und unberechtigtem Verkauf) und mitunter sogar eine eigene Geschichte und ein eigenes Markenprofil erhält. Es kann so herausgewählt werden aus einer Vielzahl von Produkten. Um diese Wahl zu stimulieren und zu steuern, sucht die Werbung das Produkt bekanntzumachen, wobei die Benennung zumeist den Anfang und Kern der Information bildet, an die der Kunde sich am ehesten erinnern soll.

Bedenkt man, daß von der Beziehung des Käufers zu der ihm interessant und erstrebenswert erscheinenden Ware der Gewinn der Produzenten abhängt, so versteht man, daß dieser sorgfältig bestrebt ist, einen ansprechenden, charakteristischen und einprägsamen Namen für das jeweilige Produkt zu finden, ihm mitunter sogar – wie einem eigenen Kind – den eigenen Namen gibt.

Der Name des Produkts, der dessen Besonderheit garantiert, ist oftmals schon Grundlage der Werbewirkung, die in hohem Maße davon abhängt, welchen Bewußtheitsgrad und Erinnerungswert ein solcher Name und die damit verbundene Warenvorstellung bei den potentiellen Käufern erlangt. Die Produzenten und ihre Werber sind deshalb bemüht, Namen zu finden, die der notwendigen Differenzierung der Waren und der gleichzeitigen Funktionskennzeichnung gerecht werden, mitunter auch eine ästhetische oder andere Eigenwirkung zeitigen (z. B. durch ihren Klang, ihre Exotik u. ä.). Die Funktion der Produktdifferenzierung hat allerdings meistens den Vorrang, besonders dann, wenn die Funktionskennzeichnung durch die Firmennennung bereits vorausgesetzt werden kann, wie z. B. bei Auto- und Fernsehproduzenten. Die Produkte erhalten meistens individualisierende Namen, z. B. Familien- bzw. Firmennamen als Gruppennamen (z. B. *Dr. Oetker, Merz, Ford*), Vornamen, besonders Mädchennamen, als Einzelbenennungen: z. B. *Arabella, Isabella, Regina, Carmen*; ebenso Orts-, oder Landschaftsnamen (z. B. *Granada, Taunus, Atika*); metaphorische Benennungen (z. B. *Golf, Kadett, Passat, Kosakenkaffee*); häufig erfundene Produktnamen (z. B. *Persil, Ata, Blendax, Vivil*), seltener bloße Buchstaben oder Zahlenkennzeichnungen (z. B. *K70, R4*,

Braun 100, Fiat 131). Aber auch Funktionsnamen weisen mitunter eine individualisierende Tendenz auf (zusätzlich zum Firmennamen), besonders wenn es sich um fremdsprachliche Namenbildungen handelt (z. B. AEG-*Lavamat, Neo Silvikrin Konzentrat, Polaroid Kamera*)[99].

4.3.2 Die Kennzeichnung des Werbeobjekts

Da der Konsument in der modernen Absatzwirtschaft zunächst kaum die Möglichkeit hat, alle Produkte in Augenschein zu nehmen und auf ihre Qualität hin zu prüfen, vielmehr zunächst auf die Angebote der Werbung angewiesen ist, muß diese ihm die Waren erst einmal ausführlich kennzeichnen. Lediglich bei bekannten und bildlich eindeutig identifizierbaren Markenartikeln, wie z. B. Zigaretten, Getränken, Obst u. ä. wird darauf verzichtet. Wo aber bestimmte Leistungserwartungen an die Ware gestellt werden, also z. B. bei technischen Geräten, Kraftwagen, Waschmitteln, Arzneien usw., erwartet man von der Werbung Informationen über die Leistungsfähigkeit und Qualität der Waren. Die Informationserwartung der Konsumenten hinwiederum bietet dem Werber die Möglichkeit, durch die selektive Hervorhebung von Qualitätsmerkmalen die Einzigartigkeit und Konkurrenzüberlegenheit des eigenen Produkts zu betonen und so zusätzliche Werbeeffekte zu erzielen. Angaben solcher Art haben eine informierende und zugleich argumentierende Funktion. Sie sollen das Interesse an dem zur Wahl stehenden Produkt wecken und das Vertrauen zu ihm stärken. Die Werbung nutzt dabei die (meist empirisch ermittelten) Erwartungshaltungen der in Frage kommenden Zielgruppen, um ihnen gerade die positiven Informationen über die Ware zu bieten, von denen sie annimmt, daß sie gewünscht werden und mögliche Kaufentscheidungen günstig beeinflussen. Auswahl und Kombination der Informationen sind allerdings durch die Prinzipien der jeweiligen Marken- und Gestaltungsstrategie bestimmt. Dadurch wird auch festgelegt, in welchem Maße eine stärker informierende oder eine stärker suggerierende und persuasive Werbung betrieben wird.

Die Produktkennzeichnung erfolgt in den Anzeigen auf verschiedene Art. Eine der häufigsten und wichtigsten Formen ist die mitunter mehrfache Abbildung des Produkts (oder seiner Verpackung),

---

[99] Zur Bildung der Produktnamen vgl. auch S. 105.

möglichst in besonders wirkungsvollen Perspektiven. Lediglich Kleinanzeigen, Werbebriefe und Werbungen für visuell kaum wirksame Produkte (z. B. bestimmte Arzneien) verzichten auf Abbildungen. Die Abbildungen werden oft durch sprachliche Beschreibungen und Charakterisierungen (einschließlich Wertungen) ergänzt, beispielsweise in der Schlagzeile oder im Slogan oder in den beschreibenden und charakterisierenden Teilen des Haupttextes oder an mehreren Stellen des Textes zugleich.

Produktkennzeichnungen in der Schlagzeile verbinden oft Hervorhebungen des Nutzens und andere positive Wertungen mit der Charakterisierung der Ware, z. B. *Jeder Tropfen Neo-Silvikrin hat die Kraft, Hunderte von haarbildenden Zellen zu aktivieren.* (Haarwuchsmittel); *Die Marathon-Batterie für Taschenrechner. Damit weiß man bis zu 180 Tage lang, wie man mit seinem Einkommen auskommt.* (Ucar Professional Batterie). Die Warenkennzeichnung im Haupttext wird besonders in Anzeigen für technische Produkte bevorzugt. Dabei werden oft Details in ihrem Nutzwert hervorgehoben, z. B. neuartige Fernbedienungsanlagen und Programmspeicher bei Fernsehgeräten, Verbesserungen an Technik und Styling bei Autos usw. Kennzeichnungen im Slogan nehmen oft auf vorangegangene Angaben Bezug und verbinden damit meistens zusammenfassende Wertungen, wie z. B. *Hap-Hauptmahlzeit mit Fleisch und Vitaminen.* (Hundefutter) oder *Jade hautactiv. Die richtige Cosmetic für die Haut ab 30.* (Hautcreme).

4.3.3 Die Einordnung des Werbeobjekts in eine Werbestrategie

Nur wenige Werbeanzeigen begnügen sich mit der Benennung und Kennzeichnung der Werbeobjekte. Eine solche Vorstellung der Waren, die den Eindruck einer betont sachlichen Information erwecken könnte, ist allerdings bereits das Ergebnis einer bestimmten Werbestrategie, die in den Werbebüros gründlich überlegt und geplant wurde.

Sinn solcher Werbestrategien ist es, das Produkt oder bestimmte Qualitätsmerkmale des Produkts durch die Einordnung in bestimmte Zusammenhänge wirksamer hervorzuheben und dabei zugleich die rationalen, noch mehr aber die sinnlichen und seelischen Kräfte (Sinne, Phantasien und Wünsche) direkt oder indirekt auf das jeweilige Werbeobjekt und seine Umgebung zu lenken, um auf diese Weise den Bekanntheitsgrad der Ware zu erhöhen und die Konsumbereitschaft ihr gegenüber zu wecken.

Dieser Vorgang einer Situierung der Charakterisierungen ist gelegentlich als das ,Beseelen' des Werbeobjektes bezeichnet worden[100]. Das einzelne Produkt, das im Sinne der Antonomasie für alle Waren gleicher Art und Benennung steht, erscheint in Zusammenhängen, die seine (tatsächlichen oder angedichteten) Qualitäten gewisserma-

---

[100] So von Beheim-Schwarzbach (s. Anm. 52).

ßen aktivieren und in einem besseren Lichte erstrahlen lassen. Dabei kann man unterschiedliche Vorgehensweisen und Darbietungstechniken beobachten, von denen hier die wichtigsten exemplarisch charakterisiert werden sollen.

4.3.3.1 ‚Objektive' Darstellung

Die einfachste Form der Marken- und Gestaltungsstrategie, die zudem von den Kritikern der Werbung am ehesten akzeptiert wird, ist die Beschränkung auf die Benennung, Darstellung und sachliche Kennzeichnung des Werbeobjekts durch Angaben über die tatsächliche Beschaffenheit und Leistung. Derartige Werbeanzeigen sind vornehmlich im technischen Sektor anzutreffen, weniger bei Massenbedarfsartikeln. Durch die ausschließliche Beschränkung auf Information erwecken derartige Anzeigen den Eindruck der Ehrlichkeit, Zuverlässigkeit und Glaubwürdigkeit. Die vorgegebene Sachlichkeit und Objektivität ist dabei mitunter nur scheinbar vorhanden. Bereits in der (notwendigen) Auswahl der Informationen liegt oft eine Informations- und Interessensteuerung der möglichen Konsumenten vor. Negative Einzelheiten werden auch hier grundsätzlich verschwiegen. Die mitgegebenen Bilder der Produkte sind zwar meistens gegenstandsgerecht, können aber ebenfalls nur Teilaspekte bieten, wobei man sich immer auf die Vorzüge beschränkt. Die Sachlichkeit und vorgebliche Ehrlichkeit ist schließlich auch das Ergebnis bewußter gezielter Überlegung und geschickter Darstellung.

4.3.3.2 Idealisierung der Verwendungssituation

Eine der beliebtesten Formen der Werbedarstellung besteht darin, die Verwendung des Produkts in einer als ideal empfundenen Situation zu zeigen. Da wird beispielsweise eine fröhliche Gesellschaft junger Menschen dargestellt, in der alle die gleichen Zigaretten rauchen oder das gleiche Getränk bevorzugen (worauf natürlich in Bild und Text besonders verwiesen wird). Dabei soll der Eindruck suggeriert werden, daß der jeweilige Werbegegenstand zur ‚Idealität' der Situation in entscheidender Weise beiträgt, daß er Fröhlichkeit stimuliert, Anerkennung verschafft, Jugend verleiht usw. Käufer dieses Produkts erwarten von ihm zwar nicht die Fähigkeit zum Nacherleben solcher Situationen, erhoffen aber oft ähnliche positive Wirkungen und sind leicht geneigt, ihm mehr als die tatsächlichen Fähigkeiten zuzusprechen.

4.3.3.3 Zuordnung positiver Wertungen zum Werbeobjekt

Die sprachliche Aufwertung einer Ware durch ihre optimale Charakterisierung gehört zu den einfachsten und ältesten Formen einer solchen ‚Beseelung‘. Die heutige Werbung begnügt sich dabei nicht wie die Reklame früherer Jahrzehnte mit der Verleihung optimaler Rangprädikate, wie z. B. ‚erstklassig, Ia, perfekt‘ u. dgl., sondern greift immer häufiger zu Charakterisierungen, die aus Bereichen stammen, die den Produkten sachlich nicht unmittelbar zugeordnet sind, aber das Empfinden der Konsumenten stärker ansprechen. Meistens handelt es sich dabei um Wertungen aus den Bereichen des Ethischen, des Sozialen, des Hygienischen, des Erotischen, des Ästhetischen, mitunter auch des Religiösen. Sie führen dazu, daß der Ware Qualitäten zuerkannt werden, durch die sie zum ‚Träger seelischer Kräfte‘[101] werden kann. Diese ‚Beseelung‘ der Waren in der Werbung vermag den suggestiven Charakter und die Gedächtniswirkung vieler Werbevorgänge zu unterstützen. Solche Zuordnungen erfolgen häufig durch Adjektive mit großer Wertungsbreite, wie z. B. ‚gut, wahr, echt, ehrlich, schön, zärtlich, jung, frisch, rein, gesund, natürlich, kostbar, groß, rein‘, aber auch durch substantivische Attribute, Kompositabbildungen, Vergleiche, sogar durch Satzaussagen, wie sie in Slogans u. ä. begegnen. Dafür einige Beispiele:

der gute Pott – der beste Pott (Rum); *echter Stuyvesandt-Geschmack* (Zigaretten); *der ehrliche Katalog* (Ferientouristik); *Schlehenfeuer – das zärtliche Feuer* (Likör); *Vellemint – reines Pfefferminz zungenzärtlich; die junge Rama* (Margarine); *die natürliche Kur mit Sympatovit* (Arzneimittel); *der große Duft* (Badeschaum).

Auf Togal ist Verlaß (Arzneimittel); *Reyno – wie ein Sonnentag am Meer* (Zigaretten); *Vapona – die wirksame Art, sich zu wehren* (Insektenmittel); *Ariel wäscht nicht nur sauber, sondern rein* (Waschmittel).

Den sprachlichen Charakterisierungen werden oft entsprechende Bilder zugeordnet, die die sprachlichen Wertungen rechtfertigen sollen, z. B. Blumen und junge Mädchen zu ‚junger‘ Rama, kleine Flammen zum ‚zärtlichen‘ Schlehenfeuer-Likör usw.

---

[101] Beheim-Schwarzbach (Anm. 52) S. 86. – Vgl. auch S. 30 u. Anm. 38/39 zur Steigerung der Gedächtnisleistung durch emotionale Aktivierung.

4.3.3.4 Die Einordnung der Ware in fremde Zusammenhänge (story-Strategie)

Eine andere Möglichkeit, eine Ware interessant zu machen, besteht darin, ihr eine ‚Geschichte' anzudichten oder zuzuordnen und ihr so ein bestimmtes Profil oder Image zu geben, das sie von anderen Waren gleicher Art unterscheidet. Besonders bei der Werbung für Genußmittel (Zigaretten, Alkoholika u. ä.) kann man solche Einordnungen in bestimmte, z. T. sachfremde Entwicklungs- oder Erlebniszusammenhänge beobachten. So dichtet z. B. die Werbung einer bestimmten Zigarettenmarke im Slogan einen ‚Geschmack von Freiheit und Abenteuer' an *(Marlboro)* und verbindet die Texte dieser Werbeserie mit Bildern einer klischeeartigen Wildwest-Romantik; eine andere Zigarettenwerbung arbeitet in ihren Anzeigen mit einer Repräsentationsfigur (Sekundärsender) aus der Welt der Tramps, die vorgibt, für diese Zigarette meilenweit zu gehen, obwohl der Markenname *(Camel)* eigentlich andere, vielleicht weniger verkaufsattraktive Bildvorstellungen assoziieren sollte.

Die Werbung für andere Artikel nutzt gern mögliche historische oder kulturelle Vorstellungen, die sich mit dem Produkt oder der Herstellerfirma verbinden lassen (z. B. 4711 – Kölnisch Wasser; Klosterfrau-Melissengeist; Fürst Metternich-Sekt; Stroganoff-Wodka usw.). Wieder andere Werber knüpfen bestimmte Bild- und Textvorstellungen an die Ambivalenz des Produktnamens an (z. B. Wilkinson-Rasierklingen: Schwertklingen: Ritterleben). Mitunter werden solche *story-Strategien* nach einiger Zeit abgesetzt oder gewechselt, um Abnutzungserscheinungen entgegenzuwirken.

4.3.3.5 Erfolgsverheißungen

Waren sollen in der Regel bestimmte Wünsche und Bedürfnisse der Konsumenten erfüllen. Die Verheißung der Erfüllung gehört zu den üblichen Versprechen der Werbung. Erst dadurch, daß ihr diese Fähigkeit zuerkannt wird, gewinnt die Ware den entsprechenden Gebrauchswert für den Konsumenten. Werbebilder und Werbetexte suchen daher häufig die Leistungsfähigkeit der Waren gegenüber bestimmten Anforderungen und Erwartungen herauszustellen, entweder durch Versprechen und Behauptungen („Das Waschmittel ‚Weißer Riese' besitzt eine Riesenwaschkraft') oder durch die Darstellung entsprechender Erfolgssituationen nach dem Konsum des entsprechenden Produkts (z. B. ein Kind, das beim Zahnarzt zur

Mutter eilt und ruft: „Mutti, er hat überhaupt nicht gebohrt." –
dank Colgate-Zahncreme-Benutzung!). Daß bei derartigen Erfolgs-
versprechen fast nur optimale Wirkungen angekündigt werden,
wenn auch aufgrund der Werbebestimmungen mitunter geschickt
formuliert, gehört mit zu den Gewohnheiten der Werbebranche.

4.3.3.6 Weckung von Bedürfnissen und Wünschen (Triebappelle)

Werbebilder und Werbetexte sind häufig auf die Weckung und Verstärkung von Konsumbedürfnissen und Genußwünschen abgestimmt, etwa durch das schon erwähnte Aufzeigen idealer Verwendungssituationen, durch bildliche und textliche Appelle an innere
Strebungen, Wünsche und Triebe, durch das Hervorrufen von Un-
zufriedenheit mit dem Vorhandenen oder durch die Motivierung zur
Angleichung an ‚progressive' Bezugsgruppen (in der Mode, im Auf-
treten, im Lebensstil). Die Formen derartiger Appelle sind vielfältig.
Bilder und Beschreibungen genußvoller Situationen in erlesener Gesellschaft junger, gepflegter oder wohlhabender Menschen erfüllen
diesen Zweck ebenso wie Andeutungen oder Bloßstellungen erotischer Lockungen oder sexueller Reize. Mitunter werden solche
‚Lockvögel' in Gestalt junger (oft wenig bekleideter) Damen auch
Produkten zugeordnet, die jeden Sachbezug zum Erotisch-Sexuel-
len vermissen lassen (z. B. Maschinen), oder erotische Mataphern
werden in Texte (Slogans) für alltägliche Produkte einbezogen (vgl.
z. B. *Strahler-Küsse schmecken gut* in einer Zahncreme-Werbung).

4.3.3.7 Lob oder Tadel für den Konsumenten

Jede Werbeanzeige oder Werbesendung ist an die potentiellen Käufer der Waren gerichtet. Die Appellstruktur dieser Texte kommt jedoch nicht nur in Kaufempfehlungen und Konsumaufforderungen
zum Ausdruck, sie zeigt sich oft auch darin, daß der mögliche Konsument mittelbar oder unmittelbar in die Darstellung der Werbeanzeige einbezogen und darin angesprochen wird. Die häufigste Form
dieser Käufereinbeziehung ist die Schmeichelei für den Konsumenten, etwa durch dessen Stilisierung zum Kenner, zum Experten,
zum Genießer oder zum Glückspilz, also in der Zuordnung zu einer
Gruppe ‚außergewöhnlicher Menschen', die durch Kauf, Konsum
und Nutzung der Waren (oft als ‚Wahl, Entschluß, Entdeckung,
Entscheidung, Leistung, Abenteuer' dramatisiert) besondere Fähigkeiten und Qualitäten besitzen, die sie aus der Masse herausheben

(vgl. z. B. ‚König-Pilsener – für den, der zu genießen weiß; Wein-brand Mariacron – Der Geschmack, der einen Genießer lächeln läßt; Männer, die sich mit Hattric pflegen, werden öfter um Feuer gebeten als andere; Die Stuyvesandt-Generation geht ihren Weg; Gewürz-traminers Duft umfächelt Kenners Nase, bis er lächelt; Kritische Au-tofahrer schätzen den Peugeot 504; Wer DRUM dreht, hat seinen ei-genen Geschmack). Mitunter erfolgt eine solche Zuordnung zu einer besonderen Statusgruppe auch durch unmittelbare Anrede: ‚Liebe emanzipierte Eva...‘ (vgl. S. 160 ff.).

Die offenbare Absicht solcher Schmeicheleien besteht darin, ein günstiges Klima für die Konsumentenansprache zu schaffen.

Positiven Käuferstilisierungen lassen sich auch negative Formen gegenüberstellen, etwa solche Personen, die sich dem jeweiligen Werbeobjekt bisher noch verweigern, sei es aus Unkenntnis, aus Schlamperei oder aus Trotz. Beispiele dafür sind etwa die Hausfrau-en, die noch nicht das ‚richtige‘ Waschmittel benutzen, die Hausbe-sitzer, die noch nicht versichert sind, oder Typen wie der von der Krawattenwerbung erfundene ‚Krawattenmuffel‘, der täglich die gleiche Krawatte trug und deshalb diffamiert wurde. Allerdings zeigten die Reaktionen auf diese Art der Werbung, daß sich der Kunde lieber positiv als negativ ansprechen läßt.

4.3.3.8 Eigenlob des Kommunikators

Der von der Werbung angestrebte Kauf der Waren oder die entspre-chende Inanspruchnahme von Dienstleistungen setzen das Ver-trauen in die Qualität und Leistungsfähigkeit dieser Werbeobjekte und letztlich in die Zuverlässigkeit der Produkthersteller oder Lei-stungsanbieter, also die Kommunikatoren der Werbung, voraus. Wenn ein solches Zutrauen oder Vertrauen nicht besteht, wird es kaum zu einer stabilen Geschäftsbeziehung kommen. Dem Auf-traggeber einer Werbung muß deshalb viel daran gelegen sein, das eigene Ansehen zu pflegen und stets zu verbessern. Besonders Dienstleistungsbetriebe, wie Banken, Sparkassen, Versicherungen, Reisebüros u. ä., aber auch Industriefirmen und Kaufhäuser suchen durch entsprechende Werbeanzeigen auf sich selbst und die eigene Leistungsfähigkeit und Zuverlässigkeit aufmerksam zu machen. Die eigene Image-Werbung bestimmter Firmen und Branchen sucht aber auch etwaigen Verschlechterungen in der öffentlichen Meinung entgegenzuwirken (vgl. z. B. die Werbung der chemischen Industrien, Erdölkonzerne, Kernkraft- und Energiebetriebe).

Diese Selbstcharakterisierungen entsprechen in Art und Stil meistens den Anzeigen für Markenartikel, erstreben allerdings oft einen seriöseren Eindruck (vgl. z. B. ...*Wir, die Commerzbank, wollen Ihnen das Leben angenehmer machen. Wir informieren und beraten Sie. Wir erledigen Ihre Zahlungen, vermehren Ihr Geld und geben Ihnen Kredit zu günstigen Bedingungen...; In jeder Atomschale steckt ein guter Kern für Deutschlands Energieversorgung. Wir sind auf dem richtigen Weg. DIE VEBA; Mannesmann macht mehr als manche meinen; Die gute Adresse – Frankfurter Allgemeine;* DB – *Experten für Güterverkehr*).

4.3.3.9 Einbezug von Gewährsleuten (Sekundärsendern)

In der Mehrzahl der Werbeanzeigen ist der jeweilige Verfasser nicht festzulegen. Es handelt sich hier um Formulierungen der Werbeagenturen und ihrer Werbetexter, die im Auftrag von Produzenten, Großhändlern oder anderen Firmen tätig werden. Wirkungsvoller, weil persönlicher als die anonymen Behauptungen und Konsumaufforderungen klingen Aussprüche wirklicher oder wahrscheinlicher Personen über die Werbeobjekte, insbesondere wenn es sich um bekannte Persönlichkeiten (Schauspieler, Sportler u. ä.) handelt. Die Botschaften der Produzenten, der eigentlichen Kommunikatoren oder Primärsender, wird hier durch Gewährspersonen von besonderem Ansehen, sog. *Sekundärsender*, vorgetragen. Auch Fachleute der einzelnen Branchen (häufig als solche verkleidete Schauspieler) bis hin zur Waschfrau Klementine, die das ‚richtige' Waschmittel anpreist, gelten als solche Gewährspersonen. Mitunter fungieren aber auch unbekannte einfache Konsumenten (bzw. Fotomodelle oder Schauspieler als deren Darsteller) als Sekundärsender, weil sie durch die vorgebliche soziale Gleichheit glaubwürdiger wirken. Eine Variante des Konsumenten als Sekundärsender bietet die Wiedergabe witziger oder ambivalenter Zitate durch unterschiedliche Personen in einer Serienwerbung (z. B. für *Jägermeister-Likör*).

4.3.3.10 Dialogisierung der Verwendungssituation

Wie in der Literatur so ist auch in der Werbung der Dialog ein recht wirksames, spannungsschaffendes Stilmittel, das in der Rundfunk- und Fernsehwerbung häufig, in der Anzeigenwerbung dagegen seltener eingesetzt wird. Die bekannteste Form der Dialogverwendung in der Werbung ist das Gespräch, in dem ein des Produkts unkundiger Konsument durch einen kundigen über die Verwendung der angepriesenen Ware belehrt wird. Der kundige Konsument wirkt dabei zugleich als Sekundärsender, der die Werbebotschaft verkündet. Das Gespräch zwischen den Redepartnern stellt oft einen Argumentationsvorgang dar, der Argumente und Gegenargumente vereint.

Eine dialogische Szenenform mit nur einer Person ist dort gegeben, wo ein Konsument mit seinem anderen Ich über eine bestimmte Produktverwendung spricht und von ihm im Handeln korrigiert wird. Dialogszenen können jederzeit um weitere Personen erweitert werden (z. B. am Kaffeetisch bei Kaffeewerbungen). Eine wichtige Ergänzung dieser Formen in Werbesendungen ist der unsichtbare *Off*-Sprecher, der bestimmte Botschaften des Kommunikators spricht. Bei Werbeanzeigen ist die Dialogwiedergabe nur durch Abbildungen mit Sprechblasen oder Textunterschriften möglich. Längere Dialoge verlangen dabei eine Bildfolge aus mehreren Bildern (z. B. die Ariel-Werbung mit der Waschfrau Klementine).

4.3.3.11 Werbung mit Zusatzangeboten

Eine weitverbreitete Form der Werbung besteht darin, mittelbar für eine bestimmte Ware zu werben, indem man interessierte Leser oder Hörer auffordert, sich an einem Preisausschreiben zu beteiligen, um möglicherweise ansehnliche Preise zu gewinnen, oder Waren verbilligt zu erwerben, die mit dem Werbeobjekt nichts zu tun haben (z. B. Bücher im Kaffeegeschäft). Derartige Formen der ‚Huckepack-Werbung' verlocken durch die Aussichten auf gute Preise oder billige Waren zu einer stärkeren Beachtung der jeweiligen Werbung.

4.3.3.12 Appell an Angst und Furcht

Der häufigen Werbestrategie der Idealisierung aufgrund eines bestimmten Warenkonsums steht die Ausmalung von Mangelsituationen, die Angst und Furcht hervorrufen, gegenüber. Da wird z. B. gezeigt, wie Mundgeruch (als Folge des Fehlens der rechten Zahncreme) ein glückliches Paar trennt, die Verwendung der Zahncreme X es dagegen wieder vereint. Oder es drohen gesellschaftliche Konflikte, weil ein Fleck auf der Wäsche mit traditionellen Reinigungsmitteln nicht zu entfernen ist (solange man nicht auf das angepriesene Produkt zurückgreift). Die Ausmalung von negativen Situationen und die damit verbundene Aktivierung des Angstpotentials erweisen sich (leider) immer noch als wirksame Werbestrategie in der Wirtschaftswerbung (wie auch in der Wahlpropaganda der politischen Parteien).

4.3.3.13 Verbindung mit Witz und Komik

Eine Werbetaktik, die das falsche Pathos vieler Werbetexte meidet oder sogar ironisiert und so wirksam wird, besteht in der Einbeziehung witziger Einfälle und komisch wirkender Situationen. So warb z. B. eine Zigarettenfirma (HB) vor einigen Jahren erfolgreich mit einem belustigenden Zeichentrickfilm über einen Mann, der aus Aufregung und Ungeschick ständig Fehler machte, dem die Arbeit jedoch sogleich gelang, als er die angepriesene Zigarette rauchte. Eine Münchener Brauerei warb mit der Darstellung eines biertrinkenden Chinesen (Hinweis auf die Internationalität des Produkts) mit der Aufschrift: Laß Dil laten – tlinke Spaten! (mit r/l-Substitutionen wegen des fehlenden r-Phonems im Chinesischen).

4.3.3.14 ‚Umwegwerbung‘

Da bekanntlich das vorschnelle Erkennen der egoistischen Absicht des Werbenden mitunter den Umworbenen verstimmen kann, versuchen es manche Werber, auf Umwegen (mit einem ‚Aufhänger‘) ihr Werbeziel zu erreichen, indem sie die eigentliche Werbebotschaft zunächst hinter anderen Informationen, z. B. über bestimmte Gebäude, Personen, Ereignissen o. ä. ‚verstecken‘ und erst spät durch Produktnennung und -verweis deutlich werden lassen, wenn das Interesse der möglichen Konsumenten an dem Dargestellten geweckt worden ist. Die Methoden einer solchen ‚Aufhängerwerbung‘ können dabei recht verschieden sein. Neuerdings macht auch die Filmwerbung von dieser Gestaltungsstrategie regen Gebrauch.

4.3.4 Konsumempfehlung und Konsumaufforderung

Alle Wirtschaftswerbung geht von der Erwartung aus, daß sie erfolgreich ist, indem sie die Umworbenen zum Erwerb der angepriesenen Waren oder Dienstleistungen veranlassen kann. Dabei gehört das Drängen zu bestimmten Konsumentscheidungen mit zu den Grundfunktionen des Werbevorgangs. Es spiegelt sich in den Werbeanzeigen und Werbesendungen in den unterschiedlichen Formen der Präsentation, der Konsumempfehlung und der Konsumaufforderung.

Die bloße Präsentation der Waren oder Wirtschaftsleistungen, die sich in fast allen Werbeanzeigen spiegelt, ist zwar nicht als unmittelbarer Konsumimpuls anzusehen, insofern ihm adhortative oder imperative Kommunikationssignale fehlen; innerhalb der publizistisch institutionalisierten Werbung werden aber auch nur präsentierenden Anzeigen Kaufappelle zugesprochen. Jeder Anzeigenleser weiß, daß derartige Anzeigen zum Kauf der Waren anregen sollen. Insofern kann hier von indirekten oder impliziten Konsumempfehlungen oder Konsumaufforderungen gesprochen werden.

Der Übergang von der impliziten zur expliziten Konsumempfehlung ist mitunter fließend, vor allem im Bildbereich. Hier wird das Produkt oft so abgebildet, daß es dem Betrachter besonders nahe erscheint, gleichsam zum Greifen nahe, mitunter auch schon zum Gebrauch geöffnet oder zum Konsum serviert. Aus der Präsentation wird so eine bildliche Konsumempfehlung.

Auch in den Texten der Anzeigen und Sendungen werden häufig präsentierende Darlegungen mit Empfehlungen verbunden, besonders dann, wenn die Eignung der Ware für bestimmte Zielgruppen hervorgehoben wird (z. B. XY *ist das richtige Auto für Sie, ...für die Familie!*). Sie werden aber auch durch andere Formen der Zuwendung zum Konsumenten (Fragen, Hinweise, Aufforderungen zur Beachtung u. dgl.) oder durch Umschreibungen mit Vermeidung der persönlichen Anrede ausgedrückt (z. B. *Kenner lieben* XY; *Kluge Hausfrauen wählen...*).

Der Übergang von der Konsumempfehlung zur Konsumaufforderung vollzieht sich mitunter ebenfalls unauffällig. Eine Frage etwa (z. B. *Haben Sie schon* X *probiert?*) kann leicht als indirekte Aufforderung verstanden werden, ein bestimmtes Produkt zu kaufen und zu probieren. Als direkte Konsumaufforderung sind dagegen Sätze mit imperativem oder adhortativem Charakter anzusehen. Allerdings muß man hier beachten, daß die heutige Anzeigenwerbung direkte Kaufappelle, wie sie in der früheren Reklame häufig vorkamen, nicht mehr so stark bevorzugt. Konsumimperative werden heute lieber lexikalisch variiert, etwa als *Erleben Sie...; Probieren Sie...; Wählen Sie...; Greifen Sie zu...; Nehmen Sie...* Der Werbende tritt dem Umworbenen nicht mehr zu nahe, beläßt ihm scheinbar mehr Entscheidungsfreiheit, sucht ihn jedoch andererseits durch suggestive Vorspiegelungen und rhetorisch-persuasive Kniffe in seinem Sinne zu lenken.

Es scheint, daß die Werbung in den Werbesendungen des Rundfunks hierbei unmittelbarer auffordert als die visuellen Medien der Presse und des Fernsehens.

4.3.5 Mögliche Erschließungsfragen zu den Grundfunktionen von Werbeanzeigen

1. Wie oft und in welcher Weise wird das Werbeobjekt (Produkt) in der Anzeige genannt? 2. Wodurch wird das Werbeobjekt in der Anzeige gekennzeichnet (bildlich, sprachlich, genau, schematisiert, sachlich beschrieben, aufwertend gepriesen)? 3. Welche Markenstrategie wird für die vorliegende(n) Produktwerbung(en) gewählt? 4. Wird diese Strategie in Bild und Text in gleicher Weise realisiert? 5. Wie wirkt das Werbeobjekt im Rahmen dieser Markenstrategie (z. B. als Helfer, als Lösung, als Belohnung o. ä.)? 6. Werden Hauptoder Nebennutzen des Produkts hervorgehoben? 7. Welche Zielgruppe wird durch die gewählte Markenstrategie angesprochen? 8. Wirkt die Strategie argumentativ überzeugend oder nur persuasiv-rhetorisch überredend? 9. Ist die Anzeige auf Überzeugung, Beeindruckung oder nur auf Gedächtnisstärkung oder Aufmerksamkeitsweckung angelegt? 10. In welcher Weise wird der Konsumappell realisiert (direkt/indirekt, sprachlich, bildlich, institutionell-textsortengebunden)?

5. Der Werbetext

5.1 Zur Bedeutung von Bild und Text in der Werbung

In der werbewissenschaftlichen Literatur wird darüber gestritten, ob in der Werbung das Bild oder der Text wichtiger sind. Dem altchinesischen Sprichwort gemäß, daß ein Bild mehr als 1000 Worte sage, beharren auch heute noch manche Werbetheoretiker auf der Meinung, daß dem bildlichen, d. h. dem optisch erfaßbaren und dementsprechend gestalteten Teil der Werbemittel, also z. B. Illustration, Farbe, Typographie, Layout, die größere Bedeutung zukomme. Die Tatsache, daß es Werbebilder gibt, die ohne Text oder mit einem Minimum an Text auskommen, scheint ihnen recht zu geben. Die bildliche Darstellung eines zufriedenen Menschen mit einem erfrischenden Getränk im Sonnenschein (möglichst mit den fotografischen Effekten des ‚gastronomischen Ikons' (z. B. Kondenstropfen) dargestellt) könnte zum Kauf des entsprechenden Getränks einladen, zumal wenn eine entsprechende Verwendungssituation das Bedürfnis danach weckt. Die bloße Vergegenwärtigung idealer Verwendungssituationen macht aber noch keine Werbung aus, die ja schließlich die Konsumintentionen auf bestimmte Firmen bzw. deren Produkte lenken soll. Es gibt auch kaum Werbeanzeigen, in denen nicht wenigstens ein Warenzeichen oder Firmensymbol und damit ein sprachliches Zeichen deutlich sichtbar erscheint, um die Verbraucherwünsche entsprechend zu steuern. Aber auch derartige Minimaltexte sind bei Werbeanzeigen recht selten; sie kommen nur bei wenigen sehr bekannten Waren- bzw. Firmenzeichen vor. In den meisten Fällen stoßen wir in Werbeanzeigen auf regelrechte ‚Texte‘, d. h. längere oder kürzere Wort- und Satzketten mit einheitlichem kohärentem Form- und Bedeutungsgepräge, die werbewirksame Informationen enthalten.

Werbebilder vermitteln in der Regel recht genaue Informationen über das Aussehen, mitunter auch über die Verwendung der Waren; sie bedürfen jedoch meistens der genauen Einordnung in den Werbevorgang und in den dafür vorgesehenen Kontext der gesamten Werbestrategie. Die wichtigste Ergänzung und Stabilisierung des Bildes wird durch den Text geleistet. Durch den sprachlichen Text wird ein Bild erst in den vorgesehenen Kommunikationszusammenhang eingefügt. Werbeanzeigen können so ohne Bild auskommen, wie die vielen Kleinanzeigen in Zeitschriften und Zeitungen beweisen, nicht aber ohne Text.

5.2 Aufbaustrukturen in Werbeanzeigen

Die Textsorte der Werbeanzeigen wird vor allem durch ihren pragmatischen Charakter bestimmt. Es gibt hier keine literarisch-gattungsmäßigen Traditionen, wie etwa bei literarischen Formen. Innerhalb dieser Textsorte begegnen wir auch recht unterschiedlichen textlichen Formen, je nachdem welche Funktion hier stärker betont bzw. reduziert oder weggelassen wird. Werbetexte können so quantitativ wie qualitativ verschieden ausfallen.

Häufig sind diese Unterschiede von der Warenart abhängig. Werbungen für Genußmittel beispielsweise, deren Qualität durch die Produktnennung hinlänglich gekennzeichnet ist und durch die Anzeige nur neu in Erinnerung gebracht werden soll, brauchen weniger

Text als etwa die Werbung für technische Geräte, deren Leistung und Ausrüstung ausführlicher gekennzeichnet werden müssen. Auch in der Abfolge und im Anteil der werblichen Grundfunktionen finden wir Unterschiede. Trotz dieser Unterschiede lassen sich jedoch in der Unzahl der Werbeanzeigen bestimmte makro- und mikrostilistische Übereinstimmungen erkennen.

So lassen sich z. B. die Texte der Anzeigen als ein-, zwei-, drei- oder vierteilig gruppieren. Die Textgliederung, die durch inhaltliche und stilistische Textmerkmale bestimmt werden kann, wird häufig durch die graphische Gliederung in der Textverteilung und durch unterschiedliche Drucktypen zusätzlich gekennzeichnet. Die Textteile erwecken dadurch unterschiedliche Aufmerksamkeit und Beachtung, was für den Textinhalt und die Textform von Belang ist, insofern als meistens die stärkste Appellwirkung mit den auffälligsten Textpartien (Schlagzeile, Slogan) gekoppelt wird.

Einteilige Texte in Werbeanzeigen findet man nicht sehr häufig. Wo sie uns begegnen, beispielsweise in Kleinformat-Anzeigen (*Bei Schmerzen – Togal*), bei Bildverweisen mit bloßer Schlagzeile (*Wenn ich, du, er, sie, es, wir, ihr, sie und so weiter Durst haben . . .* (Bild mit *Capri-Sonne*-Getränkebeuteln)), bei Bilddarstellungen mit bloßem Slogan (z. B. Cowboy, Zigarettenpackungen und *Marlboro. Der Geschmack von Freiheit und Abenteuer!*). Haupttexte ohne (meist graphisch variierte) Zusatztexte (Slogan, Schlagzeile, Liefernachweis o. ä.) kommen so gut wie niemals vor.

Der zweiteilige Text findet sich häufiger in textarmen Anzeigen und Kleinanzeigen. Er besteht dann oft nur aus einer Charakterisierung des Produkts und einem Slogan (z. B. *Die 43 klaren, würzigen Prozente sind vorschriftsmäßig gekühlt. Wie man sieht. – Malteserkreuz Aquavit. Das kalte Ereignis.*), aus Sekundärsender-Zitaten und Slogan (vgl. die Jägermeister-Anzeigen), aus Schlagzeile und Produktkennzeichnung (z. B. *„wenn Sie mal jemanden auf Ihre Art gute Besserung wünschen wollen . . . Henckell Trocken-Piccolo . . . das prickelnde Geschenk in der attraktiven Schmunzelpackung.“*).

Dreiteilige Werbetexte sind die geläufigste Form in den Werbeanzeigen. Der Text besteht hier in der Regel aus einer Schlagzeile *(head-line)*, einem längeren Zwischentext, den wir wegen des größeren Umfangs Haupttext nennen wollen, und einer Schlußzeile, meistens mit einem abschließenden Slogan, oft zusammen mti einer erneuten Produktnennung oder allein aus dieser.

Der vierteilige Text ist meistens eine Variation des dreiteiligen Textes. Häufig werden hier der Schlagzeile, dem Haupttext und dem Schlußtext ein Lieferhinweis, ein Bestellcoupon oder eine Erläuterung zugefügt. Auch kommt es vor, daß der Haupttext aus inhaltlich verschiedenen Teilen besteht.

Die zumeist graphisch variierten Textteile sind in der Regel sowohl in ihrer kommunikativ-textlichen Funktion als auch in der syntaktisch-semantischen Kohärenz von unterschiedlicher Art. So ist es sinnvoll, bei Werbeanalysen die einzelnen Textteile getrennt zu untersuchen und in ihrem Verhältnis zueinander zu bestimmen. Kenntnisse über die grundsätzlichen Möglichkeiten und typischen Realisierungen dieser Textteile sind dabei von Nutzen.

5.2.1 Die Schlagzeile

Der Begriff der Schlagzeile (engl. *head-line* = Kopfzeile) stammt aus der Journalistik und ist auch heute noch gebräuchlich für die kurzen inhaltscharakterisierenden Überschriften einzelner Zeitungsberichte[102]. Das Wort wurde um 1880 gebräuchlich für die graphisch hervorgehobenen (dick, groß oder rot gedruckten) Hauptüberschriften[103] und ist möglicherweise eine Analogiebildung zum älteren ‚Schlagwort‘ (das ursprünglich das jeweilige Stichwort für den Auftritt des Schauspielers war[104], später zur Charakterisierung von abgenutzten oder demagogisch gebrauchten Modewörtern, besonders im politischen Bereich, wurde).

Die Zeitungsschlagzeile soll ,,Die Aufmerksamkeit auf die folgende Botschaft oder Information lenken...‘‘ und ,,...kurz und treffend formuliert sein; sie müssen den Kern einer Information oder Botschaft herausstellen, so daß der Leser angereizt wird, weiterzulesen.‘‘[105]

Auch die Schlagzeile der Werbung soll (oft neben, unter, über einem Bild) die Aufmerksamkeit des Lesers wecken und auf ihn einwirken (vgl. das *attention* der AIDA-Formel, S. 54); doch kann hier

---

[102] Vgl. Barbara Sandig, Syntaktische Typologie der Schlagzeile. Möglichkeiten und Grenzen der Sprachökonomie im Zeitungsdeutsch, München 1971.

[103] Vgl. Paul/Betz, Deutsches Wörterbuch, Tübingen 1966, S. 548.

[104] Vgl. Kluge/Mitzka, Etymologisches Wörterbuch S. 669.

[105] Neske/Heuer, Handlexikon Werbung & Marketing, Frankfurt 1971 S. 159 (Fischer Tb).

nicht immer von einer Herausstellung eines Informationskerns gesprochen werden. Die Werbetexter suchen die Aufmerksamkeit des Lesers vielmehr auf recht unterschiedliche Art zu wecken, je nachdem, welche kommunikativen Faktoren oder welche werblichen Funktionen betont werden sollen, welches Produktprofil (Markenbild) gewählt oder welche Werbestrategie bevorzugt wird.

Im folgenden seien die geläufigsten Formen der Werbeschlagzeile an einigen Beispielen vorgestellt:

1. die einfache Warenbenennung und -charakterisierung: z. B. *Canon* (Fotoapparate); *Die neue Atika* (Zigarettenwerbung); *Pelikan-Silverstar – Der Schreibperfekte in 7 Farben* (Kugelschreiber),

2. die besondere Waren- bzw. Leistungscharakterisierung: z. B. *Filmen mit Beaulieu – eine Bereicherung Ihres Lebens; das neue Cefrisch. Schmeckt noch orangiger; Coronat von Jacobs – Der hat das Jacobs-Gefühl für Geschmack* (Kaffeewerbung); *Abenteuer Frische SIR irish moos* (Rasierwasser); *Nur wenige Schritte von Amerika entfernt: Frankfurt-Sheraton* (Hotelwerbung); *Das Öl, das denkt. Mit dem chemischen Gehirn* (Aral-Motoröl),

3. besondere Charakterisierungen durch Variationen von Redewendungen oder Zitaten: *Scharf auf harte Bretter* (Black & Dekker-Kreissägen); *Das Maß aller Dinge* (Revox-Tonbandgeräte); *Außer Konkurrenz* (Porsche-Autowerbung); *Selbst ist die Frau* (Heimdauerwellen-Werbung); *Eine kleine Kamera in der Hand ist besser als eine große in der Schublade* (Kodak-Mini-Instamatic-Fotoapparate); *Die ist von Knopf bis Fuß auf ewig eingestellt* (Jeans-Werbung); *Gut gebraut Löwe* (Löwenbräu-Bierwerbung); *Wo ein Sachs ist, ist auch ein Weg* (Sachs-Motore); *Die Kräuter sind zum Baden da* (badedas-Badezusatz),

4. ambivalente Aussagen: *Ohne Brummi würden wir weniger Kunden anziehen* (Lkw-Fernverkehrwerbung); *Ford läßt Ihnen in jeder Klasse eine Hintertür offen* (Pkw-Caravan-Werbung),

5. Zitate zur Verwendungssituation: *Meine Braut hat die zarteste Haut der Welt* (Nivea-Hautcreme); *Einmal Oma und Zurück* (InterRent-Mietwagen); *Ich trinke Jägermeister, weil ich ihn beim Lohnsteuer-Jahresausgleich rausbekommen habe* (Kräuterlikör); *O Karl, vergiß die Oma nicht* (Okal-Fertighäuser); *Du packst sie alle, mein Freund* (Fiat-Autowerbung),

6. Allgemeine Sentenzen: *Energie muß gespart werden. Das ist Gesetz.* (Danform-Thermostat); *Gesund leben beginnt mit einem*

guten Wasser. (Heppinger Mineralwasser); *Geld macht Geld* (Sparkassenwerbung),

7. Indirekte oder direkte Aufforderung zum Konsum: *Managen Sie Ihren Körper so intelligent wie Ihre Firma?* (Keimöl-Werbung); *Entscheiden Sie sich für Natur oder Natürlichkeit* (Maquimat-Hautcreme); *Fahrt einfach weg mit Eurocheque* (Sparkassenwerbung); *Komm rüber, die Freiheit ist noch nicht ausverkauft* (Kanada-Touristikwerbung); *Reifen sollten Sie erst kaufen, wenn Sie diesen Text gelesen haben* (Metzeler-Autoreifen); *Leisten Sie sich das Echte – man sieht es, man fühlt es* (Wollsiegel-Teppiche),

8. Warnung vor Schaden: *Ein Glas Wasser kann Sie den ganzen Urlaub kosten.* (Sachs-Filtron-Wasserreiniger); *Ihr Kind soll nicht ins Tintenfaß fallen – wie hier beim strengen Nikolaus.* (Hanse-Merkur-Versicherungen),

9. Allgemeine Fragen: *Erleidet der biologische Kreislauf einen Kollaps?* (Müllverwertungsanlagen); *Rauchen – Wie stehen Sie dazu?* (Pro-Zigaretten-Werbung); *Wer hat nach USA die Nase vorn?* (Lufthansa); *Warum hat der Igel gegen den Hasen gewonnen?* (MC-Kopiergeräte); *Weshalb Intercity: Deshalb* (Bundesbahn),

10. Allgemeine Behauptungen: *Ein gutes Restaurant erkennt man nicht nur an den Sternen* (Beck's Bier); *Tapeten bringen Sonne ins Zimmer* (Deutsches Tapeteninstitut),

11. Zukunftsverheißungen: *Der Sommer kommt mit neuem Braun. Sunday-Braun* (Sonnenschutzcreme),

12. Erinnerungen: *Als das Leben noch ein bißchen gemütlicher war* (Herrenhäuser-Pilsner Bier); *Geschätzt wie seit Kaisers Zeiten* (Hoehl-Sekt),

13. Wortspiele zum Produktnamen: *Urig, Urig, Uerdinger* (Alkoholwerbung); *Bitte ein bit* (Bitburger Bier),

14. Gegensätze: *Es gibt Sekt und es gibt Mumm.* (Sekt-Werbung); *Theorie* (= Maximen in verschiedenen Sprachen) *– Praxis* (Flugpläne). (Swissair-Fluggesellschaft),

15. Produkt- und Konsumentenkennzeichnung: *Martini Extra-Dry. Nur für Fortgeschrittene* (Wermut-Wein); *Raum-Fahrer müssen eben kein gefräßiges Triebwerk füttern* (Renault-Autowerbung); *Ein Hauch von EVE steht jeder Frau* (Zigarettenwerbung),

16. Umweg-Werbung: *Dieser Mann bietet Ihnen die seltene Chance, Marlon Brandos Nachbar zu werden.* (Cigarillo-Wer-

bung); *Lernen Sie jemanden kennen, der John Player raucht – vielleicht bringt es Sie auf Touren.* (Zigarettenwerbung),

17. Hinweis auf ein sachfremdes Ereignis (mit sachbezogenen Folgerungen): *Die Lehre von Marathon* (SKF-Kugellager),

18. Argumentankündigung: *Warum Sie als Unternehmer die Sparkasse als Partner brauchen.* (Sparkassenwerbung); *Es gibt drei gute Gründe, jetzt Investa zu kaufen* (Wertpapier-Werbung),

19. Hervorhebung eines Arguments: *Wenn gute Mitarbeiter das beste Kapital sind, können Sie bei uns nur gewinnen!* (Ansiedlungswerbung Stadt Dortmund),

20. Widerlegung von Einwänden: *Zwei Cameras zu besitzen ist kein Snobismus. Sondern reine Vernunft.* (Kodac Mini Instamatic),

21. Betonung des Konsumbedarfs: *300 km gehen 1 Million mal ans Herz Ihres Autos... darum Mobil* SHC-*Vollsynthetisch* (Motorenöl); *Herz, Kreislauf und Nerven brauchen mehr Hilfe denn je* (biovital-Stärkungsmittel),

22. Direkte Zielgruppenansprache: *Liebe Kaffeetrinker* (Tee-Werbung),

23. Betonung der eigenen Leistung des Werbers: *Ein so berühmtes Bier wie König-Pilsener zu brauen, verlangt ein hohes Maß an Erfahrung und Verantwortung* (Bierwerbung); *Pfadfinder für die Energie von morgen* (Esso-Erdöl-Werbung); *Wir bieten mehr als Geld und Zinsen* (Volksbanken); *Unser Beitrag zur Arbeitsplatzsicherung* (stollgiroflex-Bürostuhlwerbung),

24. Anspielungen auf die Verwendung: *Am 11. 11. fängt alles an* (Alka-Seltzer-Tabletten); *Erdöl kann man essen* (Shell-Erdöl-Werbung); *Da beißt sich der Storch die Zähne aus* (Lady-Antibaby-Zäpfchen),

25. Kennzeichnung idealer Verwendungssituationen: *Faszinierendes Leben. Ein großer Scotch gehört dazu* (Ballantine-Whisky),

26. Fremdsprachige Aufforderungen oder Zitate: *Welcome to Britain* (Touristikwerbung).

Die Übersicht zeigt, wie vielfältig hier verfahren werden kann. Wie bei den Formen der Anzeigenbelebung (Einordnung in bestimmte Strategien, vgl. S. 59ff.), in die die Schlagzeile oft einbezogen wird, dominieren auch hier die Formen der positiven Produktcharakterisierung, der Ausmalung von Verwendungssituationen und der Käufer- und Produzentenstilisierung.

Während früher in Werbeanzeigen der Slogan sprachlich und graphisch besonders hervorgehoben wurde, nimmt neuerdings häufiger die Schlagzeile diese dominierende Rolle ein. Man kann hier eine allmähliche Schwerpunktverlagerung sehen von einer stärker hörorientierten Erinnerungswerbung, wie sie durch Ausrufer und Rundfunk gefördert wurde, und daher einprägsame Formeln liebte, zu einer stärker optisch bestimmten Aufmerksamkeitswerbung, die die visuellen Werbemöglichkeiten stärker auszunutzen sucht. Die modernen Drucktechniken, die anstelle trister Schwarz-Weiß-Reproduktionen farbenreiche Traumbilder ermöglichen, haben wahrscheinlich diesen Prozeß, der noch im Gange ist, gefördert[106].

5.2.2 Der Haupttext

Die Mehrzahl der Werbeanzeigen bietet neben Warenkennzeichnung, Schlagzeile und Schlußzeile längere oder kürzere Zwischentexte, die die meisten Informationen über die Werbeobjekte enthalten und deshalb hier als Haupttexte bezeichnet werden sollen. Diese Texte sind allerdings meistens in kleineren Schrifttypen gedruckt; sie sind also nicht wie die Schlagzeile und die Schlußzeile für den Blickfang beim Durchblättern der Zeitschriften geplant, sondern für das nachdenklichere informierende Lesen bestimmt, das möglicherweise die Bereitschaft zur angezielten Konsumentscheidung weckt. Dazu ist es notwendig, daß dieser Textteil Informationen enthält, die geeignet sind, auf das Konsumverhalten stimulierend und motivierend einzuwirken.

Meistens beschränken sich die Texter einer Anzeige hier auf eine bestimmte Werbestrategie, die die Möglichkeiten der Darstellung und Beschreibung der Ware und die schon genannten Techniken der ,Anzeigenbelebung' (vgl. S. 59) zu nutzen sucht. So finden sich hier ausführliche Angaben und Beschreibungen zu technischen Einzelheiten ebenso wie Ausmalungen idealer Verwendungssituationen, optimaler Leistungen und Wirkungen des jeweiligen Produkts und seines Konsums oder mögliche andere Argumente für Kaufentscheidungen.

---

[106] Wahrscheinlich spielt auch der Zwang zu aufmerksamkeitsweckender Fokalisierung im informationsreichen Kontext der Illustrierten eine Rolle bei der Förderung der Schlagzeile (die häufig bei Funkmediensendungen fehlt!)

Textlinguistisch wirkt sich das so aus, daß sich die Einheit dieses Textes in einer Reihe linguistischer Kohärenzbeziehungen spiegelt, die erst den strukturellen Zusammenhang des Textes ermöglichen. Eine Beispielsanalyse möge dies verdeutlichen. Wir wählen dazu eine Werbung für ein Maggi-Produkt (Maggis hackfleisch fix) (Abb. S. 78).

Sie bietet in der oberen Hälfte der ¾seitigen farbigen Anzeige einen Bildausschnitt eines gedeckten Tisches mit einem Bierglas zwischen einem Teller Kartoffelpürree und einem Teller mit Erbsen-Möhrengemüse (beide Teller nur z. T. sichtbar) und einer Schale mit vier frisch gebackenen Frikadellen, von denen eine bereits auf einer Serviergabel, also in der werbemäßig bevorzugten Zugreifposition, liegt.

Unter diesem Bild findet sich die fettgedruckte Schlagzeile *Wie wär's mal wieder mit herzhaften Frikadellen?* Am unteren Anzeigenrand erblicken wir den Slogan *Maggi hat die fixen Helfer* und das Firmensignet (rote Tropfenblase mit gelber Inschrift *Maggi*). Diese fettgedruckten Zeilen rahmen den kleiner gedruckten Haupttext und – links daneben – ein Bild einer verkleinerten Packung *Maggi hackfleisch fix.* Der Haupttext lautet:

Schön und gut, mögen Sie denken. Aber gerade heute haben Sie soviel um die Ohren. Denn einige Mühe macht es schon, wenn man Frikadellen schön lekker, knusprig und würzig liebt: Brötchen einweichen, Petersilie und Zwiebeln schneiden. Zum Hackfleisch geben. Mit Ei und den Gewürzen vermengen...

Heute gibt es für alle, die ganz fix etwas Gutes essen möchten, die fixen Helfer von Maggi. Alles, was Sie für herzhafte und perfekt gewürzte Frikadellen brauchen, sind 500 g Hackfleisch und ein Beutel Hackfleisch fix. Das wär's!

Die Textstruktur dieser Anzeige ist zunächst auf eine Aufforderung ausgerichtet, die in die Form einer Frage gekleidet ist. Das Anzeigenbild mit den fertigen Speisen kann dem flüchtig Betrachtenden suggerieren, daß es sich um eine Aufforderung zum Eßkonsum eines Maggiprodukts handelt. Die Speisen sind so im Bild serviert, daß sie unmittelbar zum Verzehr einladen. Die Frikadellen sind dabei dem Betrachter am nächsten.

Der Anfang des Kleintextes zerstört diese Illusion. Dadurch, daß hier auf die Mühen der Zubereitung von Frikadellen verwiesen wird, wird dem Leser erst klar, daß diese Werbung nicht den Verzehr, sondern die Herstellung von Frikadellen meint und dementspre-

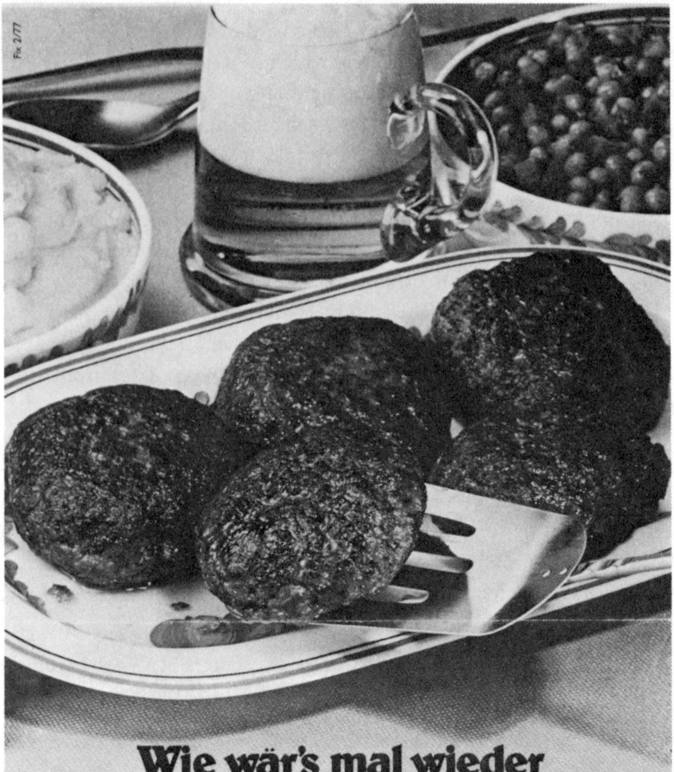

Wie wär's mal wieder mit herzhaften Frikadellen?

Schön und gut, mögen Sie denken. Aber gerade heute haben Sie so viel um die Ohren. Denn einige Mühe macht es schon, wenn man Frikadellen schön lecker, knusprig und würzig liebt: Brötchen einweichen, Petersilie und Zwiebeln schneiden. Zum Hackfleisch geben. Mit Ei und den Gewürzen vermengen…

Heute gibt es für alle, die ganz fix etwas Gutes essen möchten, die fixen Helfer von Maggi. Alles, was Sie für herzhafte und perfekt gewürzte Frikadellen brauchen, sind 500 g Hackfleisch und ein Beutel Hackfleisch Fix. Das wär's!

Maggi hat die fixen Helfer

chend nicht den Esser, sondern die Köchin (bzw. den Koch) und im Sinne einer Antonomasie (vgl. S. 134) wahrscheinlich in der Mehrzahl die Hausfrauen ansprechen will.

Eine wichtige Funktion dieses Textes besteht also in der Präzisierung und Konkretisierung der erläuterten Situation gegenüber der bildlichen Verlockung.

Eine weitere Funktion dieses Kleintextes besteht in der Antwort auf die Frage der Schlagzeile. Allerdings wählen die Werbetexter dazu nicht die Form eines Dialogs zwischen Werbenden und Umworbenen, sondern stellen der einladenden Frage selbst mögliche Einwände entgegen, um diese daraufhin durch die Werbeargumentation entkräften zu können und das Produkt, für das geworben wird, als Hilfe zu empfehlen. Der Slogan wirbt dann für weitere ‚Helfer von Maggi' und ordnet so das Produkt in diese Gruppe ein.

Das Aufgreifen der Position des Verbrauchers durch den Werbenden hat noch einen weiteren werbetechnischen Effekt: Der Werbende (Kommunikator, Produzent, vertreten durch den Werbetexter) erweist sich so selbst als ein verständnisvoller ‚Helfer', der die Nöte der Hausfrauen kennt und ihnen beistehen will, indem er einen Helfer bereitstellt. Mit dieser ‚for-you-Taktik' sucht er die wichtigste Voraussetzung für eine erfolgreiche Werbung zu sichern: das Vertrauen der Konsumenten zum angepriesenen Produkt und zu seinem Hersteller.

Indem er durch die Not-Hilfe-Strategie dieses Werbevorgangs die Brauchbarkeit und den Gebrauchswert des Produkts sowie die scheinbare eigene Uneigennützigkeit betont, kann er – wie in vielen Werbeanzeigen – das eigene Interesse an Umsatz- und Profitmaximierung erfolgreich vertuschen.

Textlinguistisch gewährleistet der Haupttext die Sinneinheit der Anzeige: Zwischen Schlagzeile und Slogan besteht kein semantischer, sondern allenfalls ein pragmatischer Zusammenhang (Frage und evtl. Antwort bzw. Empfehlung). Eigentlich antwortet der Haupttext mit dem einschränkenden, aber nicht glatt ablehnenden ‚Schön und gut...' auf die Frage der Schlagzeile und führt mit einem adversativen ‚aber' und einem begründenden ‚denn' diese Einschränkung fort. Erläutert wird der Einwand durch das umgangssprachliche ‚viel um die Ohren' (haben), dessen Bedeutung in ‚Mühe' aufgegriffen und in der anschließenden Aufzählung der vier satzwertigen Infinitivkonstruktionen verdeutlicht wird.

Der zweite Abschnitt wirkt zunächst durch das einleitende ‚Heute‘ (das die Vorstellung eines ‚früher‘ impliziert und sich semantisch vom ‚heute‘ des ersten Abschnittes Z. 2 unterscheidet) gegensätzlich, knüpft dann aber an die Frage der Schlagzeile an, indem hier vom ‚etwas Gutes essen‘ die Rede ist, doch klingt auch die Thematik des ersten Abschnitts im ‚fix‘ (essen) an, mit dem der Begriff der ‚fixen Helfer von Maggi‘ korrespondiert. (Diese Wendung wird redundanterweise im Slogan aufgegriffen.) Auf die im ersten Abschnitt aufgezählten Frikadellen-Zutaten kommt der Text mit dem Satz ‚Alles, was Sie für herzhafte und perfekt gewürzte Frikadellen benötigen, sind...‘ zurück und ersetzt alle Zutaten nun durch die Substanzen ‚500 g Hackfleisch und ein Beutel Hackfleisch Fix‘, woraus gefolgert werden kann, daß ‚Hackfleisch Fix‘ die vorher genannten Zutaten enthält oder ersetzt. Ein resultatives umgangssprachliches ‚Das wär's!‘ soll offenbar die einfache Handhabung und den Schluß der erläuternden Antwort kennzeichnen.

Der Haupttext enthält somit zahlreiche semantische und syntaktische Verklammerungen und Verweise, die erst den Sinnzusammenhang (die Textkohärenz) ermöglichen. Die semantisch-syntaktische Kohärenzeinheit wird durch die sequentielle Einheit der gedanklich-inhaltlichen Abfolge, durch die pragmatische Einheit der Intention und Verständnisanweisung im Sinne eines werblich-kommunikativen Handelns und durch die stilistische Einheit der Stilzüge (volkstümlich-umgangssprachlich, aufzählend-argumentativ und antithetisch) sowie der Stilmittel (einfacher bis mittelschwerer Satzbau, gehobene Alltagssprache, semantisch aufwertend) verstärkt.

Was hier am Haupttext einer verhältnismäßig kunstlosen Werbeanzeige aufgewiesen wurde, läßt sich an Hunderten anderer Anzeigen mit gleicher Struktur zeigen. Überall bietet der Haupttext in seiner quantitativen und qualitativen Unterschiedlichkeit zu Schlagzeile und Slogan erst die ausführliche argumentative Grundlage des jeweiligen Werbeappells, die rhetorisch wie linguistisch besonderes Interesse verdient.

5.2.3 Der Slogan

Als letzter, mitunter wichtigster Textbestandteil einer Werbeanzeige oder Werbesendung ist der Slogan zu betrachten, der oft zusammen mit einer Warenkennzeichnung oder allein die Schlußzeile ausmacht, zuweilen aber auch an anderer Stelle im Text (z. B. am Textanfang) erscheint. Man versteht unter einem *Slogan* eine oft formelhaft kurze, graphisch (oder sprecherisch) und bedeutungsmäßig meist isoliert erscheinende Textzeile, die in der Regel längere Zeit benutzt wird, damit diese Aussage und der Produktname bei vielen im Gedächtnis haften bleiben.

Das Wort *Slogan* geht auf eine schottisch-gälische Bezeichnung für den Schlachtruf oder die Versammlungslosung der keltischen Krieger zurück[107] und ist über das Englische in unsere Wirtschaftssprache gelangt. Nach Auffasung von V. KLOTZ[108] hat der Slogan trotz der Übersiedlung vom Schlachtfeld auf den Markt „seine indizierende, agitierende und angreifende Aufgabe" behalten. Er soll die Ware kennzeichnen, für sie werben und ihren Namen ins Gedächtnis einhämmern. Die Benennungsübertragung bedeutet allerdings nicht, daß der Werbeslogan aus dem kriegerischen Bereich stammt. Wiederholende, oft formelhafte Behauptungen in einprägsamer sprachlicher Form gehörten seit jeher zum Repertoire der Marktschreier und ergaben sich auch früher bei Anzeigenwiederholungen in Zeitungen, die für bestimmte Firmen warben[109].

Die eigentliche Zeit des Werbeslogans beginnt allerdings erst mit dem Aufkommen der Markenartikel und dem damit verbundenen Trend zur absatzfördernden differenzierenden Kennzeichnung der Produkte. Seit den 20er Jahren sind in Deutschland Abertausende von Slogans auf die unterschiedlichste Weise gebildet worden, in Versen, mit und ohne Reim, als längere oder kürzere Prosasätze, als Satzreduktionen und als Schlagwörter. Manche von ihnen haben – einmal glücklich gefunden – Jahrzehnte überlebt und haften heute noch im Gedächtnis älterer Leute[110], andere hatten nur eine kurze Geltungsdauer, wurden oft schon nach einigen Werbeanzeigen abgesetzt, weil sie nicht ,ankamen', weil Werbebüro oder Produzent damit nicht zufrieden waren oder weil sie ohnehin nur für kurze Werbeaktionen vorgesehen waren.

---

[107] Vgl. R. Römer (Anm. 3) S. 79 Anm. 235.
[108] S. Anm. 56 S. 102.
[109] Das Berlinische ,knorke' für ,vorzüglich' soll z. B. auf den Slogan eines Fleischers (,Knorkes Bouletten sind die besten.') zurückgehen. (Die Herleitung von Cl. Waldorff, s. Paul/Betz, Dt. Wb. 356, ist sehr wahrscheinlich sekundär).
[110] So ist z. B. der frühere Coca-Cola-Slogan ,Mach mal Pause – Coca Cola' vielen noch heute sehr geläufig.

Erst in unserer Zeit scheint der Slogan an Bedeutung zu verlieren, vielleicht weil er überschätzt und überstrapaziert wurde, wohl aber auch, weil jetzt weniger die rhetorische Suggestion als vielmehr die psychologische Ansprache der Motivationen oder eine stärker informierende Werbung gewählt wird[111]. Trotzdem enthalten noch viele Werbetexte Slogans, so daß deren Untersuchung weiterhin lohnenswert erscheint.

In der wissenschaftlichen und didaktischen Literatur hat gerade diese griffige Textform besondere Aufmerksamkeit gefunden. Das Interesse der Autoren richtet sich auf Funktion und Stellung des Slogans ebenso wie auf deren rhetorische und sprachliche Form und auf deren pragmatische Bedeutung.

Nach V. Klotz[112] ist jeder Slogan innerhalb der Werbesituation zu sehen, die durch die Trias der kommunikativen Faktoren des Werbenden, des Umworbenen und des zu Erwerbenden (bzw. von Produzent, Konsument, Ware) bestimmt wird. Diese drei Faktoren werden in unterschiedlicher Weise ganz oder teilweise im Slogan wie im übrigen Werbetext berücksichtigt.

Der werbende Produzent bzw. seine Werbeagentur bestimmen Text und Modus des Slogans, der sich stets an potentielle Konsumenten richtet und unmittelbar oder mittelbar eine Ware oder Firma bekanntmacht oder preist.

Die Art der kommunikativen Zuwendung an den Konsumenten kann im Slogan recht verschieden ausfallen, wie D. Flader[113] aufgrund von Sprechaktanalysen zahlreicher Slogans festgestellt hat.

Recht verschieden kann auch das Verhältnis zwischen Slogan und dem übrigen Text und dem Bild der Anzeige bzw. Sendung sein. Es gibt Slogans, die einen sehr engen Bezug zur Schlagzeile, zum Haupttext und zum Bild haben. Bei anderen fehlt diese Verklammerung. Die Bild-Slogan-Einheit ist oft bei textarmen Anzeigen (meist ohne Haupttext, oft auch ohne Schlagzeile) anzutreffen, z. B. in der Sekt-Werbung: *Henckell Trocken... die Welt von ihrer schönsten Seite; Paral stoppt Insekten* (Insektizid). Bei textreicheren Anzeigen findet man dagegen auch Slogans, die von den übrigen Textaussagen

[111] Vgl. auch die damit verbundene Aufwertung der Schlagzeile (s. Anm. 106).
[112] S. Anm. 56 S. 99.
[113] Vgl. Anm. 58.
[114] H. Plate, Werbung oder Information? Zur Sprache moderner Propaganda, STZ 1963, 7, S. 550.

isoliert erscheinen. Der Grund dafür ist mitunter im Seriencharakter oder in der Hervorhebung mancher Slogans zu sehen. Während der übrige Text eine situationsgebundene Gestaltungsstrategie anstrebt, betont der Slogan solcher Anzeigen in möglichst situationsfreien Aussagen bestimmte Vorzüge des Produkts oder empfiehlt ein bestimmtes Konsumverhalten.

Welche kommunikativen Funktionen der Slogan jeweils ausübt, muß – wie die Analysen von FLADER zeigen – stets im Einzelfall untersucht werden. Man kann jedenfalls nicht – wie H. PLATE[114] – dem Slogan nur die Funktion der ‚Auslösung' von Kauf- oder Wahlentscheidungen zusprechen (das *action* der AIDA-Formel), dem Haupttext dagegen die Funktion der ‚Darstellung' und der Schlagzeile die Funktion der ‚Herstellung und Einleitung von Kommunikation'. Eher kann man beim Slogan ein ‚Prinzip der mehrfachen Wirkungsweise' beobachten[115], das es ermöglicht, daß alle notwendigen Grundfunktionen eines Werbetextes durch ihn wahrgenommen werden können.

Der Mehrdeutigkeit in der Funktion entspricht die Vielfalt der sprachlichen Formen der Slogangestaltung. Der *Sprachform* kommt wegen der angestrebten erhöhten Beachtung der Slogans besondere Bedeutung zu. Erst durch die Sprache gelangt er zur Wirksamkeit, erreicht er erhöhte Aufmerksamkeit und größeren Erinnerungswert. Das Auffinden wirksamer Slogans war deshalb früher eine besonders wichtige Aufgabe der Werbetexter (zu der mitunter auch ‚Laien' eingeladen wurden).

Die auffallendsten Stilzüge des Slogans sind sprachliche K ü r z e und K l a r h e i t im Sinne der Werbeintention. Der Slogan muß kurz sein, wenn er im Gedächtnis haften soll[116]. Er darf zudem keine Zweifel über die jeweilige Appellsituation aufkommen lassen, muß vielmehr die Werbewirksamkeit der übrigen Elemente der Anzeige bzw. Sendung sprachlich verstärken, darf also nicht abschweifen oder sich im Unverbindlichen verlieren. Als die wichtigsten Satzformen erweisen sich dementsprechend Behauptungs- und Aufforderungssätze, in denen Aussagen über das Produkt oder entsprechende Konsumappelle formuliert werden. Bei Slogans in Behaup-

---

[115] Vgl. Möckelmann/Zander (Anm. 57), S. 23.
[116] Zum Verhältnis von Satzkürze und Verständlichkeit in Werbetexten vgl. S. Geiger/W. Heyn, Informationstheoretische Probleme der Werbung, in: Behrens, Handbuch S. 117 ff., bes. S. 127.

tungssätzen bzw. entsprechenden Satzreduktionen fällt auf, daß fast stets Behauptungen mit absoluten Geltungsanspruch getroffen werden. Derartige Aussagen sind meist leicht widerlegbar; sie werden deshalb wegen ihrer unwahren Behauptungen oder Übertreibungen oft kritisiert, scheinen aber gerade durch diesen hyperbolischen (übertreibenden) Charakter besonders suggestiv und nachhaltig zu wirken. Beispiele dieser Art sind: *Alle Welt wählt Wella* (Haarkosmetik); *Bier macht den Durst erst schön* (Bierwerbung); *Camelia gibt Frauen Sicherheit und Selbstvertrauen* (Damenbinde); *Kneipp-Naturkräuter-Ölbäder wecken die Lust zu leben* (Badesubstanz); *Bauknecht weiß, was Frauen wünschen* (Kühlschränke). Als Behauptungen können auch elliptisch verkürzte Aussagen gelten, soweit sie als Gleichsetzungen mit fehlender Kopula aufgefaßt werden können, z. B. *Der Sekt für Kenner* (Söhnlein-Sekt); *Mac Collins Harmonie von Duft und Geschmack* (Tabak); *Fiat/Autos die Freude machen; Desaquick/die medizinische Atempflege für Stunden* (Frischetabletten); *Vellemint. Ihr Pfefferminz.*

Der geforderten Klarheit der Slogans scheint die ambivalente Aussagestruktur mancher Slogans zu widersprechen. Erreicht wird eine solche Ambivalenz durch die Verwendung mehrdeutiger Begriffe und Redewendungen oder durch verkürzte und dadurch mehrdeutige Aussagen. Der Slogan der Jägermeister-Kräuterlikörwerbung *(Jägermeister – Einer für alle)* beispielsweise kann wörtlich als Aussage über die Eignung dieses Getränks für alle Personen verstanden werden; er assoziiert aber zugleich durch seine Bekanntheit als Anfang eines chiastischen Wahlspruchs für Kameradschaft und Treue *(Einer für alle, alle für einen!)* soziale Gefühle der Zusammengehörigkeit. Ähnliches gilt auch für Slogans wie ‚*Wir nehmen nichts wichtiger als Sie*‘ (Japan Air Lines) oder ‚*Du bist Gold wert – Sag es mit Gold*‘, wo die Anredepronomina ambivalent bleiben. Der Slogan ‚*Black & Decker. Mehr Leistung fürs Geld.*‘ (Bohrmaschinen) wirkt dagegen durch seine syntaktischen Ommissionen ambivalent. Er kann als Aussage gedeutet werden: ‚Black & Decker bieten mehr Leistung fürs Geld‘ oder als Aufforderung: ‚Wählen Sie Black & Decker und Sie erhalten mehr Leistung fürs Geld‘. Ähnlich strukturiert sind z. B. ‚BMW. *Aus Freude am Fahren* (Autowerbung); *Mercedes – Dein guter Stern auf allen Straßen* (Autowerbung); *Es gibt viel zu tun. Packen wirs an. Esso* (Imagewerbung); *Auf diese Steine können Sie bauen* (Bausparkasse).

Solche möglichen Verbindungen von Behauptung und Aufforderung verdoppeln gewissermaßen die Wirkungsmöglichkeit der Slogans. Der Rezipient solcher Botschaften wird dazu veranlaßt, die ihm gemäßen Auslegungen zu treffen. Diese jedoch entspricht stets dem Sinn der Werbeabsicht, insofern wird die geforderte Klarheit nicht beeinträchtigt. Eindeutiger als bei verkürzten Behauptungen ist der Werbeappell bei Slogans in der Form vollständiger oder verkürzter Aufforderungen, wo meistens auf die Begründung des Appells verzichtet wird, wie z. B. *Dein Sekt sei Deinhard* (Sektwerbung); *Trinke ihn mäßig, aber regelmäßig* (Schlichte-Steinhäger); *Bewußter essen – Ihrem Herzen zuliebe* (becel Margarine); *Nachdenken und Bahnfahren* (Bundesbahnwerbung); *Mensch bleiben, Ernte rauchen* (Zigaretten); *Post sparen* (Postsparkasse); *Gestalten mit Tapeten* (Tapetenwerbung); *Darauf einen Dujardin* (Weinbrand).

Der Aufforderungscharakter bleibt auch bei Slogans mit anderen Satzarten erhalten: *wenn's ums Geld geht – Sparkasse; damit Sie in Verbindung bleiben – Post; Alete – damits ein Prachtkind wird* (Babynahrung); *Wer es kennt, nimmt Kukident* (Zahnersatzpflege); *Dunlop SP Gürtelreifen, weil er so lange hält; InterRent – Was liegt näher?* (Mietautos).

Eine Verbindung zwischen Aussage und Aufforderung ist oft auch bei Zitaten im Slogan gegeben. Hier gibt es verschiedene Variationen, vom ‚geflügelten Wort' eines ‚Sekundärsenders' (z. B. *Dafür geh ich meilenweit – Camel* (Zigaretten) über den scheinbar teilnahmsvollen Wunsch *(Hoffentlich Allianz-versichert!)* bis zur überheblichen Selbstaussage mancher Firmen *(Maybaum. Wir machen nicht alles. Aber alles gut!)*, vom Einbezug einfacher Redensarten *(Kurz und gut. Polo.* (VW); *Wenn schon, denn schon: Scharlachberg Meisterbrand)* bis zur Wiederaufnahme oder Abwandlung bekannter Zitate, Sprichwörter oder Redewendungen: *Berlin ist eine Reise wert* (Stadt-Werbung, vgl. Kg. Henri IV.: *Paris ist eine Messe wert!*); *Ich bin von Kopf bis Fuß auf Libbys eingestellt* (Büchsenmilchwerbung, vgl. Marlene Dietrichs bekannten Schlager); *Philips – wir wissen wie* (vgl. Gewußt wie); *Der Mensch ist, was er ißt* (Zitat L. Feuerbachs in *Bressot*-Käsewerbung).

Derartige Zitatslogans profitieren vom erhöhten Erinnerungswert der Primärzitate und von der aufmerksamkeitsheischenden (mitunter verfremdenden) Wiederholung oder Abwandlung des Bekannnten.

Dem Ziel der Wirkungssteigerung dient auch die häufige Verwendung traditioneller rhetorischer Mittel in den Werbeslogans, die so eine Fundgrube für rhetorische Gestaltungsbeispiele bieten. Hier seien nur einige auffallende Proben aufgeführt:

Alliteration: *Dynamik auf Dauer* (Mobil-Motorenöl); *Cynar – der Apperitif aus Artischocken* (Alkoholika); *Philips – wir wissen wie* (Elektrogeräte); *Spalt beseitigt Spannungskopfschmerz schnell* (Schmerztablette).

Antithesen: *Shell. Auch im Kleinen groß* (Tankstellenservice); *Danone – der große Geschmack für den kleinen Appetit* (Yoghurt); *Es ist nie zu früh und selten zu spät* (Diplona Haarwasser); *Sunja. Das große Bad zum kleinen Preis* (Badezusatz); *Puschkin – der Harte mit der weichen Seele* (Wodka); *Ariel wäscht nicht nur sauber, sondern rein* (Waschmittel).

Chiasmus: *Kaufen bei SPAR – sparen beim Kauf!* (Einzelhandel); *Nichts geht über Bärenmarke-Bärenmarke zum Kaffee* (Büchsenmilch).

Endreim (früher häufiger, heute seltener): *Für Jeden, der gern Soßen ist, ist Maggi Soßenspezialist; Sechsämtertropfen – Kräuterkraft, die Freude schafft* (Kräuterlikör); *Klasse statt Masse* (Ford Fiesta); *Süßen ohne zu büßen-Assegurin* (Süßstoff); *Persil – da weiß man, was man hat – zum Kochen und bis 60°* (Waschmittel).

Euphemismus: *NEDA regelt die Verdauung zuverlässig* (Abführmittel); *HOM – eine reine Männersache* (Unterwäsche); *Ramend erleichtert natürlich und mild* (Abführmittel).

Klimax: *Bleib recht! Trink Echt! Trink Stonsdorfer!* (Kräuterlikör); *Das neue Pronto. Reinigt, pflegt und schützt noch wirkungsvoller.* (Reinigungsmittel); *Puschkin – ein verdammt nobler Tropfen. Hart aber gut. Reinheit ist seine Stärke.* (Wodka); *gut – besser – Paulaner* (Bierwerbung); *weiß, weißer, Suwaweiß* (Waschmittel).

Metapher: *Gold ist Liebe* (Schmuckwerbung); *Malteserkreuz Aquavit. Das kalte Ereignis* (Alkoholika); *0,7 Liter Weltanschauung – Harveys Bristol Creams* (Whisky); *Die Summe unserer Erfahrung* (Brauns Elektrorasierer); *In Asbach Uralt ist der Geist des Weines* (Weinbrand).

Metonymie: *Grand Marnier – der unverbesserliche Franzose* (Weinbrand); *Sinalco. Die Frische mit der Frucht* (Limonade); *Be-*

geisterung auf Rädern. Toyota (Motorräder); *Tanken Sie Sicherheit* (Shell-Benzin); *Ata. Frische für die Küche* (Reinigungsmittel); *Deutsche Eier. Nestfrische, die man schmeckt.*

Parallelismus: *vivimed. Der Schmerz vergeht – die gute Laune kehrt zurück* (Schmerztabletten); *Der Tag vergeht, Jonny Walker kommt* (Whisky); *biovital. Frische für den Tag – Ruhe für die Nacht* (Stärkungsmittel); *Wie die Krone – so das Pils* (Dortmunder Kronenbier).

Personifikation: *Gervais – Der Familienfreund* (Käse); *Auf Togal ist Verlaß!* (Schmerzmittel); *Onko gibt Kaffees Charakter* (Kaffeewerbung); *FIAT – Autos mit Witz und Verstand; Camel Filter. Eine Zigarette geht um die Welt.*

Polyptoton: *Bitte ein bit* (Bier); *Man fragt den Mann von Mannesmann* (Stahlhandel); *Honda-Civic. Schritt in den Fortschritt* (Motorräder); *Trinke ihn mäßig, aber regelmäßig* (Schlichte Steinhäger).

Steigerungen: *Das beste Persil, das es je gab.* (Waschmittel); *Cinzano Asti Spumante – Lieblich schmeckt besser* (Wein); *Fachinger. Sie können nichts Besseres trinken* (Mineralwasser) *Aromatischer ist keine* (Stuyvesandt-Zigarette); *Die erfahrenste Fluggesellschaft der Welt. PANAM.*

Vergleiche: *Reyno – wie ein Sonnentag am Meer* (Zigarette); BOSCH – *so alt wie die Kraftfahrt, so jung wie der Fortschritt* (Autobatterien); OKASA – *modern wie das Leben selbst* (Stärkungsmittel); *Täglich wie neugeboren* (Odol-Mundwasser); *Nie war er so wertvoll wie heute* (Klosterfrau Melissengeist); *Wie eine Brise von Weite und Meer* (Prestige Rasierwasser).

Deutscher Wein. Einzig unter den Weinen; Der Mann unter den Likören. Herb. Fruchtig. Feurig (Schlehenfeuer-Likör).

Versrhythmus: *Aus dieser Quelle trinkt die Welt* (Appollinaris Mineralwasser); *Cognac Courvoisier. Weich und reich und ausgereift; Eulig macht das Filmen leicht* (Fotogeräte); *Wir bieten mehr als Geld und Zinsen* (Volksbanken/Raiffeisenbanken).

Wortspiele: *Alle Welt wählt Wella* (Haarkosmetik); *Dornkaat aus Kornsaat* (Alkoholika); *Linkes Strümpfe sind die Rechten* (Damenstrümpfe); *Bundeswehr – Mehr als ein Job. Wir fordern und fördern; Nicht rasen – reisen!; Erst blicken, dann blinken!* (Verkehrsmahnungen); *banner bannt Körpergeruch* (Deodorant); vgl. auch die Beispiele b. Alliteration u. Polyptoton.

Wortwiederholung: *Perwoll flüssig – das Schmusebad für Schmusewolle* (Waschmittel); *Der Löwenbräu schmeckt löwenherb* (Bier); *Der gute Pott – der beste Pott* (Rum); Bessere Lkws für *besseres Leben* (FIAT-Lkws).

Überblickt man die verschiedenen rhetorischen Stilmittel, so fällt auf, daß hier zwei Gruppen dominieren: die Wiederholungsfiguren und die Tropen der positiven Verfremdung. Die Wiederholungsfiguren sollen vor allem die Merkfähigkeit verbessern, die positiven Verfremdungstropen dagegen die Aufmerksamkeit für das Werbeobjekt steigern.

5.3 Mögliche Erschließungsfragen zur Textgestaltung von Werbeanzeigen

1. Handelt es sich um eine textreiche oder textarme Anzeige? 2. Welche Textteile sind vorhanden? 3. Wie sind sie aufeinander bezogen? 4. Ist der Haupttext schnell zu erfassen? 5. Wie ist er gegliedert? 6. Welche Textteile sind mehr adressatenbezogen, mehr produktbezogen oder mehr herstellerbezogen? 7. Welche Markenstrategien und welche Argumentationsstrategien liegen vor? 7. Will der Text mehr informieren oder mehr suggestiv appellieren (manipulieren)? 8. Mit welchen Präsuppositionen arbeitet der Text? 10. Welche Aufgabe hat hier die Schlagzeile? 11. Welche der Slogan?

6. Die Sprache der Werbung

Bei den Germanisten wie bei den Deutschlehrern hat – den vorliegenden Veröffentlichungen zufolge – die sprachliche Seite der Werbung bisher das meiste Interesse gefunden. An der Spitze dieser Veröffentlichungen steht noch immer die Arbeit von Ruth Römer[117], deren Ergebnisse auch im folgenden mitberücksichtigt werden sollen.

Die Autorin stellt nach ihrer Auswertung umfangreichen sprachlichen Materials aus Werbetexten der 60er Jahre die Frage nach Wesen und Wirkung der Werbesprache, insbesondere nach ihrer Eigenständigkeit im Verhältnis zur ‚Gemeinsprache'. Wenn man die Sprache der Werbung untersucht, verdient diese Frage auch heute noch

---

[117] S. Anm. 3.

Aufmerksamkeit. Einige Beobachtungen helfen uns, das Wesen dieser Sprache zu erfassen. Zunächst: Sie ist nicht, wie die zahlreichen Berufs- und Fachsprachen, eine Sondersprache, die nur der Kommunikation weniger Fachleute oder Kenner über bestimmte Gebiete eigen ist. Sie wird zwar von relativ wenigen Menschen, den Werbetextern nämlich, geschaffen, soll aber von möglichst vielen Menschen verstanden werden. Sie beruht daher auf einer allgemein verständlichen schriftsprachlichen Sprachschicht, die sich nur in bestimmten Fällen der Umgangssprache oder einer Fachsprache anpaßt. Andererseits ist die Werbesprache „nicht die natürliche Sprache eines Menschen, sondern ein abgehobenes, isoliertes Gebilde[118]." Ihr Wortschatz entstammt – bis auf die häufigen Neuwortbildungen und Fachausdrücke – der Gemeinsprache, erscheint allerdings nur in bestimmten Verwendungsformen, wie sie vom Werbevorgang gefordert werden. Mit den Sondersprachen teilt die Werbesprache „die historische und eine Art sozialer Gebundenheit"[119], insofern als die Wirtschaftswerbung eine Auswirkung kapitalistischer Produktion in einer freien Marktwirtschaft ist, die Werbesprache also von bestimmten historischen Bedingungen abhängig ist. Andererseits ist die Sprache der Wirtschaftswerbung, wie R. Römer betont[120] „nur eine Erscheinungsform eines Phänomens, das überzeitlich und nicht auf Warenanpreisung beschränkt ist; sie ist Teil eines größeren Ganzen, das wir *Propagandasprache* nennen wollen und worunter verstanden werden soll: eine Sprache, die gesprochen wird, um das Denken und Handeln von Menschen zu lenken, deren Denken und Handeln noch nicht in der Intention des Sprechers liegt, sondern dahin erst gebracht werden muß; in deren Denken und Handeln vielleicht gar Widerstände erst besiegt werden müssen."

Zusammenfassend kann die Sprache der Werbung somit als eine stark zweckbestimmte, von der Alltagssprache zumeist abgehobene schriftsprachlich geprägte Sprachauswahl mit beschreibenden, anpreisenden und überredenden Funktionen charakterisiert werden. Trotz und wegen ihrer zweckgebundenen Typik verdienen ihr hoher Erneuerungs- und Verbreitungsgrad und ihr beispielhafter Cha-

---

[118] Römer S. 203.
[119] Ebd. S. 205.
[120] Ebd. S. 206.

rakter nicht nur die beabsichtigte Aufmerksamkeit der Konsumenten, sondern auch das kritische Interesse der Sprachwissenschaftler wie der Pädagogen.

6.1 Sprachhandlungen

Die sprachwissenschaftliche und sprachdidaktische Forschung der letzten Jahre hat sich mehr und mehr von einer elementaren Systemlinguistik zur Sprachhandlungsbetrachtung entwickelt. Grundlage dieser pragmatischen Sprachauffassung ist die Berücksichtigung des Verwendungszusammenhanges sprachlicher Äußerungen. Bekanntlich erfahren alle sprachlichen Elemente in einer bestimmten Äußerung eine präzisierende Einschränkung ihrer allgemeinen (lexikalischen) Bedeutung. Zur so entstandenen (aktuellen und lokutiven) Bedeutung der Sprachzeichen tritt im Sprachvollzug (Sprechakt) eine handlungsbezogene (illokutive) Bedeutung, die den jeweiligen Sprechakt charakterisiert. Die hier nur angedeuteten Zusammenhänge sind inzwischen von Linguisten wie J. L. AUSTIN, J. R. SEARLE, D. WUNDERLICH u. a.[121] in einer besonderen Theorie der Sprechakte als den ,kleinsten Einheiten der Kommunikation' (Searle) ausführlich erläutert worden.

Eine solche handlungsbezogene Sprachbetrachtung erweist sich besonders gegenüber einer so zweckbetonten Sprachverwendung, wie sie in der Sprache der Werbung gegeben ist, als angemessen und erkenntnisfördernd. D. FLADER[122] hat daher den Versuch unternommen, Aussagen von Werbetexten, insbesondere Werbeslogans, nach pragmalinguistischen Kriterien zu analysieren. FLADER geht davon aus, daß mit jedem Werbeslogan eine bestimmte Intention verbunden ist und somit ein bestimmter Sprechakt vorliegt, der bestimmten Bedingungen und Regeln unterliegt und (im Falle des direkten Sprechaktes) durch entsprechende sprachliche Signale oder (wie besonders beim indirekten Sprechakt) nur durch bestimmte situative Konventionen bestimmt wird.

Der erste Typ in den Analysen FLADERS umfaßt die **Empfehlungshandlungen,** also die Slogans, die dem Konsumenten eine (begründbare) Auswahlentscheidung nahelegen. Der Sprechakt

---

[121] Zur Einführung in die Linguistische Pragmatik vgl. B. Schlieben-Lange, Linguistische Pragmatik, Stuttgart 1975 (Urban Tb. 189) (m. weiteren Lit.-Hinweisen).
[122] Vgl. Anm. 58.

selbst kann in unterschiedlichen syntaktischen Formen ausgedrückt werden; die Intention als solche könnte dabei jeweils durch einen Vor-Satz ‚Wir empfehlen Ihnen…‘ expliziert werden. Hier einige von Fladers Sloganbeispielen dieses Typs: *Genießen Sie* LORD EXTRA! (Zigaretten); *Schenken Sie Freude … was wäre Weihnachten ohne 4711; Nimm* VIM!; *Dash – weißer gehts nicht* (Waschmittel).

Die Einordnung des letzten Beispiels (ohne Aufforderungssignal) bedarf gewiß genauerer Prüfung. Doch spricht die Zuordnung der Begründung für FLADERS Entscheidung, die durch den obigen Satz-Zuordnungstest kontrolliert werden kann.

Der zweite Typ, die **Behauptungshandlungen,** suchen eine werbewirksame Information dem potentiellen Kunden nahezubringen, indem sie auf evtl. mögliche Fragen zur Ware antworten. Sloganbeispiele dafür sind: *Odol gibt sympathischen Atem; Badedas befreit vom Alltag; Dato bringt das neue Weiß zurück; Kaba hält dich gesund.*

Allen diesen Behauptungen kann der Satz ‚Ich behaupte, daß…‘ vorgeordnet werden. FLADER führt als Beispiele nur vollständige Aussagesätze auf. Es ist jedoch durchaus denkbar, daß auch unvollständige (und dadurch ambivalente) Aussagen wie *‚Sir Irish moos – Ausgesprochen männlich‘* oder ‚FIAT-*Autos mit Witz und Verstand‘* ebenfalls als Behauptungshandlungen aufgefaßt werden können.

Als eine dritte Gruppe **Präskriptionshandlungen** faßt FLADER diejenigen Behauptungshandlungen zusammen, ,,die definitorischen Charakter haben‘‘[123], also in generellen Sätzen bestimmte Verhaltensweisen gleichsam vorschreiben, z. B. *Männer nehmen Pitralon* (Rasierwasser); *Frauen sagen Ja zu Gallus* (Stärkungsmittel); *Die Frau von heute trägt Opal* (Strümpfe). Der präskriptive Charakter dieser Sätze wird besonders in der Verneinung deutlich: *Wer nicht Pitralon nimmt, ist kein Mann.*

Eine andere Gruppe scheinbarer Behauptungen kennzeichnet FLADER als **Versicherungshandlungen.** Es handelt sich dabei um Werbeaussagen, in denen der Slogan bestimmten Waren eine bestimmte Qualität zuspricht, die nicht bewiesen, sondern nur in der Aussage bekräftigt werden kann (‚Ich versichere Ihnen…!) und nur durch die Autorität des Sprechers wirkt. Als Beispielslogans werden

---

[123] Flader (Anm. 58), Strategien S. 90.

genannt: *Rexona läßt Sie nicht im Stich!* (Seife); *Bei 8 x 4 hat Körpergeruch keine Chance* (Seife); *Jägermeister schmeckt in allen Lebenslagen* (Kräuterlikör). Es fällt allerdings schwer einzusehen, warum nicht auch Slogans vom Typ ‚*badedas befreit vom Alltag*‘, die als Behauptungshandlung deklariert wurden, hier eingeordnet werden können (wie auch umgekehrt Versicherungshandlungen auch Behauptungshandlungen sein können).

Auch bei FLADERS nächster Gruppe, den **Beurteilungshandlungen,** fällt die Abgrenzung gegenüber den Behauptungshandlungen nicht leicht. Für die Unterscheidung wichtig erscheint hier – nach FLADER[124] die Rolle einer Fachkompetenz, die in der Aussage des Kommunikators zum Ausdruck kommen müsse. Dies sei u. a. in folgenden Slogans der Fall: *Puretta putzt prima!; Bac-Seife desodoriert im Schaum.; Ernte 23 macht das Genießen leicht; Strahler Küsse schmecken besser; Jacobs Kaffee wunderbar.; Wissoll – unendlich gut.*

Gegenüber diesen verschiedenen Arten von Behauptungshandlungen, deren Differenzierung problematisch ist, hebt sich die Gruppe der **Präsentationshandlungen** durch die hier gegebene Verbindung von Produktnamen und kennzeichnender bzw. charakterisierender Apposition deutlicher ab. Die gleichzeitige ‚Präsentation‘ dieser beiden Aussagen soll im Hörer bzw. Leser zu festen Identifikationen beider führen, weshalb derartige Slogans zumeist auch längere Zeit beibehalten werden, z. B. *Marlboro – der Geschmack von Freiheit und Abenteuer;* LORD EXTRA *– Genuß im Stil der neuen Zeit; Bommerlunder. Der große Klare aus dem Norden; Sprengel. Ein Stück Schlaraffenland;* MM *– Der Sekt mit dem gewissen Etwas.*

Auffallend ist, daß vor allem die Genußmittelwerbung (Zigaretten, Alkohol, Süßigkeiten) derartige Slogans bevorzugt.

In einer letzten (7.) Gruppe faßt FLADER ‚Grenzfälle‘ wie **Aufforderungshandlungen, Ausdrücke der ‚inneren Sprache‘** und **Meinungen** zusammen. Als Beispiele dafür werden u. a. genannt: *Erst mal entspannen – erst mal Picon; Frohen Herzens genießen* (HB-Zigaretten); *Taufrisch baden – badedas* (Schaumbad); *So richtig schick braun* (Niveacreme); *Milde Sorte – aus reiner Lebensfreude* (Zigaretten); *Bier macht den Durst erst schön; Persil bleibt Persil.*

---

[124] Ebd. S. 101 f.

Die exakte Bestimmung der hier vorliegenden Sprechakte fällt insofern schwer, als sich der jeweilige Sender/Sprecher dieser Aussagen nicht eindeutig festlegen läßt; die Infinitivkonstruktionen etwa können sowohl als Aufforderungen durch den Produzenten als auch als Wunschvorstellungen eines Konsumenten (bzw. eines ,Sekundärsenders‘) aufgefaßt werden. Ähnlich können Slogans wie ,Persil bleibt Persil‘ als Produzenten- oder Konsumentenaussage aufgefaßt werden (ergänzbar durch Sätze wie ,Wir behaupten...‘ bzw. ,Ich weiß...‘ o. ä.).

Die vorstehenden Angaben und Beispiele können bereits die Problematik verdeutlichen, die mit derartigen Sprachhandlungsanalysen in der Werbung notwendigerweise verbunden ist. Sie ergibt sich sowohl aus dem Beispielfeld ,Werbung‘ als auch aus der Sprechakttheorie und -analyse selbst. Pragmatische Analysen von Werbeslogans sind insofern schwierig, als die Werbung das Prinzip der Ambivalenz, der Mehrdeutigkeit, zum Zwecke der mehrfachen Wirksamkeit konstitutiv zu nutzen sucht. Trotzdem läßt die Zweckbestimmtheit aller Werbeanzeigen derartige pragmatische Analysen als sinnvoll erscheinen.

Die bisherige Sprechaktanalyse erweist sich zudem in der Regel als sprecherorientiert im Sinne des informationstheoretischen Kommunikationsmodells. Sie sucht zunächst die Intentionen der Sprecher (Kommunikatoren) zu bestimmen, weniger die Empfängerintentionen, auf die es bei Werbetexten im Sinne der ökonomischen Wirksamkeit der Werbung besonders ankommt. Alle Sprechaktanalysen von Werbeslogans sollten daher sowohl die mögliche Ambivalenz der Aussagen als auch die unterschiedlichen Intentionen und Verstehensmöglichkeiten berücksichtigen.

Allerdings reichen die bisherigen Analysen auch noch nicht zur vollständigen pragmatisch-kommunikativen Erfassung der Werbetexte aus, da sich die Sprechaktanalyse zumeist auf den Einzelsatz beschränkt und so nicht die Intention des Gesamttextes erfaßt. Diese ergibt sich nicht ohne weiteres aus der Summe der Einzelintentionen, sondern hängt vor allem vom Anteil und Gewicht gewisser Grundintentionen ab. Unterschiedliche Sprechakte in den Einzelsätzen können so in eine Gesamtintention eines Textes integriert sein. Die Textintentionen sind dabei häufig an die Textgliederung gebunden. Schlagzeile, Haupttext und Slogan (soweit einzeln vorhanden) weisen mitunter verschiedene Textintentionen auf, die im einzelnen bestimmt werden müssen. Die Untersuchung der kommunikativen Faktoren (vgl. S. 47ff.) kann dabei eine Hilfe sein.

Diese Überlegungen sollen an einem Beispiel verdeutlicht werden. Wir wählen dazu eine Werbeanzeige für ‚Herrenhäuser Pilsener‘ (Spiegel 24/1977):

Hier erscheint im unteren Fünftel eines Fotos eines älteren bärtigen Mannes mit langer Pfeife und Bierglas die Schlagzeile ‚*Als das Leben noch ein bißchen gemütlicher war.*‘ Sie dient offenbar der nostalgischen Transponierung der Bildvorstellung in das Früher einer idealisierten ‚guten alten Zeit‘ und bleibt darin darstellungsbezogen im Sinne der Begriffe des Bühlerschen Organonmodells[125]. Der Hinweis auf dieses Früher wird im ersten Abschnitt des Haupttextes ergänzt und präzisiert:

Früher, als Zeit noch nicht Geld war und man sich Gemütlichkeit leisten konnte – als man noch Zeit hatte für die wahren Genüsse des Lebens – damals in der guten alten Zeit wurden fast alle Biere 90 Tage gebraut.“

Bis hierher besteht der Text aus einem Gesamtsprechakt des Behauptens, stilistisch aufgegliedert in mehrere entsprechende Teilakte. Der Kommunikator verkündet einer anonymen Leserschaft aufgrund seiner nicht weiter abgeleiteten Wissenskompetenz mehrere Aussagen über die ‚gute alte Zeit‘ und die Braugewohnheiten dieser Zeit. Der Text geht dann weiter mit einem Sprechakt der Beteuerung:

Wir halten uns auch heute noch an diese goldne Regel alter Braukunst.

und rückt so den Produzenten und damit die Ausdrucksfunktion des Textes in den Vordergrund. Die Herrenhäuser-Brauerei betont ihre Verbundenheit mit alten Brautraditionen und schließt daran – wieder darstellungsbezogen – in einem weiteren Sprechakt der Behauptung die Aussage über das eigentliche Werbeobjekt, das Produkt, an:

Herrenhäuser Pilsener reift deshalb wie in der guten alten Zeit 90 Tage.

Diese Prozedur erfolge jedoch nicht um ihrer selbst willen, erläutert der folgende empfängerbezogene und somit appellative Finalsatz, der durch seine selbständige Stellung (Abtrennung vom Hauptsatz durch Punkt) besonders hervorgehoben wird:

---

[125] Vgl. S. 47 f.

Damit Sie ein Pilsener genießen können, wie es anno dazumal nicht besser war.

Diese Behauptung ist zugleich mit einem Akt der Vertrauenswerbung verbunden. Absicht des Kommunikators ist es nicht, nur die Qualität des Bieres hervorzuheben, vielmehr will er, wenn er auf die Verwendungssituation verweist, das Vertrauen des möglichen Konsumenten für dieses Produkt gewinnen. Der Slogan ,*Das Pilsener, das 90 Tage reift, Herrenhäuser.'* faßt dann die Hauptintention der Anzeige, die Betonung der Qualität, in einer Präsentationshandlung zusammen.

Die vorstehend erläuterte Anzeige ist nicht nur wegen des Zusammenwirkens mehrerer Intentionen und Sprechakte pragmalinguistisch aufschlußreich; sie vermag zugleich ein weiteres Phänomen zu verdeutlichen, mit dem sich die linguistische Pragmatik in letzter Zeit beschäftigt: die Beschaffenheit und Wirksamkeit von Präsuppositionen, also den ,,Voraussetzungen in der Kommunikation, die ein Sprecher mit einer Äußerung mitbehauptet, gleich ob die Äußerung positiv oder negativ geäußert wird."[126]

Die Herrenhäuser-Anzeige enthält eine Reihe solcher nicht explizierter Mit-Behauptungen, z. B. ,Das Leben ist jetzt nicht mehr gemütlich. – Heute ist Zeit Geld. – Man kann sich grundsätzlich Gemütlichkeit leisten. – Heute hat man keine Zeit für die wahren Genüsse des Lebens. – Die wahren Genüsse des Lebens sind erlebbar. – Heute werden nicht mehr fast alle Biere 90 Tage gebraut. – Das Brauen über 90 Tage ist eine goldene Regel der Braukunst. – Das Brauen kann mit Reifen gleichgesetzt werden. – Pilsener kann man genießen. – Herrenhäuser Pilsener ist mindestens ebenso gut wie in der guten alten Zeit (anno dazumal).

Zudem sind die Aussagen der Werbeanzeige in allgemeinere Bedeutungszusammenhänge eingebettet, die die hinter den Formulierungen stehende Konsum- und Genußideologie der Genußmittelwerbung spiegeln. Sie lassen sich etwa in folgenden Sätzen ausdrükken:

Bier ist ein gutes Genußmittel ohne negative Wirkungen. Genußmittel soll man konsumieren. Gemütlichkeit ist ein hoher Wert. Das Leben sollte aus Genüssen bestehen. Traditionsbindung ist po-

---

[126] S. S. J. Schmidt. Texttheorie, S. 236(?), zit. n. Th. Lewandowski, Linguist. Wörterbuch Bd. 2, S. 548. – Zum Komplex der Präsuppositionen vgl. S. J. Schmidt, ebd. S. 92 ff. – M. Reis, Präsuppositionen und Syntax, Tübingen 1977 (Ling. Arb. 51).

sitiv zu werten. Der Bierproduzent will den Bierkonsumenten helfen. Werbeaussagen sind zeitlos und wahr.

Jede Werbeanzeige baut in ihrer Bedeutungsstruktur (wie jeder andere Text) auf der gleichzeitigen ‚Mitwirkung' solcher Präsuppositionen auf. Mitunter wirkt eine Anzeige sogar stärker durch ihre Präsupposition als durch ihre expliziten Aussagen. Besonders Werbeslogans suchen diesen Umstand zu nutzen[127]. Auch dazu ein Beispiel, diesesmal aus der Parteienwerbung eines Wahlkampfes.

Wenn z. B. die F.D.P. im Bundeswahlkampf 1969 und 1972 den alliterierenden Slogan ‚*Vorfahrt für Vernunft*' benutzte, so konnte diese metaphorische Aussage im Kontext des Wahlkampfes als Forderung, Aufruf oder Wunschvorstellung aufgefaßt werden, der entsprechenden Partei, die damit vorgab, die Vernunft zu besitzen oder (stets) zu gebrauchen, durch die Stimmabgabe Stimmenzuwachs und damit Macht und Einfluß zu verschaffen. Das hier verwendete Bild, das geschickt den Wahlvorgang mit einer Vorfahrtsregelung im Straßenverkehr vergleicht, supponiert jedoch zugleich, daß nur diese Partei die Vernunft in der Politik besitzt und achtet, daß alle anderen Parteien, die nach diesem Bild zurückbleiben müssen, keine Vernunft besitzen bzw. unvernünftig handeln. So wird aus der metaphorischen positiven Aussage für die eine Partei zugleich eine negative Aussage für andere Parteien; ein Phänomen, das wir in ähnlicher Weise bei vielen Werbeanzeigen beobachten können.

Die übertreibende Tendenz der meisten Werbeanzeigen wird oft erst durch eine derartige Präsuppositionsanalyse deutlich.

6.2 Sprachschichten und Sprachregister

Eine wichtige Erkenntnis neuerer Sprachwissenschaft besagt, daß die Sprache einer Sprachgemeinschaft nach Herkunft und Verwendung eine recht differenzierte Erscheinung ist. Gliederungsmöglichkeiten ergeben sich hier in soziolektaler Hinsicht nach bestimmten Verwendungsbereichen (allgemeine Verkehrssprache, Fachsprachen, Alltagssprache und sonstige Bereichssprachen), nach geographischen Differenzierungen (regionale Umgangssprachen, Mischdialekte, Dialekte) und nach sozialen Abgrenzungen (Hoch- und Schriftsprache als Normsprache, schichtgebundene Kodes).

---

[127] Vgl. D. Flader, Strategien (Anm. 58), S. 164 ff.

Mit dem Begriff der ‚Sprachschichten' ist hier die soziologische Stufung der Sprachverwendung gemeint, mit dem (aus der englischen Linguistik stammenden) Begriff der ‚Sprachregister' seien vor allem stilistische Differenzierungen charakterisiert[128].

Werbetexter sind bei der Kodierung ihrer Texte darauf bedacht, die Grundsätze der Allgemeinverständlichkeit und der besonderen Wirksamkeit miteinander zu verbinden. So wählen sie meist Sprachformen, die nicht oder nur wenig vom allgemeinen Standard abweichen, zugleich aber auf die wirksame Ansprache bestimmter Schichten und Gruppen bedacht sind. Wo also in Werbetexten Abweichungen von der Norm der schriftlichen Verkehrssprache vorkommen, liegt zumeist eine besondere Wirkungsabsicht zugrunde. Einige dieser abweichenden Möglichkeiten seien hier exemplarisch aufgewiesen:

Fachsprachen: Die Fachsprachen, insbesondere der spezielle Wortschatz der einzelnen Produktions- und Dienstleistungsbereiche, gewinnen in der Sprachverwendung und Sprachforschung der Gegenwart mehr und mehr an Bedeutung. Die ständigen Differenzierungen in diesen Bereichen spiegeln sich in immer neuen Benennungen, die die Merkfähigkeit der Sprachbenutzer bereits übersteigen, so daß wiederum Vereinfachungen im fachsprachlichen Wortschatz notwendig werden. Von den so üblich gewordenen Untergruppen im fachsprachlichen Wortschatz, *Konstrukteur-* bzw. *Wissenschafts-*, *Verteiler-* und *Werkstattsprache*[129], bevorzugt die Werbung zumeist den Wortschatz der sog. Verteilersprache, der im Einzelfall mit den Benennungen in den beiden anderen Bereichen identisch sein kann, mitunter jedoch davon abweicht.

Solche fachsprachlichen Ausdrücke finden sich gehäuft in Anzeigen für technische Produkte (Autos, Maschinen, Foto- und Elektrogeräte) und in Anzeigen der pharmazeutischen Industrie, insbesondere für rezeptfreie Arzneimittel. Der Gebrauch des fachsprachlichen Wortschatzes ist in Anzeigen der Fachzeitschriften und Fachprospekte selbstverständlich. Aber auch in den Anzeigen und Werbesendungen für den ‚Laien' wimmelt es mitunter von fachsprachli-

---

[128] Zum Registerbegriff vgl. E. W. B. Hess-Lüttich, Das sprachliche Register. Der Register-Begriff in der britischen Linguistik und seine Relevanz für die angewandte Sprachwissenschaft, in: deutsche sprache 2/1974, 269 ff.
[129] Zu dieser Differenzierung vgl. H. Ischreyt, Studien zum Verhältnis von Sprache und Technik, Düsseldorf 1965 (Sprache u. Gemeinschaft VI) S. 206 ff.

chen Ausdrücken. Sie sollen hier oft nicht nur der Information über technische oder medizinische bzw. pharmazeutische Einzelheiten dienen, sondern auch den Eindruck des technischen Fortschrittes, der technischen und wissenschaftlichen Zuverlässigkeit vermitteln oder verstärken, haben also dann eine Art Alibifunktion:

N.D.C.R.
Yamaha, weltweit Markenbegriff für hochwertige HiFi-Anlagen, mißt seine Stereokomponenten nach neuen Maßstäben. Nennen wir sie ‚musikgewordene Meßdaten‘ und sachlich NDCR (Noise Distortion Clearance Range), also der rausch- und verzerrungsfreie Bereich.
Eine Zauberformel für ein neues Meßverfahren, bei dem der Mensch in den schöpferischen Geist der Technologie einbezogen wird.
Das heißt, erstmals werden Klirrgrad, Intermodulation und Rauschen zusammen gemessen und durch einen Wert gekennzeichnet. Und das nicht nur bei einer Frequenz, sondern zwischen 20 Hz und 20 kHz...

(Yamaha-Stereo-Geräte)

Hinter dem exklusiven Komfort steht das technische Konzept, das den Simca 1307/1308 so erfolgreich gemacht hat. Fortschrittliche Technik: Quermotor, Frontantrieb, Transistorzünder, Einzelradaufhängung. Komplette Sicherheitsausstattung: Zweikreisbremssystem, stoßabsorbierende Prallflächen, computerberechnete Knautschzonen, Verbundglaswindschutzscheibe, Kopfstütze, Automatik-Sicherheitsgurte und vieles andere mehr.

(Simca-Autowerbung)

Der Anteil des Fachwortschatzes der einzelnen Branchen ist in den Anzeigen weitgehend abhängig von der Gegenstandswahl und der intentierten Zielgruppe. So enthalten Werbungen für technische Haushaltsgeräte, soweit sie vor allem für Hausfrauen bestimmt sind, weniger technische Angaben als beispielsweise Werbungen für Heimwerkergeräte, bieten Anzeigen der Kreditinstitute zur Sparerwerbung weniger wirtschaftswissenschaftliche Fachbegriffe als etwa Anzeigen zur Aktienwerbung.

Fremdwörter: Was zum Fachwortschatz in der Werbung gesagt wurde, gilt in noch stärkerem Maße für die Fremdwörter in den Werbetexten. Als ‚Fremdwörter‘ werden bekanntlich in der Regel die Wörter fremdsprachlicher Herkunft angesehen, die in unserer Sprache als fremd wirken und in Lautung und Form nicht assimiliert worden sind[130]. Daß es sich dabei um recht unterschiedliche Grup-

---

[130] Zur Problematik des ‚Fremdwortes‘ vgl. Bernhard Sowinski, Deutsche Stilistik, Frankfurt ³1978, S. 250 (Fischer Tb. 6147). – K. Heller, Das Fremdwort in der deutschen Sprache der Gegenwart, Leipzig 1966. – G. Augst, Sprachnorm und Sprachwandel, Frankfurt 1977 S. 66 ff.

pen mit recht unterschiedlichem Geltungswert handelt, soll hier ebenso wie die sprachpuristische Frage nach der Notwendigkeit oder Ersetzbarkeit einzelner Fremdwörter nicht weiter erörtert werden. Da im technischen wie im wissenschaftlichen Bereich Neuerungen aus dem Ausland oft mit ihrem fremden Namen eingeführt werden, zudem das Bemühen um internationale Verständigung häufig die Verwendung von fremdsprachlichen ‚Internationalismen' bedingt, ist die Verwendung von Fremdwörtern in diesen Bereichen oft selbstverständlich. Auch ein großer Teil des Fachwortschatzes mancher Branchen besteht aus Fremdwörtern.

Für den Werbetexter ergibt sich oft die Frage, ob er zur besseren Wirksamkeit Fremdwörter oder heimische Wörter (soweit dafür vorhanden) verwenden soll. Fremdwörter in Werbetexten haben deshalb ebenso wie Fachwörter mitunter eine doppelte Funktion. Auch hier ist der Informationswert manchmal geringer als der Wirkungswert. Ihre Verwendung soll den Werbetexten (und den angepriesenen Produkten) oftmals den Anstrich von technischer Perfektion, Weltweite, Prestige, Bildung oder Modernität verleihen. Auch hierfür nur einige exemplarische Belege aus Werbetexten:

Voll integriertes Zubehör, z. B. der Automatic-Winder und ein kameragesteuerter Auto Electroflash, erweitert die Möglichkeit zu unübertroffener Variabilität. *(Minolta-Kameras)*

Ein Schritt in die Zukunft. Die Funktion einzeln kombinierter HiFi-Bausteine. Verbunden und geordnet. Sachlich-ästhetisch im Design. Doch ohne den nüchternen Labor-Look. Hi-Fi-Plattenspieler mit Stroboskop. Getrennter Vor- und Endverstärker: viel besseres Klangergebnis durch Wegfall von Streueinwirkungen. Tuner mit Feldeffekt-Transistor und Dreifach-Drehkondensator... *(Toshiba-Stereo-Anlagen)*

Als besonders anfällig für Fremdwörter sind die Werbungen für elektronische Geräte, technische Geräte, Kameras, Kosmetika, Flugreisen, Whiskys und Modeartikel.

Häufig auftauchende Fremdwörter aus Werbetexten dieser Branchen sind: *Service, Styling, know how, Sound, Toast, Terminal, Container, Longdrink, nonstop, Top-Management, fit, komplett, Niveau, Aroma, Flair, Deodorant, Deospray, Dekor, Tonic Water, Jeans, Look, Pre bzw. After shave u. a. m.* Mitunter werden auch deutschsprachige und fremdsprachige Elemente kombiniert:

Farb-Portable, Frontspoiler, Unterflur-Container, Enriched-Flavour-Geschmacksverfahren, Geräuschniveau, Cholesterinspiegel, Körperlotion, Duftspray u. a. m.

Die internationale Ausweitung der Märkte für bestimmte Produkte führt gelegentlich auch zu fremdsprachigen Anzeigen in Medien, die ein sprachenkundiges Publikum voraussetzen (z. B. Der Spiegel). Die Übersetzung erfordert erhöhte Aufmerksamkeit und führt so zu einem höheren Erinnerungswert dieser Werbung. Meistens dürfte aber auch hier das Streben nach Fremdheit und Exklusivität in der Werbung Motiv dieser Sprachwahl sein, z. B. *Prototipo di Milano? – No, styled by Leyland* (Leyland R7 – Autowerbung, mit sonst deutschen Angaben); *C'est ça* (Eminence-Herrenunterwäsche).

Dem Streben nach fremdländischem Eindruck entspringt auch die orthographische Verwendung von C statt Z oder statt K, z. B. in Cigaretten, Citrone, Cosmetic, Camera u. ä.

Der Verwendung von Fremdwörtern oder fremdsprachigen Zitaten in größerem Umfang sind allerdings durch den Zwang zur leichten Verständlichkeit der Werbetexte Grenzen gesetzt.

Umgangs- und Alltagssprache: Die Rücksichtnahme auf ein möglichst großes Publikum und auf optimales Verstehen veranlaßt die Werbetexter, in der Regel die Sprachform mit der höchsten kommunikativen Geltung und der besten Verständlichkeit zu wählen, als die allgemein die Schriftsprache angesehen wird. Allerdings ist dabei häufig eine mehr oder weniger große Nähe zur Umgangssprache festzustellen. Manche Werbetheoretiker empfehlen dies sogar, um die Werbung bei bestimmten Produkten verständlicher und wirksamer zu machen.

Mitunter werden für bestimmte Werbetexte deshalb auch Sprachformen der Umgangssprache und Alltagssprache gewählt, vor allem dann, wenn Zitate bestimmter ‚Sekundärsender' den Eindruck der Originalität und Glaubwürdigkeit erwecken sollen oder wenn durch die Verwendung von Ausdrücken aus bestimmten Gruppenjargons eine Zielgruppe (z. B. Jugendliche, Arbeiter u. a.) besonders angesprochen werden soll.

Merkmale für Sprachformen aus Umgangs- und Alltagssprache sind z. B.:

a) die Auslassung von Satzteilen (Ellipsen): *Stimmt. Sauber ohne viel Rubbeln.* (wipp-express-Waschmittel)
   (Hier ist allerdings zu beachten, daß die Auslassung von Satztei-

len auch ein beliebtes schriftsprachliches Stilmittel der Werbesprache ist, um Kurzsätze zu erreichen).

b) regelwidrige Satzkonstruktion (Anakoluth): *Ich trinke Jägermeister, weil immer, wenn ich Erwin den Marsch blase, marschiert er ins Wirtshaus.* (Jägermeister-Kräuterlikör)

c) Fragenwiederholung aus wörtlichen Reden: *Warum wir ein Postsparbuch haben? Damit kommen wir bei der Post an unser Geld. Auch im Ausland.* (Postsparkassenwerbung)

d) Isolierte Satzteile oder Kurzsätze (umgangssprachlicher Art): *Beim Galopprennen nur zusehen ist zu wenig. Richtig Spaß hat, wer mitmacht, mitknobelt. Sich ein Pferd rauspickt. Das dann verfolgt. Mitzittert. Geld gewinnt. Freunde zu einem frischen Bier vom Faß einlädt...* (Galopprennen-Werbung)

e) Umgangssprachliche Ausdrucksweisen: *Cynar hat so was.* (Cynar-Apperitif); *In Danone kommen auch die kleinen Früchte ganz groß raus.* (Danone-Yoghurt); *Einen Skoda kann sich jeder leisten, ohne groß zu sparen.* (Skoda-Autowerbung); *Wenn schon, denn schon...* (Scharlachberg-Weinbrand)

f) Vokalauslassungen (Apokope, Synkope): *Frisch gezapft schmeckt's immer noch am besten.* (Veltlin-Bier); *Es gibt viel zu tun. Packen wirs an.* (Esso-Werbung)

g) Du- bzw. Ihr-Anrede: *Komm rüber. Die Freiheit ist noch nicht ausverkauft* (Kanada-Werbung); *Auf dieser ‚Bank' habt Ihr in drei Jahren bis zu 808,90 DM mehr in der Tasche... Eine dufte Sache, die Euch bereits nach 7 Jahren fast den Kaufpreis Eurer Ultra einspart...* (Herkules-Motorrad-Werbung)

Gruppensprachen: Obwohl die Werbesprache aus Gründen der größeren Effektivität gelegentlich Elemente der Alltagssprache aufnimmt, ist sie keine Sprache der alltäglichen Kommunikation. Sie ist so auch keine Sprache einer bestimmten sozialen Schicht. Die von der Soziolinguistik erarbeiteten Sprachtypen eines elaborierten oder restringierten Codes sind auf sie nicht anwendbar, auch wenn manche Werbetexte elaborierte Sprachzüge (mit ausführlicherer Syntax, reicherer Wortwahl u. a.), andere dagegen restringierte Sprachzüge (kurze z. T. unvollständige Sätze, begrenzter Wortschatz, Stereotypen u. a.) aufweisen. Was Werbetexte von diesen soziolinguistischen Sprachtypen unterscheidet, ist das Fehlen einer Bindung an bestimmte soziale Sprecherschichten.

Wie schon die bisherigen Beispiele zur Fachsprache wie zur Alltagssprache zeigten, nehmen die Werbetexter mitunter auch Rücksicht auf gruppensprachliche Ausdrucksweisen. So finden sich z. B. gelegentlich auch Anzeigen, die den Altersjargon vieler Jugendlicher in ihre Formulierung einbeziehen, besonders in Anzeigen für jugendnahe Produkte in Jugendzeitschriften, z. B.

(Schlagzeile):
Honda CB 125 S. Das rassige Motorrad. Sportlich. Schnell. Ausdauernd. Wirtschaftlich.

(Haupttext):
Hallo Fans! Hier fängt das Motorrad an. Jetzt könnt Ihr fahren. Fahren, was das Zeug hält. Schwingt Euch doch mal auf die Honda CB 125 S. Und ab geht die Post. Erlebt ein Motorrad. Ein richtiges, quicklebendiges Motorrad. Honda CB 125 S...
Der Anteil nur gruppenbezogener Sprachformen ist allerdings im Vergleich zur Gesamtheit der Werbetexte gering. Die meisten Texte bevorzugen eine gruppen- und schichtenübergreifende Sprache, die von möglichst vielen Konsumenten verstanden wird.

Regionalsprachen und Dialekte: Die regional gefärbten Umgangssprachen und die Mundarten (Dialekte) können als eine andere Form der Gruppensprachen (Soziolekte) angesehen werden. In der überregionalen Anzeigenwerbung tauchen solche Sprachvarianten nur selten auf. Sie sollen dann die Herkunft der Ware oder der Sekundärsender signalisieren, gelegentlich auch als angemessener Soziolekt eine besondere Zielgruppe ansprechen, z. B. in einer Anzeige der Firma Metabo (Werkzeuge)[131]:

Des ischt die neue Stichsäg' ,,Walter'' von Metabo. Die ischt von uns Schwobe g'macht für alle Leut', die schaffe und spare wie mir. Des mit dem Schaffe und Spare hat sei oigene Bewandtnis bei uns. Aber das verzählet mir besser in Schriftdeitsch. Also: Schaffen heißt bei uns... (Fortsetzung in Schriftsprache).

Regional begrenzte Werbungen (besonders Plakatwerbungen) nutzen häufiger die Wirkung des Dialekts, vgl. z. B.: *Sauba – sag'i* (Werbung der städt. Bäder Münchens, mit doppelter Bedeutung von sauber: 1. schmutzfrei, 2. gut).

---

[131] Zit. n. Praxis Deutsch 1/1978, S. 58.

6.3 Satzbau

Der Satzbau in den Werbetexten wird durch die Erfordernisse der appellativen Kommunikation bestimmt. Leser oder Hörer von Werbetexten sind meistens nicht auf ein aufmerksames Aufnehmen dieser Texte eingestellt. Werbetexte müssen deshalb schnell und leicht verstanden werden können. Längere Satzgebilde sind dafür ungeeignet. Bevorzugt werden daher Kurzsätze (von etwa 1–7 Wörtern) oder Sätze mittlerer Länge (mit etwa 8–20 Wörtern.[132].

Kurzsätze finden wir besonders in Schlagzeilen und Slogans und im Haupttext textarmer Anzeigen. Sie sind aber auch ein beliebtes Stilmittel mancher längeren Werbetexte, wo sie zuweilen im Wechsel mit längeren Sätzen erscheinen, vgl. z. B.

Klüger wird man nur durch Fragen. Aber manchmal ist es gar nicht so einfach, die richtigen Fragen zu stellen, besonders, wenn es um so wichtige Dinge wie Geld geht... *(Volksbanken/Raiffeisenbanken-Werbung)*

Der Eindruck von Kurzsätzen wird oft auch dadurch erreicht, daß wichtige Satzglieder oder Nebensätze verselbständigt werden, durch Punkte vom eigentlichen Satzganzen getrennt werden (sog. Isolationen oder Nachträge), z. B.

Wir beraten Sie umfassend. Über alle Vorteile beim Bausparen. Über Prämien und Steuervergünstigungen. Und über die Spargeschenke für Arbeitnehmer und Wehrpflichtige... *(Öffentl. Bausparkasse)*

Ein neuer Audi. Der Audi 100 Avant.
Die neue Form der Limousine. Groß. Komfortabel. Elegant. Mit einer Heckklappe. Hinter der verbirgt sich variabler Raum: erstens der Gepäckraum, zweitens eine Fondsitzbank zum Umklappen. Der Gepäckraum wächst auf 1.113 Liter, auf 1,60 m Länge. Lang genug für die Ski. Groß genug für ein Schlauchboot. Und wenn Sie am Steuer sitzen, genießen Sie das Fahrgefühl der souveränen Limousine. 87 kW (115 PS). Spitze 179 km/h. Mit dem Audi-Frontantrieb. Dem sicheren diagonalen Bremssystem. Den perfekten Sitzen. Der Audi 100 Avant hat von allem etwas mehr, als man braucht... *(Audi-Auto-Werbung)*

Manche Anzeigentexte beschränken sich in bestimmten Textteilen auf Stichwörter oder Einzeldaten, die durch Punktabtrennung Satzwert erhalten sollen:

Sätze mittlerer Länge finden sich vornehmlich in erläuternden Passagen des Haupttextes informationsreicher Werbetexte, beson-

---

[132] Vgl. Anm. 116 und entsprechende Angaben bei W. Brandt (Anm. 48).

ders für pharmazeutische Präparate, technische Produkte, Touristik- und Bücherwerbungen u. ä. Vgl. folgende Textauszüge:

Lacalut aktiv 5, die medizinische Zahncreme mit der 5-fach Wirkung, sorgt mit ihrer patentierten Kombination von Grund- und Wirkstoffen für die Gesunderhaltung von Zähnen und Zahnfleisch.
Dieses Gerät in dieser Anzeige stellt alles in den Schatten, was Sie über Farbfernsehgeräte gehört oder gelesen haben. Diese Anzeige stellt den ersten Farbfernseh-Computer der Welt vor, der Ihre Wünsche erfüllt – mehr: Dieses Siemens-Farbfernsehgerät merkt sich Ihre Fernsehwünsche.

Während in den Untersuchungen R. Römers die kurzen Sätze und die Sätze mittlerer Länge etwa gleichstark vertreten sind und über 90 % aller Sätze ausmachen, haben dort nur 8,6 % der Sätze mehr als 20 Wörter. Solche *Langsätze* finden sich fast nur in anspruchsvolleren Informationen bestimmter Werbeanzeigen, die nicht dem Massenkonsum dienen.

Von den *Satzarten* überwiegt in allen Anzeigen verständlicherweise der **Aussagesatz** im Indikativ. Als Hauptform, in die Aussagen über die Produkte und Dienstleistungen sowie über die Situation der Konsumenten kodiert werden, ist der Behauptungssatz anzusehen. Alle Werbung bevorzugt bestimmte Aussagen, die keine Zweifel zulassen sollen.

Als weitere, den appellativen Werbetexten besonders gemäße Form haben **Aufforderungssätze** zu gelten, wie sie vor allem in Schlagzeilen, Slogans sowie am Anfang und Ende des Haupttextes von Werbeanzeigen begegnen. Verkürzte Sätze können dabei oft ambivalent als Aussagesätze oder Aufforderungssätze begriffen werden.

Fragesätze sind in der unilateralen Werbekommunikation eigentlich nur als rhetorische Fragen möglich, die den angesprochenen Rezipienten zu besonderer Aufmerksamkeit veranlassen sollen. Lediglich in den Dialogszenen mancher Werbesendungen wie auch vereinzelter Werbeanzeigen finden sich Antworten auf gestellte Fragen durch einen anderen Sprecher, wobei diese Antworten meistens Teil der Werbeaussagen oder Werbeempfehlungen sind.

Ausrufesätze sind zumeist als gesteigerte (vollständige oder verkürzte) Aussagesätze vor allem in Slogans, gelegentlich auch in anderen Textteilen anzutreffen. Auch sie dienen der Aussageverstärkung. Als zustimmende Ausrufe von abgebildeten oder eingeschalteten ‚Sekundärsendern' zielen sie oft auf Identifikation und gleichartige Zustimmung zum Werbeobjekt.

6.4 Wortbildung

Die Tendenz jeder Werbung, ihre Werbeobjekte hervorzuheben und interessant und begehrenswert zu machen (Informations- und Reizfunktion) verlangt, daß das Interesse der möglichen Konsumenten auch durch Besonderheiten des Wortschatzes im Werbetext geweckt wird.

Zu den Möglichkeiten, den Wortschatz der Werbetexte zu variieren und zu erweitern, gehören neben Entlehnungen aus Fachsprachen, Fremdsprachen und aus anderen Sprachbereichen die verschiedenen Formen der Wortbildung. Man unterscheidet dabei Neuschöpfungen, Zusammensetzungen und Zusammenschreibungen sowie Ableitungen[133].

6.4.1 Produktnamen

Innerhalb der sprachlichen Neuschöpfungen bilden die Produktnamen die größte Gruppe, die zudem durch neue Warenbezeichnungen stets erweitert wird. Produkt- oder Warennamen sind ein Ergebnis der neuzeitlichen Markenartikelfabrikation. In Zeiten, in denen nur die Produktgattungen (z. B. Mehl, Salz, Öl, Bier usw.) gehandelt wurden, benötigte man dabei wenig Differenzierungen. Die ersten Unterscheidungen innerhalb der Produktgattungen dürften Herkunftsnamen gewesen sein (z. B. Edamer Käse, Pilsener Bier, Brüsseler Spitzen usw.), die schließlich zu eigenen Gattungsnamen wurden. Familiennamen von Erfindern, Herstellern oder auch von Händlern bilden eine weitere Art der Produktbenennung und -differenzierung, die auch heute noch begegnet (vgl. z. B. Miele-Waschmaschinen, Grundig-Radios, Ford-Pkws usw.). Die Zunahme in der Differenzierung der Produkte wie der Konkurrenz der Produzenten und Warenvertreiber und deren Bestreben, durch einen hohen Bekanntheitsgrad den Marktanteil ihrer Waren zu steigern, hat schließlich zur ständigen Zunahme der Produktnamen geführt.

---

[133] Vgl. W. Fleischer, Wortbildung in der deutschen Gegenwartssprache, Tübingen ⁴1975. – R. Römer (vgl. Anm. 3), S. 35 ff.

Zur Vermeidung unberechtigter Imitationen von Produktnamen u. ä. können seit 1874 Warenzeichen, seit 1894 auch Wortzeichen (z. B. Warennamen) durch Eintragung in die Zeichenrolle des Patentamtes gesetzlich geschützt werden. Bis Ende 1965 waren bereits 251431 Warenzeichen (Wort- und Bildzeichen) eingetragen; hinzu kamen 40918 geschützte ausländische Markenzeichen in der Bundesrepublik[134]. Natürlich beziehen sich viele dieser Namen auf längst vergessene Firmen und Waren; andere Produkte tragen ihren Namen schon sehr lange, sind seit Generationen bekannt und haben inzwischen ihre eigene Wirkungsgeschichte, „die oft mit der Wahl des richtigen Namens verknüpft ist."[135]

Der Produktname ist in der modernen Marktwirtschaft ein unerläßliches Attribut jeder firmengebundenen Ware. Durch den Namen wird die Ware gleichsam individualisiert, hebt sie sich als ‚Markenartikel' von anderen Waren der gleichen Produktgattung ab und tritt mit ihnen in einen Wettbewerb, der durch die Werbung sehr stark gesteuert wird.

Produktnamen sind dennoch keine Eigennamen in der Art von Vor- oder Familiennamen oder Ortsnamen, auch wenn solche mitunter namengebend gewirkt haben; aber auch als Gattungsnamen (Appellativa) wie andere Dingnamen kann man sie nicht auffassen. Vom Eigennamen trennt sie die Artikelfähigkeit (z. B. eine Stuyvesandt, ein Steinhäger usw.), von den Gattungsnamen die Firmenbindung. Es gibt jedoch auch Fälle, wo aus einem Produktnamen einer Firma ein Gattungsname wird, der auch auf gleichartige Produkte anderer Firmen übertragen wird und dementsprechend nicht mehr rechtlich geschützt werden kann. So werden heute die einstigen Firmennamen *Cellophan, Kölnisch Wasser, Knirps, Leitzordner, Vaseline* bereits als bloße Gattungsnamen verwendet. Andere Warennamen wie *Tempotücher, Tesafilm, Höhensonne, Starmix* sind in der Entwicklung zu Gattungsnamen.

Der Benennung von Produkten und der damit verbundenen Umwandlung zu Markenartikeln liegen verschiedene Prinzipien zugrunde, die ein interessantes Kapitel deutscher Wortbildung ausmachen. Folgende Benennungstypen kommen dabei in Frage[136]:

---

[134] Angaben n. R. Römer (Anm. 3) S. 59 f.
[135] Bongard, Fetische (Anm. 10) S. 158.
[136] n. R. Römer, Anzeigenwerbung S. 61 f.

1. die Benennung der Ware nach Eigennamen, z. B. nach dem Firmengründer oder -inhaber, z. B. *Opel, Ford, Grundig, Underberg, Söhnlein, Bosch, Diesel, Siemens, Neckermann, Rosenthal, Oetker, Asbach, Henckell, Porsche,* mitunter auch verfremdet als Abkürzungen: MM (Matthäus Müller-Sekt), *esde* (Schulte & Dickhoff-Strümpfe), *ergee* (Strümpfe der Fa. E. E. Rössler, fr. Gelenau), *elbeo* (Strümpfe der Fa. L. Bahner, fr. Oberlungwitz);

nach dem Firmennamen, auch z. T. als Abkürzung: *Volkswagen*/VW, AEG (Allg. Elektrizitätsgesellschaft), *Agfa* (AG. f. Anilinfarbenfabrikation), BASF (Badische Anilin- und Sodafabrik), *Daf* (Dutch Auto Fabrieken); nach Vornamen: z. B. *Mercedes* (Name der Tochter des Firmenmitinhabers), *Isabella* (fr. Auto der Borgward-Werke);

nach historischen oder literarischen Persönlichkeiten: *Peter Stuyvesandt* (Zigaretten), *Astor* (Zigaretten), *Puschkin* (Wodka);

nach geographischen Namen: *Taunus, Granada, Ascona* (Pkws), *Olympia* (Büromaschinen), *Atika, Luxor* (Zigaretten).

Zwischen solchen persönlich motivierten Produktnamen und den Produkten selbst bestehen keine kausalen Beziehungen (außer vielleicht historischen oder phantasiegebundenen). Die Namen sind auch keine ,sprechenden Namen', die das Produkt irgendwie erläuternd kennzeichnen. Bei Firmennamen kann lediglich das Gesamtimage der Firma zusätzliche Kaufmotivationen vermitteln. Solche Artikelnamen werden daher auch bevorzugt variiert durch Zusatznamen, z. B. *Ford Capri, Opel Ascona, Maggis Hühnersuppe* usw.;

2. die Benennung der Produkte nach isolierten Wörtern (Simplizia oder Komposita) einer natürlichen (deutschen oder fremden) Sprache, wobei zwischen Produktnamen und Produkt ebenfalls kein kausaler oder sachlicher Zusammenhang besteht, vielmehr meistens nur ein konnotativer Zusammenhang im Sinne einer Aufwertung, Leistungsunterstreichung oder Exotisierung beabsichtigt ist (was auch bereits bei historischen oder geographischen Namen der ersten Gruppe der Fall war): z. B. *Kult* (Seife), *Diplomat* (Füllhalter), *Sir* (Kosmetika), *Prestige* (Duftwasser), *Fakir* (Teppichklopfer), *Passat* (VW-Pkw), *Lord* (Zigarette), *Irischer Frühling* (Seife), *Mon cheri* (Pralinen), *Krone* (Zigaretten);

3. die Benennung von Waren mit Wortneubildungen aus unterschiedlichen Elementen, z. B. Zusammensetzungen bekannter oder fremder Wortteile, Reduzierungen oder Umbildungen bekannter

oder wissenschaftlicher Bezeichnungen, exotisch wirkende Neubildungen, Buchstaben-, Silben- und Zahlenkombinationen u. dgl. Dabei kann ein semantischer Bezug zur Eigenart oder Qualität der Ware vorliegen, vermutet werden oder fehlen (vgl. z. B. ATA, IMI, OMO). Wichtig ist hierbei vor allem die Eindruckswirkung des Namens. Bevorzugte Bildungselemente, die die Mitbedeutung von wissenschaftlicher Zuverlässigkeit signalisieren sollen, sind lateinische und griechische Wort- und Silbenteile. Besonders im pharmazeutischen, hygienischen und kosmetischen Bereich sind solche Namenbildungen häufig. Andere Namen verweisen auf chemische oder technische Sinnbezüge oder Anklänge. Namen dieser Gruppen sind z. B. *Odol* (Mundwasser), *biovital* (Stärkungsmittel), *Sanella* (Margarine), *Delial* (Sonnenöl), *Vivimed* (Schmerzmittel), *Wellaform* (Haarpflegemittel), *perwoll* (Waschmittel), *Aspirin* (Schmerzmittel), *Hostalen* (Kunststoff), *Sinalco* (Limonade), *Starmix* (Küchengerät) usw. Muster für derartige Kombinationsnamen waren etwa Bildungen wie *Persil* (seit 1907) aus Perborat und Silikat, *Sinalco* (aus: sine alcohol), *suwa* (aus Sunlicht-sunlight-Waschmittel), *Onko*-Kaffee (aus: ohne Koffein).

Mitunter begegnen auch Mischungen aus verschiedenen oder mehreren gleichartigen Benennungstypen, z. B. *buerlecithin* (aus: Dr. Buers Lecithin), *Tabac Original Deodorant Spray, blend-a-med*. Produktnamen aus rein deutschen Elementen finden sich dagegen seltener (z. B. *badedas, duschdas* (Bademittel), *seiblank* (Bohnerwachs), *Lebewohl* (Hühneraugenpflaster)); Kombinationen aus deutschen und fremden Elementen sind dagegen häufiger anzutreffen (z. B. *blankin* (Staubtuch), *Blendax* (Zahncreme), *Birkin* (Haarwasser)).

Die knappe Übersicht über typische Beispiele der Produktnamengebung zeigt, daß echte Neuschöpfungen aus bisher ungenutzten Lautelementen auch hier nicht allzu häufig sind. Die vielberufene Kreativität der Namengebung (zu der mitunter sogar durch Preisausschreiben u. ä. aufgerufen wird) bezieht sich oft nur auf die geschickte eindrucksvolle Kombination bereits vorhandener Elemente.

6.4.2 Andere Neuschöpfungen

Eigennamen werden mitunter auch zu anderen Wortschöpfungen umgeformt, die man zu den Neuschöpfungen zählen könnte, beispielsweise wenn aus dem Produzentennamen *Birkel* ein neues Verb *birkeln* für die Verwendung bestimmter Nudeln gebildet wurde (analog etwa zu *röntgen*). Die Bildung *glänzern* ist dagegen schon eine Ableitung aus dem Produktnamen *Glänzer* (+ n). Inwieweit sich diese und andere Wortbildungen der Werbesprache (z. B. das Adjektiv *urig*) halten oder gar in die Gemeinsprache eindringen, muß abgewartet werden.

Auch die zahlreichen neuen Benennungen der jeweiligen Modefarben sind, auch soweit es sich um Simplizia handelt, keine Neuschöpfungen, sondern Übertragungen (Metaphern) aus anderen Bezeichnungsbereichen, vgl. z. B. *bronze, cognac, gift, honig, koralle, lind, antilope, moor, muskat, brandy* usw.

6.4.3 Zusammensetzungen (Komposita)

Die Kombination zweier oder mehrerer selbständig möglicher Wörter oder Wortteile zu einem neuen Wort mit spezieller Bedeutung, die Form der Zusammensetzung oder des Kompositums also, ist die weitaus häufigste Form der Wortbildung in der Werbesprache. Komposita kennen zahlreiche Variationsmöglichkeiten und eignen sich so für unterschiedliche Aussagezwecke. Durch sie kann man Aussagen über Sachverhalte und Gegenstände beliebig differenzieren und variieren. Durch Komposita können zudem längere Aussagen in einem Wort zusammengefaßt und somit gehäuft werden. Das Bestreben nach sprachlicher Informationssammlung wie nach sprachlicher Ökonomie kann so leicht realisiert werden.

Wie in den Fachsprachen der Technik und der Verwaltung, so bleiben auch hier die Komposita nicht frei von Aufschwellungen und Überladungen. Bindestriche oder Getrenntschreibungen (nach englischem Vorbild) sollen daher oft die Übersicht erleichtern, mitunter auch das Wort besonders hervorheben. Manchmal sind Komposita auch mit Wortreduktionen verbunden.

Komposita können nach der Bildungsweise verschieden gegliedert werden, quantitativ nach der Zahl der Glieder, qualitativ nach der Art der verbundenen Wortarten. Die einzelnen Kompositatypen sind in der Werbesprache unterschiedlich stark vertreten. Anhand einer Auswertung von 164 Komposita aus 10 Anzeigen für Waren verschiedener Branchen soll dies einmal exemplarisch verdeutlicht werden.

Von den 164 Komposita waren 108 = 67 % zweigliedrig, z. B. *Waschkraft, handwarm, Gardinen-Spezialist, Intensiv-Kur, Spezialkur;* 46 = 28 % dreigliedrig, z. b. *Spezial-Waschkraft, sanella-Versuchsküche, hustenreizstillend, Naturkäsescheiben, Luxus-Jubiläumsausstattung;* 9 = 5 % viergliedrig, z. b. *Hals- und Rachenrheila, Spitzen Super 8-Technik, Dual HiFi-Beratungsscheck, Plurifol-Papier-Druckplatten, Halogenzusatzscheinwerfer;*

1 = 0,7 % sechsgliedrig: *Thermoplus 1.4 Wärmeschutz-Isolierscheibe.* Aufschlußreicher ist die Gliederung nach den Bestandteilen der Komposita. Sehr häufig findet man die Kombination Substantiv + Substantiv (hier: 117 von 164 = 71 %), z. B. *Schmutzbremse, Zahncreme, Tee-Idee, Geräuschspannungsabstand, Erfolgsausweis, Gute-Laune-Recorder.*

Dabei handelt es sich fast nur um Determinativkomposita, bei denen vorgesetzte Wörter, die eine bestimmte Sache substantivisch kennzeichnen, das zuletztstehende Grundwort näher bestimmen.

Ähnliche Funktionen hat die Kombination Adjektiv + Substantiv (hier: 16 von 164 = 10 %), z. B. *Voll-Elektronik, Intensiv-Kur, Vitalkraft, Breitbandtonikum, 5-fach-Wirkung.* Hier wird also die Eigenschaft des substantivischen Elements näher bestimmt (häufig positiv gesteigert).

Weniger oft erscheint die Kombination Verb + Substantiv (hier: 8 = 5 %), in denen ein vorgesetztes Verblexem den Verwendungsbezug oder die Leistung des Substantivelements erläutert, z. B. *Färbetest, Vorbeuge-Rheila, Saugstärke, Trimm-Fixe, Waschkraft.*

Auch bei den Adjektivkomposita finden sich drei Haupttypen, die allerdings nicht so zahlreich wie die Substantivkomposita vertreten sind: Adjektiv + Adjektiv (hier: 7 = 4 %): Neben traditionell gebildeten Determinativkomposita, bei denen wiederum das 1. Element das 2. näher bestimmt (z. B. *langanhaltend, feingeräuchert*) kennt die Werbesprache auch Kopulativkomposita, bei denen die Wirkung durch Koppelung verschiedener gleichwertiger (mitunter auch gleicher) Aussagen gesteigert werden soll, z. B. *flauschig-frisch, fruchtig-frisch, locker-leicht, braunbraun.*

Häufiger ist die Kombination Substantiv + Adjektiv (hier: 13 = 8 %) in der durch das vorgesetzte substantivische Element zumeist der Verwendungs- oder Zielbereich oder eine Vergleichsgröße angegeben wird, z. B. *pflegeleicht, naturmild, apfelblüten-frisch, schranktrocken, schnittfrisch.* Die Verbindung Verb + Adjektiv, bei der das Verblexem ähnlich die Verwendung oder einen Vergleich angibt, begegnet seltener (hier: 3 = 2 %), z. B. *streichzart, streichelzart, bügelfeucht.*

Interessant wäre auch eine Trennung nach Komposita, die nur der Sachinformation dienen, wie z. B. *Digital-Uhr, Wäschetrockner* u. ä., und solchen, die durch auffällige Bildungen eine zusätzliche Werbewirkung anstreben, wie z. B. *apfelblüten-frisch, Gute-Laune-Recorder, Motorenöl-Erfahrung, löwenherb* (Löwenbräu-Bier). Ob man bei derartigen okkasionalen Bildungen überhaupt von Komposita (bzw. Zusammensetzungen) im Sinne regelgemäßer fester Verbindungen oder eher von bloß gelegentlichen Zusammenschreibungen oder Zusammenrückungen sprechen kann, wäre im einzelnen noch zu untersuchen.

6.4.4 Ableitungen

Im Vergleich zu den zahlreich vertretenen Komposita ist der Anteil von Ableitungen (Derivationen), d. h. von einfachen Lexemen mit einem oder mehreren Wortbildungsmorphemen (Affixen), in der Wortbildung der Werbesprache verhältnismäßig gering. Bei Ableitungen können die Wortelemente nicht beliebig kombiniert werden. Wortschatzerweiterungen sind so an die vorhandenen Ableitungstypen gebunden und daher sehr begrenzt. Abweichungen von den bestehenden Kombinationsregeln, wie z. B. die Neubildungen *frischwärts* in der Coca-Cola-Werbung oder *urig* in der Likör- und Bierwerbung sind sehr selten, finden dann allerdings verstärkte Beachtung. Die Mehrzahl der Ableitungen in den Werbetexten sind daher traditionelle Bildungen mit informierender Funktion.

Gelegentlich finden sich Neubildungen mit bekannten Ableitungssilben, z. B. *kartoffelig, urig, Zahnfleischstraffer, Bodenpfleger.*

Mitunter werden auch neue Ableitungssuffixe gebildet, so etwa *-itten* (analog zu *-etten*) als Drageekennzeichnung: *Bronchitten, Milkitten.*

Bei manchen Wortbildungen ist der Übergang vom Kompositum zur Ableitung oft fließend, besonders dann, wenn das Grundelement hier häufig verwendet wird und dabei seine ursprüngliche Bedeutung allmählich verliert (entmotiviert oder idiomatisiert wird). Das ist z. B. der Fall bei Wörtern wie *-aktiv (atmungsaktiv, bioaktiv), -fertig (schrankfertig, tassenfertig), -fest (kurvenfest, wasserfest), -frei (zeilenfrei, störungsfrei), -gerecht (babygerecht, bartgerecht), -sicher (unfallsicher, kurvensicher).*

Eine wichtige Rolle, auf die hier nur noch verwiesen werden soll, spielen Ableitungsmorpheme bei der Produktnamenbildung; besonders fremdsprachige Elemente werden dabei bevorzugt, so etwa *-a* (z. B. *perla, Suwa, Construkta, Milka*), *-an* (z. B. *Luran, Chromitan*), *-en (Hostalen, Perdiphen)*, *-in* (z. B. *birkin, Neo Silvikrin*), *-mat* (z. B. *Lavamat, Saxomat*), *-matic (Eterna-Matic, Linde-Abtaumatic)*, *-ol* (z. B. *Odol, Pelikanol*), *-on* (z. B. *Pitralon, Dralon*).

Auch fast zu Präfixen gewordene Kompositionsteile finden sich oft in Produktnamen und anderen Wortbildungen, z. B. *all-(Allwaschmittel, Allzweckreiniger), edel- (Edelfett, Edelkirsch), fein-(Feinkäse, Feinkost), groß- (Großbildröhre, Großraummöbel), mikro- (mikrosanft, Mikro-Batterie), Sonder- (Sonderpreis, Sonderangebot), Spezial- (Spezialreiniger, spezialverpackt), Spitzen- (Spitzenangebot, Spitzensekt), Super- (Super-Deo-Spray, Supergroß), ultra- (ultrafein, ultramodern), ur- (Urkraft, urgemütlich), voll- (vollaktiv, Vollwaschmittel).*

6.5 Wortwahl

Die Sprache der Werbung gelangt als stark zweckbestimmte Sprache vor allem durch die überlegte Wahl der passenden Wörter zur Wirkung. Eine Untersuchung dieser Sprache kann feststellen, welche Wörter hierbei besonders bevorzugt werden und in den Werbetexten häufig anzutreffen sind. Diese Untersuchung muß sich sowohl auf die Dominanz bestimmter Wortarten als auch auf die Bevorzugung bestimmter Wortinhalte beziehen. Andere Aspekte der Wortwahl wie etwa die Bevorzugung bestimmter Wortgruppen (Fachwörter, Fremdwörter u. ä.) wurden bereits erläutert (vgl. S. 97 ff.)[137].

---

[137] Vgl. R. Römer (ebd.) S. 75 ff. – W. Brandt (s. Anm. 48) passim.

6.5.1 Wortarten

Die in Werbetexten am häufigsten vorkommende Wortart ist das **Substantiv**. Das entspricht nicht nur der heutigen Tendenz zum Nominalstil in Wirtschaft und Verwaltung, sondern ergibt sich auch aus den Funktionen der Werbetexte. Durch Substantive werden die Werbeobjekte ebenso wie ihre Eigenschaften und ihre Umwelt benannt und gekennzeichnet, manchmal unter Verzicht auf andere Wortarten. Der Anteil der Substantive kann so in den Werbeanzeigen unterschiedlich groß sein. Substantive sind besonders zahlreich in Anzeigen mit technischen Erläuterungen, Aufzählungen von Besonderheiten und Kennzeichnungen von Vorzügen in Stichworten. Weniger häufig sind sie dagegen in erzählenden und ausmalenden Texten.

Die zweitwichtigste und zweithäufigste Wortart ist das **Adjektiv**. Durch seine charakterisierende und wertende Funktion ist es unerläßlich, wenn es um die Anpreisung und Hervorhebung von Vorzügen der Waren und Dienstleistungen geht. Dabei beschränkt sich die heutige Werbung nicht mehr nur auf einfache Adjektive, sondern bevorzugt immer häufiger Dopplungen oder Erweiterungen von Adjektiven oder Adjektivkomposita (z. B. *fruchtig-frisch, wirklich elegant, extra-leicht, hautmild*). Gegenüber dem Substantiv ist das Adjektiv zudem vielseitiger verwendbar, als Attribut zum Substantiv, als Prädikativ, als Adverb und als alleinstehendes Attribut oder als substantiviertes Adjektiv, vgl. *Uerdinger – mildwürziger-Klarer, der mildwürzige Klare-Uerdinger, Uerdinger – mildwürzig, Ihr Mild-würziger unter den Klaren – Uerdinger* (Kornbranntwein). Nur eine begrenzte Zahl von Substantiven (rd. 40 %) ist in den Werbetexten mit attributiven Adjektiven verbunden. Sie gewinnen jedoch durch das Adjektiv einen höheren Aussagewert. Eine besondere Sprachwirkung entsteht durch die metaphorische Adjektivzuordnung (sog. Hypallage oder Enallage), bei der Adjektive aus einem anderen Bezugsverhältnis in ein neues (eigentlich unpassendes) Bezugsverhältnis gebracht werden, vgl. z. B. *der hauch von eve: graziöse cigarette, selbstbewußter geschmack, anschmiegsam mild.* Oder: *Knuspriges Kaffee-Kränzchen* (Bahlsen-Gebäck), *wilde Frische von Limonen* (Fa-Seife).

In der Häufigkeit erst an dritter Stelle erscheint das **Verb**. Das erklärt sich aus dem überwiegend statischen oder elliptischen Charakter vieler Werbeanzeigen und der damit verbundenen Dominanz des Nominalstils. Verben begegnen in Werbetexten vornehmlich in Aufforderungen an den Konsumenten, in Aussagen über die Wirkweise des Produkts oder Vorgänge der beschriebenen Situation und in Selbstaussagen des Kommunikators (vgl. z. B. *Fisch' Dir Norda raus! Wir fischen selbst. Damit Sie wissen, was Sie kaufen.* (Norda-Fischprodukte).

Gelegentlich soll die Werbewirkung auch durch auffallende oder neugebildete Verben gesteigert werden, vgl. z. B. *Pfingsten kimmt* (Kim-Zigaretten); LIFT *zischt den atemlosen Durst weg; Snicker Dir einen von Snickers* (Süßwaren); *Birkeln Sie auch?* (Nudeln).

Alle übrigen Wortarten werden in den Werbetexten kaum zur Wirkungssteigerung herangezogen, bis auf Ausnahmen natürlich, wie z. B. die **Adverbbildung** *frischwärts* der Coca-Cola-Werbung zeigt. In der mündlichen Textrealisation der Rundfunk- und Fernsehwerbung kann allerdings durch die Betonung auch die Wirkung der synsemantischen Wörter gesteigert werden. Einen besonderen Effekt erreichen z. B. **Präpositionen** auch in schriftlichen Werbetexten, wenn sie durch Satzteilisolierungen nach Punkten am ‚Satzanfang' erscheinen (vgl. z. B. *Philips hat das richtige Programm. Für jeden Zweck das richtige Modell. Für das Schlafzimmer genauso wie für das Kinderzimmer. Für den Schreibtisch oder für das Bücherregal...*) Auch in Wiederholungen kann die Aussage solcher Partikeln gesteigert werden, vgl. z. B. *Quartzuhren von einem Quartzspezialisten. Aber Sie haben mehr: Mehr-Beratung, Mehr-Auswahl und Mehr-Service...*).

6.5.2 Schlüsselwörter

Bestimmte häufig gebrauchte Wörter, deren Inhalt gleichsam programmatischen Charakter hat, werden heute als *Schlüsselwörter* bezeichnet[138]. Auch in der Werbung gibt es solche Schlüssel- oder Reizwörter, ,,die eine Schlüsselstellung im Gedanken- und Sprachfeld der Werbung einnehmen.''[139] Sie dienen – nach R. Römer – der kommerziellen Argumentation und ,,zeigen an, welche Gedanken-

---

[138] Der Begriff ‚Schlüsselwort' findet sich bei R. Römer a. a. O. S. 131 ff.; aber auch in der Analyse politischer Texte, vgl. H. D. Zimmermann, Die politische Rede, Stuttgart 1969.
[139] R. Römer, a. a. O., S. 133.

gänge den Menschen in jenen Ländern, wo die Werbung blüht, sympathisch, welche Vorteile erwünscht scheinen, mit welchen Versprechungen die Werbung, die ja Erfahrungen aus mindestens einem Jahrhundert aufzuweisen hat, den Konsum steigern zu können glaubt." Es handelt sich dabei in der Regel um Wörter, die das vorgestellte Produkt bzw. die angepriesene Dienstleistung im Rahmen der gewählten Marken- und Gestaltungsstrategie (vgl. S. 59 ff.) in einen Sinnzusammenhang mit bestimmten Wert- oder Zielvorstellungen bringen. R. RÖMER bringt dafür eine Reihe von Beispielen aus den von ihr ausgewerteten Anzeigen der Jahre 1961–1965, so u. a. die Wörter: *befreit, frei von, Bequemlichkeit, bequem, biologisch, deutsch, Erfahrung, erfahren, erstaunlich, Europa, europäisch, Forschung, Fortschritt, fortschrittlich, frisch, erfrischen, Frische, Genuß, genießen, Gesundheit, gesund, sich gönnen, groß, Heim-, individuell, Individualist, jung, Kenner, Kombination, kombiniert, Komposition, komponiert, leisten, Leistung, mehr als, noch mehr, modern, Natur, natürlich, neu, noch nie, noch nicht, nie zuvor, Note, persönliche, besondere, rein, Reinheit, schön, Schönheit, Schutz, schützen, Sicherheit, sicher, Sonnen-, Vernunft, vernünftig, Vitamin, Welt, Wert, wertvoll, Wissenschaft, wissenschaftlich.*

Soweit es sich hierbei nicht um bloße Steigerungswörter handelt, haben wir es hier vornehmlich mit Kernbegriffen der Konsumideologie zu tun (z. B. *bequem, frisch, natürlich, rein, sicher, individuell, genießen*) oder entsprechenden Alibi- oder Verweiswörtern, die das Werbeobjekt aufwerten sollen (vgl. auch S. 116 ff.), z. B. ‚Europa‘, ‚wissenschaftlich‘.

Fast alle diese Schlüsselwörter sind heute noch gebräuchlich; das zeigt, wie beständig die hier signalisierte Vorstellungswelt ist. Allerdings sind heute weitere Schlüsselwörter der Werbung Mode geworden, z. B. die Wörter ‚Abenteuer‘ (vgl. *Geschmack von Freiheit und Abenteuer – Marlboro-Zigaretten; ...herrliche Abenteuer gibt es in Cassis-Vanille, Rum, Krokant...* (vgl. Langnese-Eiskrem), ‚Kraft‘ (*vgl. Weißer Riese mit Riesen-Waschkraft; Fewa – das kraftvolle Farbwaschmittel*), ‚Pflege‘ (vgl. *Poly-Kur ist Pflege; Desaquick – die medizinische Atempflege...*), ‚Umwelt‘ (*umweltfreundlich-BP-Motoröl*).

Mitunter werden bisherige Schlüsselwörter auch negiert oder abgewandelt, um Steigerungen zu erreichen: z. B. wenn der Begriff ‚Natur‘ dem der ‚Natürlichkeit‘ weichen soll, weil bestimmte Kosmetika die Natur verbessern sollen (z.B. *Entscheiden Sie sich für Natur oder Natürlichkeit. Maquimat. Lancôme Kosmetik Paris).*

Neben den häufig gebrauchten Schlüsselwörtern führt R.RÖMER auch verschiedene bevorzugte Bild- und Vorstellungsbereiche auf, die einen ähnlichen leitbildartigen Charakter haben, ohne auf bestimmte Wörter fixiert zu sein, vielmehr unterschiedliche Wörter mit gleicher Funktion verwenden. Zu diesen dominanten Bereichen zählt R.RÖMER die Exotik mit fremden Namen, Länder- und Völkerbezeichnungen, z.B. *Kaba, den Plantagentrank; Tchibo-Kaffee* u.ä., die Erotik mit ihrer reichen Sexualsymbolik und ihren zahlreichen sexuellen Anspielungen und Abbildungen. Hier wird auf die Versuche des Tiefenpsychologen Ernest Dichter verwiesen, Waren und ihren Symbolen Geschlechtskategorien zuzuordnen[140]. Beispiele mit erotischer Tendenz wären z.B. die Slogans: *Strahler-Küsse schmecken besser* (Zahncreme), *Puschkin – für harte Männer* (Wodka); *siar – aufregend weiblich* (Deodorant). Häufig finden sich erotische Anspielungen auch im Haupttext, noch häufiger in den Werbebildern.

Als weitere Bereiche werden genannt: Gesellschaftliches Ansehen durch Darstellung und Beschreibung von Leitbildfiguren, Verhaltensregeln, Erfolgsverweise, Schmeicheleien; ferner Elitebewußtsein mit den zentralen Wörtern *anspruchsvoll, Elite, Erfolg, Herr, Welt, Prestige, Ansehen, exklusiv* u.ä.; schließlich – damit verbunden – auch der Snobismus *(snob appeal)* mit der Betonung des Besonderen, Außergewöhnlichen, Bevorzugten, Geschmackvollen u. dgl.

Diese letzteren Beispiele zeigen, wie sehr die Schlüsselwörter der Werbung an die jeweiligen Werbestrategien und an gesellschaftliche Erwartungshaltungen gebunden sind.

6.5.3 Semantische Aufwertungen

Als ein weiterer Sonderbereich im Wortschatz der Werbesprache werden seit R.Römers Untersuchung die sog. semantischen Aufwertungen[141] angesehen. Man versteht darunter, ,,daß von den angebotenen Waren mit Worten gesprochen wird, die bei einem aus-

---

[140] Vgl. S.29.
[141] Vgl. R.Römer, a.a.O., S.81ff.

gewogenen Verhältnis zwischen Wort und Sache nicht gewählt würden. Die Gegenstände werden mit der Sprache aufgewertet. Sie werden in der Hierarchie der Werte, die in der Sprache beschlossen ist, um eine oder mehrere Stufen heraufgerückt." Die Sprache der Werbung bevorzugt fast immer eine gehobene Ausdrucksweise, die sich von der alltagssprachlichen Kommunikation deutlich unterscheidet (Ausnahmen s. S. 100 f.). Doch gibt es bestimmte formale und inhaltliche Faktoren, durch die eine zusätzliche ‚Aufwertung' bewirkt wird. R. Römer nennt folgende sechs Möglichkeiten:

1. Steigernde Komposition: Diese Möglichkeit, die eigentlich noch in den Bereich der Wortbildung gehört, wird realisiert durch Steigerungsmorpheme wie steigernde Präfixe, Substantive und Adjektive, die wertenden, wertneutralen oder nur quantitierenden Charakter haben können, in Kompositionen der Werbesprache allerdings meistens wertend wirken sollen. Derartige Steigerungsmorpheme sind:

aktiv-: *Aktiv-Puder* (Klosterfrau), *Wasch-Aktivum-Saptil; Aktivstoff* (Panteen-Haarwasser),

all-: *Allwaschmittel, Allgasherd, Allwasch-Automatik* (Bauknecht),

doppel(t)-: *Doppelbeutel* (Teefix), *Doppelpackung, Doppelpaket* (Omo), *doppelt bekömmlich* (Kaffee-Hag),

Edel-: *Edelfett* (Biskin), *Edelhartwachs* (seiblank), *Edelkirsch* (Likör),

Familien-: *Familienpackung, Familientube,*

fein-: *Feinkäse* (Adler), *Nudelfeingericht* (Birkel), *feingeräuchert,*

groß-: *Großbildröhre, Großraumgerät, Großformat,*

hoch-: *hocharomatisch, hochwertig, hochelegant, hochmodern, Hochleistungsgerät,*

Luxus-: *Brillant-Luxus-Gefrierschrank* (Neckermann), *Privileg-Luxus-Gefrierschrank, Luxusherd* (Homann-Maytag), *Luxus-Jubiläumsausstattung,*

Marken-: *Markenbutter, Markenkraftstoff,*

Mikro-: *Mikro-Chromstahl* (Gillette-Rasierklinge), *mikrosanft* (Telefunken),

Original-: *Originalflasche, Originalpreis, original Eau de Cologne,*

Riesen-: *Riesen-Waschkraft* (Weißer Riese-Waschmittel), *Riesenpaket* (Omo),

Sonder-: *Sonderleistung, Sonderangebot, Sonderpreis,*

Spezial-: *Spezialkur, Spezial-Wollwaschmittel, Spezialkunden-dienst,*
Spitzen-: *Spitzenklasse, Spitzenmarke, Spitzenleistung,*
Super-: *superflache Taschenrechner, Super-Electronic-Stereogerät, Autosuper* (Radio), *Superkraftstoff, superleicht, superelastisch,*
Traum-: *Traumherd* (AEG), *Traum-Rasur* (Gillette), *Traumauto,*
ultra-: *ultrafein, ultramodern,*
ur-: *urgesund, Urpils, Urkraft, urig,*
voll-: *vollsynthetisch, Vollschaumbad, Vollwaschmittel,*
Welt-: *Weltklasse, Weltmarke, weltweit.*

Neben diesen bereits bei R. Römer aufgeführten Beispielen begegnen heute weitere Steigerungsmorpheme wie etwa **extra-:** *(extrafein, Extra-Paket),* **multi-:** *(Multivitaminpräparat),* **natur-:** *(naturecht, Naturkäsescheiben),* **intensiv-:** *(Intensivkur, Intensivwirkung).*

2. Entkonkretisierung: R. Römer versteht darunter das Abgehen von bisherigen konkreten Bezeichnungen zugunsten bestimmter Abstrakta mit höherem Eindruckswert, also z. B. die Ersetzung von *Zahnpasta* durch *Zahncreme* oder gar *Zahnkosmetik.* Beliebte Ersatzformen sind *Bad* für Bademittel *(Sunja – das große Bad), Glanz* für Bohnerwachs *(tuklar* v. Thompson), *Kosmetik* für Haarwaschmittel oder Hautsprays oder Seife, **Kultur** für Bademittel (jabad-Badekultur), **Kur** für Schuppenmittel *(crisan-Kompaktkur, Balsam-Kur),* **Pflege** für Fußbodenbohnern *(gliz),* **Natur** für Obstzusätze *(reine Natur in jedem Glas – Eckes-Kirschwasser)* u. a. m.

3. Aufwertende Appellative: Hier geht es weniger um Ersetzungen des Konkreten durch Abstrakta, sondern um Euphemisierungen durch angesehenere Bezeichnungen, die oft größere Ausdehnung, Wirkung oder Leistung versprechen (z. B. *Imbißhalle* für *Würstchenbude, Wertgutschein* für *Bestellzettel, Waschaktivum* für *Waschmittel (saptil), Putzimpfung* für *Zähneputzen (Gibb fluor)* u. ä.

4. Benennung der Waren mit Hochwertwörtern: Hier geht es um die semantischen Dimensionen vieler Produktnamen aus gesellschaftlich angesehenen Namenbereichen (Poesie, Mythologie, Adel, Ränge, Kultur, Geschichte), z. B. *Lord Extra* (Zigarette), *Prinz* (Pkw), *Admiral* (Pkw), *Commodore* (Pkw), *Fürst von Metternich* (Sekt), *Fürst Bismarck* (Kornbranntwein), *Puschkin* (Wodka), *Sir* (Rasierwasser), *Diplomat* (Füllhalter), *Kult* (Seife), *Oran-*

gennectar (Fruchtsaft), *Rekord* (Pkw), *Krone* (Zigarette), *Brillant-* (Kühlschrank) u. a. m.

5. Charakterisierung durch hoch-wertende oder superlativische Adjektive: Hier gibt es sehr viele Möglichkeiten der Warencharakterisierung, auf die an anderer Stelle schon verwiesen wurde. Unter der Vielzahl der adjektivischen (oder adverbialen) Kennzeichnung und Wertung seien nur einige hervorgehoben, z. B. die Charakterisierungen durch **echt** (die aufgrund der gesetzlichen Ausschließung von Nachahmungen eigentlich überflüssig ist, aber werbewirksam bleibt): *echter Klosterfrau-Melissengeist, Echt Stonsdorfer* (Likör), *Echt Kölnisch Wasser;* **gut:** *der gute Pott – der beste Pott* (Rum), *außergewöhnlich gut* (Heinrich Dry Gin), AEG – *Aus Erfahrung gut;* **ideal:** *ideale Pflege* (Palmolive-Seife), *Delial bräunt ideal* (Sonnenöl); **klassisch:** *Dry Sack der klassische Sherry; Heinrich Dry Gin ist von klassischer Klarheit;* **rassig:** *rassige Eleganz* (Henckell-Sekt), *aus rassigen Weinen* (Langenbach, Sekt); **vollendet:** *vollendeter Genuß* (Peer Export-Zigarette), *vollendet reiner Duft* (Lohse Eau de Cologne); **vollkommen:** *vollkommener Kaffee* (Onko Kaffee), *vollkommener Genuß;* **wunderbar:** *Jacobs Kaffee wunderbar; wunderbar vollmundig* (Schwarzer Kater-Likör).

Abschließend seien noch einige Beispiele aus der heutigen Werbung erwähnt: **bewährt** (*der bewährte Wundschnellverband-*Hansaplast); **wahr** (*Der wahre Glanz eines guten Schuhs-*Dorndorf); **herrlich** (*herrlich interessant-*Martiny), *herrliche Abenteuer* in Langnese-Eis); **aufregend** (*aufregend bittersüß* Cynar-Apperitif); **abenteuerlich** (*abenteuerlich mild im Geschmack* – Jim Beam-Whisky); **vernünftig** (*vernünftige Unterhaltungskosten* – Peugeot 504); **aktiv** (*aktive Sonnenkosmetik-*Delial).

6. Superlativ, Komparativ, Elativ: Die der Werbung eigene Tendenz zur Steigerung und Übertreibung der Aussagen über die Werbeobjekte fand und findet noch immer wirksamen Ausdruck in den grammatischen Steigerungsformen der Adjektive. Als Möglichkeiten kommen dabei in Frage: der Superlativ, der bestimmte Artikel in demonstrativer Funktion, sinngemäß superlativische Ausdrücke, der Komparativ (oft ohne Vergleich), der Elativ (absoluten Superlativ).

Die Superlativwerbung ist – soweit sie Alleinstellungs- oder vergleichende Werbung ist – einigen gesetzlichen Einschränkungen unterworfen. So versuchen die Werbetexter diese Schwierigkeiten durch manche sprachliche Tricks zu umgehen, indem sie z. B. superlativische Äußerungen ‚Sekundärsendern' in den Mund legen oder andere Steigerungsformen benutzen, etwa den Elativ, der keine Vergleichsformen verträgt (z. B. *Ernte 23 von höchster Reinheit; Eduscho Kaffee – höchste Qualität zu günstigsten Preisen).* Mitunter begegnen auch echte Superlative, soweit sie juristisch nicht angefochten werden können oder ihre Aussage nachweisbar ist: PAN AMERICAN – *die erfahrenste Fluggesellschaft der Welt; Das beste Persil, das es je gab.).*

Eine Alleinstellungswerbung mit superlativischem Charakter kann auch der Gebrauch des bestimmten Artikels bewirken: *Der Sherry, der einen Namen hat* (Dry Sack Sherry); *Die Alternative zum Wohlstands-Barock: Holz + Draht* (Holzwerbung).

Häufiger bevorzugen Werbetexter den Komparativ, meistens ohne Bezugspunkt. Auch hierbei sind anfechtbare Vergleichs- und Alleinstellungswerbungen möglich: *Nivea – eine bessere gibt es nicht* (Hautcreme); *Fachinger – Sie können nichts Besseres trinken!* (Mineralwasser).

Unangefochten wirksam sind jedoch folgende Werbeaussagen: *Okal. Der bessere Weg zum eigenen Haus* (Fertighaus); *Maggi – einfach besser würzen; Mehr erleben – Peter Stuyvesandt* (Zigaretten); DB – *mehr als fahren.* (Bundesbahnwerbung); *Langnese … lieber den zarten Schmelz!* (Eiscrem); *Mimolla – Wir sind Experten für besseres Sitzen* (Sitzmöbel); *bergasol – mehr Braun aus jedem Sonnenstrahl* (Sonnenöl); *Reyno – mildwürzige Tabake, die frischer schmecken* (Zigaretten); *Shell. Die Mehr-Kilometer-Experten.* (Benzin); *Volksbanken – Raiffeisenbanken. Wir bieten mehr als Geld und Zinsen.*

Übertrieben und damit um seine Wirkung gebracht wird das Spiel der Werbetexter mit den Komparativen in der Waschmittelwerbung, wenn es um das weißere Weiß geht: *dash – weißer gehts nicht; weiß – weißer – suwa-weiß; denn ein strahlendes Weiß ist weißer* (Sunil).

Der Eindruck der Steigerung oder zumindest der besonderen Hervorhebung gegenüber anderen Produkten kann mitunter auch durch einfache Positivformen hervorgerufen werden, besonders dann, wenn dazu ‚Hochwertadjektive' verwendet werden: z. B. *Delaforce Port. Der vollkommene Genuß.* (Portwein); *Idee-Kaffee. Der berühmte Magenfreundliche; Es gibt nur einen Mariacron*

(Weinbrand); *Deutscher Wein – einzig unter den Weinen.* Derartige Hervorhebungen sind natürlich auch durch substantivische Wendungen möglich, vgl. z. B. *Cefrisch. Ein neuer Geschmack unter der Sonne* (Fruchtgetränk); *Good Year. Die Marke der Weltmeister* (Autoreifen); *Autobianchi. Intelligenz statt Masse* (Pkw); *Klasse statt Masse* (Ford Fiesta-Pkw); *Winkhaus hat die Schlüssel-Position* (Schlüssel).

6.6 Stilmerkmale und Stilmittel

Der gesamte Bereich der Werbetexte kann als eigener Stilbereich im Sinne einer funktionalen Stilistik[142] angesehen werden, dem bestimmte Stileigenheiten gemeinsam sind. Diese ergeben sich aus dem gemeinsamen Zweck aller Werbetexte, mögliche Konsumenten für die Werbeobjekte zu interessieren und zum Kauf zu veranlassen. Das bedingt z. B., daß grundsätzlich positive Aussagen über die Werbeobjekte gemacht werden, daß dabei häufig hyperbolische (steigernde und übersteigerte) und euphemistische Aussagen erfolgen, daß bestimmte Stilmittel wie z. B. Metaphern, Vergleiche, Alliterationen, Preziosa häufig verwendet werden. Einzelne dieser Stilmittel sind bereits bei der Behandlung der Slogans (s. S. 86 ff.) erläutert worden. Sie finden sich jedoch auch an anderen Stellen im Text.

Je nach Werbeobjekt, Branche, Werbestrategie oder Werbebüro ergeben sich allerdings auch zahlreiche Stilvarianten, so daß manche Texte gewissermaßen einen eigenen ‚Werkstil‘ oder ‚Individualstil‘ aufweisen, der jedoch jeweils funktionalen Überlegungen und oft auch einer Teamarbeit des jeweiligen Werbebüros entspringt.

Im folgenden sollen noch einige Beispiele für die Verwendung bestimmter rhetorischer oder stilistischer Mittel in Werbetexten (m. Ausnahme von Slogans) aufgeführt werden. Auf die bereits erläuterten Stilmittel der Satzform und Satzlänge und der Wortwahl wird dabei verzichtet.

R. Römer[143] nennt als wichtigste rhetorische Mittel in Werbetexten: 1. Wiederholung, 2. Behauptung, 3. Befehl, 4. Anrede, 5. Einleitende Frage, 6. Antithese, 7. Dreierfigur, 8. ‚Aufhänger‘, 9. Ge-

---

[142] Vgl. B. Sowinski, Deutsche Stilistik, Frankfurt ³1978, S. 20 f.
[143] A. a. O., S. 173 ff.

bundene Sprache, 10. Euphemismus, 11. Negation, 12. Wortspiel, 13. Anspielung, 14. Vermenschlichung der Ware. Auf einige dieser Formen sei hier noch besonders eingegangen.

Wiederholungen: „Der oberste Grundsatz und das am meisten angewandte rhetorische Mittel der Werbung ist die Wiederholung." Dieser Grundsatz wird von vielen Werbetheoretikern und Rhetoriklehrern betont. Gemeint ist dabei zunächst die Wiederholung des Werbevorgangs in den entsprechenden Medien, im weiteren auch die Wiederholung von Aussagen und besonders die des Produktnamens in Anzeigentexten und Werbesendungen.

Der Zwang zur Wiederholung bestimmter Werbeaussagen ergibt sich für die Werbetreibenden einmal aus der Konkurrenz der vielen Botschaften, die auf das menschliche Bewußtsein einströmen und das Gedächtnis überbelasten, zum anderen aus dem Bestreben, die Werbebotschaften möglichst im Unbewußten zu verankern, damit sie rationaler Bewußtheit entzogen sind und trotzdem wirksam bleiben. In den Massenmedien ergibt sich eine solche Konkurrenz bereits aus den anderen Informationen wie aus den anderen Werbeanzeigen und Werbesendungen. Die Wiederholung ist hier oft nur ein wichtiges rhetorisches Mittel unter anderen. Eine Werbebotschaft kann in der Wiederholung verstärkt werden, sie kann aber ebenso eintönig und stereotyp wirken und so uninteressant werden. Werbeanzeigen und Werbesendungen werden daher meistens nach einiger Zeit variiert oder ausgewechselt, es sei denn, man wolle durch penetrante Wiederholungen die Werbebotschaft ins Gedächtnis ‚einhämmern' (trotz des dabei oft entstehenden Unmutes). Werbetexte enthalten so oft bestimmte variante neben invarianten notwendigen Elementen (z. B. Produktnamen, Firmen- oder Produktsignet, z. T. Slogan, Gestaltungsstrategie u. ä.).

Sprachliche Wiederholungen finden wir in Werbeanzeigen außer in der üblichen Rekurrenz des Produktnamens (mitunter auch des Firmennamens und -signets) oft in der Textgliederung (manchmal mit gleichen Zwischenzeilen), in Satzstrukturen, Schlüsselwörtern, Wort- und Teilsatzwiederholungen, Anaphern und Alliterationen, mitunter sogar in Reimen, vgl. z. B. *Einer der besten, denn er hat... Einer der schmalsten, denn er ist... Einer der sparsamsten, denn er spart...* (Textuntergliederung einer Siemens-Siwamat-Anzeige).

Wenn er Fieber hat, wird gemessen.
Ob er gewachsen ist, wird gemessen.
Was er wiegt, wird gemessen.
Nur das schlechte Licht bei seinen Schularbeiten,
das hat noch niemand gemessen.
(Schlagzeile einer Anzeige der ‚Fördergemeinschaft GUTES LICHT')

Anrede: Die Anrede des umworbenen Konsumenten ist ein weiteres rhetorisches Mittel, das sich häufig in allen Textteilen findet. Die sprachliche Zuwendung an den Leser oder Hörer der Werbeanzeigen und Werbesendungen wird von den meisten Werbetheoretikern gefordert, weil so die Wirkung der Werbung gesteigert werden kann. Die grundsätzliche Anonymität des Werbevorgangs kann so scheinbar verringert werden, das Hilfeangebot des Werbers (sein *for you*-Pathos) glaubhafter wirken.

Die Formen der Anrede können verschieden sein: Während früher eine etwas hemdsärmelige Du-Anrede häufiger zu finden war, dominieren heute zumeist höflichere Formen der Sie-Anrede, mitunter auch die Vertraulichkeit und Verbundenheit vortäuschende Wir-Anrede: z. B.

Die wilde Frische, die Sie frisch und fröhlich macht *(Fa-Seife).*

Dugena Fachgeschäfte. Ihre Experten für Uhren, Schmuck und ... gute Ideen.

GRILL-PARTY. Aufgeht's, Freunde! Wir ziehen hinaus ins Grüne ... Damit's besser schmeckt, drücken wir auf die richtige Tube: auf Haas-Grillsenf. *(Senf-Werbung)*

Fragen: Fragen sind ein uraltes rhetorisches Mittel, ob man darauf eine Antwort erwartet oder nicht. In jedem Falle soll der Leser oder Hörer für einen Moment sorgfältiger achtgeben und nachdenken. Diese Funktion der Erreichung erhöhter Aufmerksamkeit wird auch von den Fragen in den Werbetexten erfüllt. Mitunter wird dadurch eine Art Rätselsituation geschaffen, als deren Antwort das Werbeobjekt erscheint, vgl. z. B.

Was ist die Summe aus einem Komponisten, einem Arrangeur, Autoren, Produzenten und Unmengen Talent? KOLONOVITS *(Schallplattenwerbung)*

Eine andere Form der Aufmerksamkeitsweckung durch Fragen ist das Angebot schriftlicher Beratung durch den Kommunikator, vgl.

5 Fragen, die Sie uns stellen sollten, wenn Sie schneller vorwärts kommen wollen.
... Kann man einen Kredit aufnehmen? Was kostet der? Mit welchen Bedingungen ist das verknüpft? Wo lassen sich Steuern und Versicherung am bequemsten bezahlen?... *(Volksbanken-Werbung)*

Die häufigste Form sind jedoch rhetorische Fragen, die auf den Folgetext der Werbeanzeigen verweisen: z. B.

Wir haben 1978. Warum essen Sie dann nicht zeitgemäß? *(Jocca-Frisch-Käse)*
Wer sagt, Männer brauchen keine Früchtewürfel...? *(NEDA-Würfel)*

In Werbesendungen sind Fragen oft Bestandteil von Dialogen, die auf Vorzüge der Werbeobjekte aufmerksam machen sollen.

Im ganzen gesehen, sind Fragesätze in Werbetexten gegenüber der Überzahl von Behauptungen verhältnismäßig selten.

Behauptungen: Auf die Behauptung als wesentliches Mittel der Werbebotschaften ist bereits mehrfach hingewiesen worden. Sie ist die häufigste Form werblicher Äußerungen über die Waren und ihre Verwendung. Sie erfolgt meistens als positive Aussage über die Werbeobjekte. Das Problem der Wahrheit solcher Aussagen wird dabei nicht erörtert. Der Schritt von der Behauptung zur indirekten oder direkten Aufforderung ist dabei oft nur kurz, besonders wenn die Behauptungen normierend wirken sollen (vgl. S. 68).

Antithesen: Die Betonung von Gegensätzen ist ein wichtiges rhetorisches Mittel nicht nur in Schlagzeilen und Slogans, sondern auch in den längeren Passagen des Haupttextes, besonders wenn hier die Hervorhebung der Nachteile und Vorteile, des Früher und Später, des zu Teuren und des Preiswerten (Billigeren) argumentativ gegeneinandergesetzt werden. Syntaktisch kann diese Gegenüberstellung in Stichwörtern, Teilsätzen, Einzelsätzen oder Textabschnitten erfolgen, je nachdem welcher Stil gewählt wird und wieviel Platz diesem Teil der Argumentation eingeräumt wird, vgl. z. B.

Nicht rasen – reisen! *(Verkehrssicherheits-Werbung)*

Beim M3-Rasierer ist es den Remington-Technikern gelungen, eine Haarfangautomatik direkt in den Scherkopf zu integrieren. Der Vorteil: Die Haarfangautomatik kappt auf Anhieb Härchen, die länger sind als Stoppeln. Oder besonders weich. Oder besonders wirbelig. Herkömmliche Scherköpfe werden mit diesen widerspenstigen Härchen nicht fertig... *(Remington-Elektro-Rasierer)*

Dreierfiguren: Nach R. Römer ist die ‚Dreigliedrigkeit des Ausdrucks' „ein ebenso häufiges wie auffälliges Merkmal der Werberhetorik." Sie sei – wie R. Römer etwas übertrieben vermerkt – „in fast jeder Anzeige zu beobachten". Die Autorin bringt diese rhetorische Dreizahl sogar mit der ‚sakralen Stellung der Dreizahl' zusammen[144].

Dreierfiguren sind auf verschiedene Art möglich: als Nebeneinander gleichwichtiger Wörter, Sätze oder Abschnitte, als Steigerungen (Klimax) von drei Begriffen oder Aussagen in aufsteigender oder abfallender Reihung (Antiklimax) oder als Dreierfigur mit einer nachgesetzten, oft resultativen vierten Aussage, in quantitativer Gleichartigkeit oder – nach dem Gesetz der wachsenden Glieder – in zunehmender Aufschwellung der Einzelcola. Schließlich entspricht sogar der Textaufbau vieler Anzeigen mit Schlagzeile, Haupttext und Slogan diesem Bauprinzip, das die Gedächtnisleistung und damit die erwünschte Einprägsamkeit ebenso fördert wie die Einsicht bei dialektischen oder steigernden Argumentationen. Hier nur einige Beispiele (Textauszüge):

Life ist gut, schmeckt echt, raucht mild. *(Zigarettenwerbung).*

Der neue Seifentyp von La Fram folgt dem Prinzip des frischen Regens: La Fram ist rein und frei von hautbelastenden Zusätzen. Deshalb belebt und pflegt La Fram die Haut – wie frischer Regen. Denn es ist einfach natürlicher, beides zu tun.
So belebend – so pflegend – so natürlich.

Charlie Revlon Kosmetik mit Make-up und Pflege – unkompliziert und individuell – ganz wie es Ihrem Typ und Ihrem Lebensstil entspricht.
Probieren Sie selbst die klaren, natürlichen Farben, die auf Ihre Haut abgestimmt sind, und die Ihr Gesicht in jeder Stunde zur Geltung bringen. Charlie Revlon Kosmetik finden Sie im ausgesuchten Fachhandel. *CHARLIE REVLON*

Mitunter lassen sich – wie die Beispiele zeigen – innerhalb der Dreiergliederung auch die rhetorisch ebenfalls geschätzten **Zweierkombinationen (Zwillingsformeln)** (vgl. *rein und frei, belebt und pflegt, unkompliziert und individuell*) und die rhetorisch ebenso beliebte

---

[144] Ebd. S. 185 f.

Fünfsatzgliederung ermitteln (z. B. aus Schlagzeile-Dreierfigur-Slogan).

Gebundene Sprache: Gereimte Werbeanzeigen, wie sie früher häufiger vorkamen, begegnen heute nicht mehr. Nur in einzelnen Schlagzeilen und Slogans wird der Endreim gelegentlich noch verwendet (s. S. 86). Die modernere Form reimloser Gedichte mit unregelmäßigen Zeilen, wie sie in der heutigen Lyrik bevorzugt wird, findet sich dagegen gelegentlich auch in Werbetexten. Dabei wird weniger die Gedächtniswirkung früherer Reimereien als vielmehr der ästhetische und somit exklusive Eindruck dieser Lyrik als zusätzlicher Werbeeffekt erstrebt. So erweckt beispielsweise der nachstehende Text, der auf weißem rechteckigem Grund im oberen Teil eines braungetönten Werbebildes (mit Sherry-Flasche und -glas) erscheint, schon durch die grafische Anordnung den Eindruck eines Gedichts:

Acht Uhr abends.
Ein Tag wie jeder.
Kein Durst, nur Appetit auf etwas.
Ein bißchen Lust auf etwas Alkoholisches.
Ein Gläschen Sandeman-Sherry
ist mit das Beste, was man trinken kann,
wenn man Appetit auf etwas hat.
Wenn man nur ein bißchen Alkohol will.
Wenn man nur ein Gläschen will.
Und wenn man noch etwas vom Abend haben will.

Auch inhaltlich und formal werden in diesem Text Eigenheiten moderner Lyrik nachgeahmt (Situationsskizze, Anaphern, Wiederholungen, Zeilenstrenge, Enjambement). Anklänge an lyrisches Sprechen finden sich besonders in den Anzeigen, die – wie hier – eine Situation des Genusses ausmalen.

Vermenschlichung der Ware: Die Personifizierung der Werbeobjekte wird seit langem von manchen Werbetheoretikern gefordert. Die schon mit dem Produktnamen erstrebte ‚Individualisierung‘ der Ware und die damit verbundene Ermöglichung eines engeren Bezuges zwischen Konsument und Produkt kann dadurch gefördert werden. Eine solche ‚Beseelung‘ oder ‚Vermenschlichung‘ in Werbetexten kann durch Substantive, Adjektive, Adverbien und Verben erreicht werden, die kategoriell nur für Menschen, Tiere oder die Natur gebraucht werden können, nun aber den Werbeobjekten zugeordnet sind, vgl. z. B.

Das Öl, das denkt. Mit dem Chemischen Gehirn (Aral-Motoröl-Werbung)
... jeder Wagen von Wilk ist ein „12-Monats-Caravan", der Ihnen... echte
Erholung an jedem Tag im Jahr garantiert (Auto-Wohnwagen-Werbung)
Der Weiße Riese mit der Riesenwaschkraft. (Waschmittel)
Stauder Pils. Die kleine Persönlichkeit (Bier-Werbung)
Kommen Sie in die heitere Welt von Hannen Alt. (Bier-Werbung)
Die schnelle Eu-Med (Schmerztabletten)
Deshalb ist Uerdinger Ihr guter Freund unter den Klaren (Kräuterbrannt-
wein)
Ehrlich von Grund auf (Birkin-Haarwasser)

6.7 Mögliche Erschließungsfragen zur Sprache der Werbung

1. Ist der Text klar und verständlich? 2. Welche Fremdwörter,
Fachwörter, Neubildungen oder veraltete Wörter kommen vor? 3.
Ist die Sprache auf eine bestimmte Zielgruppe bezogen? 4. Welcher
Höflichkeitsgrad ist gewählt? 5. Sind die Sätze lang, sehr kurz, voll-
ständig, unvollständig? 6. Sind die Aussagen eindeutig oder doppeldeutig? 7. Welchen Eindruck macht die Wortwahl (alltäglich, sachlich, übertrieben, pathetisch, stimmungsvoll, gewählt, gesucht
o. ä.)? 8. Welche Wortarten werden bevorzugt? 9. Welche ‚Schlüsselwörter' fallen auf? 10. Wie werden Aussagen gesteigert bzw. aufgewertet? 11. Welche Stilmittel oder rhetorischen Mittel begegnen
uns? 12. Wie wirken sie? 13. Ist der Stil einheitlich? 14. Welche Stilzüge herrschen vor (z. B. Sachlichkeit, Kürze usw.)? 15. Welche
Wortbildungen kommen vor? 16. Neuartige Zusammensetzungen,
Ableitungen? 17. Wie ist der Produktname gebildet? Wie wirkt er?

7. Das Bild in der Werbung

7.1 Die Bedeutung des Bildes in der Werbung

Das ursprünglichste Lockmittel der Warenwerbung ist die Ware
selbst. Das Angebot der Wochenmärkte, der Obst- und Gemüse-
stände und der Schaufenster, neuerdings auch der Supermärkte und
Selbstbedienungsgeschäfte, richtet sich noch immer nach diesem
Grundsatz. Wie jedoch einzelne Warenbilder und Handwerkerzei-
chen aus Antike und Mittelalter beweisen, wurde bereits sehr früh

das Bild als zusätzliches Mittel eingesetzt, um die Aufmerksamkeit auf die Ware zu lenken und das Angebot zu verstärken.

Auch innerhalb der graphischen Warenwerbung wurden die zunächst dominierenden reinen Textanzeigen allmählich durch Bildzusätze erweitert. Einen wichtigen Fortschritt bedeutete dabei die Einführung des Vier- und Mehrfarbendrucks in Zeitungen und Illustrierten, durch den ganzseitige farbige Anzeigen ermöglicht wurden. Der Bildteil der Anzeigen erlangte dadurch quantitativ wie qualitativ eine erhöhte Geltung und konnte nun sogar den Textteil als sekundär erscheinen lassen. Die werblichen Funktionen, die bisher nur dem Textteil zukamen, konnten nun auch vom Bildteil übernommen werden. Einzelne dieser Funktionen, wie etwa die Aufmerksamkeitsweckung und die Produktkennzeichnung, die Darbietung und Belebung bestimmter Werbestrategien, oft auch die Aufforderung zum Konsum, kommen nun zusätzlich oder ausschließlich dem Bildbereich der Anzeigen zu.

Die Funktion, Aufmerksamkeit zu wecken (das *attention* der AIDA-Formel), wird am ehesten durch die Anzeigenbilder sowie durch die graphische Aufmachung der Anzeigen in den entsprechenden Werbemedien erfüllt. Während in den Zeitungen Anzeigen fast stets in einem besonderen Anzeigenteil erscheinen, werden sie in den farbigen Illustrierten, Programm- und Klubzeitschriften u. dgl. in den redaktionellen Teil gemischt, erscheinen also zwischen den lesenswerteren Beiträgen und verleiten so selbst dazu, betrachtet und gelesen zu werden. Besonders geschickt gelingt dies, wenn zwischen den redaktionellen Beiträgen und den Werbeanzeigen nach Inhalt oder Form kaum ein auffallender Unterschied besteht, z. B. bei bestimmten Textilwerbungen im Modeteil mancher Illustrierten[145].

Dem Wechsel zwischen redaktionellen Texten und Werbeanzeigen in den Illustrierten entspricht die Zwischenschaltung von Werbesendungen in die Unterhaltungsprogramme bei Rundfunk und Fernsehen, die besonders ausgeprägt in den plötzlichen Werbeeinschaltungen im privaten Fernsehen in den USA erscheint. Den gleichen Effekt, hohe Einschaltquoten und damit erhöhte Aufmerksamkeit für die Werbung zu erreichen, verfolgen die westdeutschen

---

[145] Vgl. dazu: Dagmar Grenz, Der Modeteil von Frauenzeitschriften, Praxis Deutsch 2/1974, 51 ff.

Fernsehanstalten, wenn sie zu bestimmten Zeiten Werbesendungen und spannende Serienfilme im Wechsel darbieten.

Die Funktion der Warenkennzeichnung wird in den Werbebildern oft in mehrfacher Weise erfüllt: Produkt- oder Firmennamen und -symbole erscheinen häufig mehrmals und in verschiedenen Größen, meistens zusammen mit Abbildungen der Produktverpackung und des Produktes, die so bei künftigen Käufen leicht erkannt werden sollen.

Auch die Darbietung und Belebung bestimmter Werbestrategien wird oft durch die Werbebilder realisiert. Der erhöhte Wirkungsgrad, der visuellen Reizen eigen ist, legt es nahe, die gewählte Werbestrategie durch passende Bilder zu verdeutlichen und dem Begleittext nur eine eindrucksstabilisierende Funktion zuzuweisen. Ganz gleich, ob es sich um die Darstellung idealer Verwendungssituationen oder um die Verdeutlichung von Preisausschreiben, um die Abbildung von Sekundärsendern oder um bloße Darstellungen des Produkts und seiner Vorzüge handelt, stets wird der stärkste Eindruck auf den Leser oder Betrachter vom Bildteil ausgehen.

Schließlich bieten zahlreiche Werbeanzeigen und -filme auch bildliche Verdeutlichungen von Aufforderungen zum Warenkonsum. Insbesondere bei Genußmittelwerbungen (Zigaretten, Getränke) wird dies dadurch angestrebt, daß die Abbildung der Warenpackung in den Vordergrund gerückt wird, gleichsam zum Greifen nahe, oft dazu in bereits geöffnetem Zustand (z. B. mit halbherausgezogener Zigarette) oder bereits vorbereitetem Konsum (z. B. gefülltem Glas).

7.2 Semiotik des Werbebildes

In kaum einem anderen Verwendungsbereich werden Bilder dermaßen absichtsvoll und zielgebunden eingesetzt wie in der Werbung. Bildauswahl und Bilddarbietung sind hier stets das Ergebnis sorgfältiger Überlegungen der Werbeteams über die möglichst effektive Wirksamkeit des jeweiligen Bildes. So kommt es, daß mit den einzelnen Bildern Aussagen verbunden sind, die in sorgfältiger Analyse aufgedeckt werden können und sollten.

Möglichkeiten für derartige Bildanalysen gibt uns die neue wissenschaftliche Disziplin der Semiotik, die Wissenschaft von den Zeichen, an die Hand. In ihrer allgemeinen Bedeutung bereits von dem

Linguisten Ferdinand de SAUSSURE (1857–1913) gefordert (noch unter dem Begriff ‚Semiologie') aber zunächst nur für den Bereich sprachlicher Zeichen entwickelt, ist die Analyse inzwischen auch auf nichtsprachliche Zeichen, zu denen auch die Bilder der Wirtschaftswerbung gehören, ausgeweitet worden.

Gemäß der strukturalistischen Grundannahme, daß allen bedeutungstragenden Elementen (Zeichen) bestimmte Strukturschemata auf den Ebenen der Zeichenträger (Signifikanten, Formen) wie der Bedeutungen (Signifikaten, Sinnkernen) entsprechen, die zueinander in einem mehr oder weniger willkürlichen, aber konventionell festgelegten Zuordnungsverhältnis stehen, kann man auch bei Werbebildern Bedeutungsträger *(Signifikanten)* und Bedeutungen *(Signifikate)* unterscheiden.

Der Erfassung der Bildbedeutungen geht meistens die Erfassung der Bedeutungsträger *(Signifikanten)*, also der sichtbaren Bildelemente, voraus. Auch bei der Analyse von Werbebildern sollte zuerst eine Signifikantenanalyse erfolgen. Wegen fehlender präziser Kategorien und Elementarbegriffe im bildlichen Bereich ist diese mitunter nicht leicht. Erfaßt und beschrieben werden sollten sowohl das Gesamtbild als auch die unterscheidbaren Einzelelemente nach dem Grad ihrer Wichtigkeit und ihrer jeweiligen Distribution (Verteilung), deren Erkenntnis oft erst das Ergebnis der Gesamtanalyse und -interpretation bleibt.

Solche Feststellungen sind am Einzelbild wie auch an Bildvergleichen vorzunehmen, Empfehlenswert ist die Zusammenstellung der jeweiligen Markenstrategien, der Zielgruppenansprachen, der Bildmotive (Elementenkomplexe) und der gewählten Bildelemente, um so typische Zusammenhänge festzuhalten.

Eine besondere Möglichkeit, den visuellen Kode der Werbung zu erfassen, bietet die (strukturalistische) Segmentierung und Klassifizierung von vorhandenen/nicht vorhandenen Bildelementen nach der Bildanalyse L. J. PRIETOS[146], wo realisierte visuelle Zeichen mit möglichen nicht realisierten verglichen und nach Bedeutungsklassen (Kodes) zusammengefaßt werden, z. B. Kodes der Hintergründe zu Verkaufsobjekten, des Raumes oder Umgebungsradius, der Land-

---

[146] J. Prieto, Nachrichten und Signale, Berlin 1972; vgl. dazu D. Matthias, Die Information verrät ihre Sender, in: Bild und Text, Text und Bild, Praxis Deutsch-Sonderheft 1978, S. 49 ff.

schaften, Personenzahl, Kleidung, Gebäude, ferner der Perspektiven (Frosch-, Vogelperspektive) und Objektrichtungen (zum Betrachter hin, weg, vor ihm entlang). Kommutationen (Austauschproben) ermöglichen hier das Erfassen der Besonderheiten und Funktionen in der Gestaltungsstrategie. Vergleiche mit der Textstruktur können die Bedeutung bildlicher Elemente bestätigen oder Differenzen verdeutlichen.

Die Vergleiche können an verschiedenen Anzeigen vorgenommen werden, aber auch zur Erfassung von Details an Einzelanzeigen dienen, die von besonderem semiotischem Wert sind, z. B. ob eine Person lächelt, ob sie einen Ehering trägt, somit als freundlich, moralisch o. ä. gilt (was z. B. in der Wahlkampfwerbung wichtig ist).

Für die Wirkung der Werbeanzeigen soll nach verbreiteter, aber nicht unbestrittener Auffassung mancher Werbepsychologen auch die grafische Anordnung (Plazierung) der bildlichen wie textlichen Elemente wichtig sein. Es gibt erfahrungsgemäß bestimmte Bildzonen mit größerem oder geringerem Aufmerksamkeits- und Eindruckswert. Das nachstehende Schema, das die Werte der Bildfelder (nach König) angibt, kann dies verdeutlichen[147].

28 %	33 %
16 %	23 %

Mitentscheidend für derartige Aufmerksamkeitsgrade sind aber auch andere Faktoren (z. B. der grafische oder textliche Kontext, die rechte oder linke Seite, der vordere oder hintere Teil, die Farbgebung, die Motivwahl u. a. m.).

Für die Werbewirkung zumeist wichtiger als die bloßen Signifikanten (allerdings nicht unabhängig von diesen) sind die jeweiligen Signifikate der Bildelemente einer Anzeige, also die Bildinhalte und deren vordergründige (denotative) und hintergründige (konnotative) Bedeutungen. Für die Analysen der visuellen Signifikate hat z. B. R. BARTHES eine eigene ‚Rhetorik des Bildes‘ am Beispiel eines Reklamebildes (Werbung für Panzani-Spaghetti und -zusatzprodukte) entwickelt, die wichtige Aspekte der Bildanalyse vermittelt.

---

[147] Angaben nach L. v. Rosenstiel, Psychologie der Werbung, Rosenheim 1964 S. 69, der auch von Königs Ergebnis abweichende Zahlen anführt.

Neben einer in den Produktaufschriften sichtbaren linguistischen Nachricht entdeckt Barthes hier eine sinnlich wahrgenommene ‚nichtcodierte ikonische (buchstäbliche) Nachricht‘, die aus der fotografischen Abbildung der Produkte besteht und somit denotativen Charakter habe, und eine dank der eigenen Bildung erkannte ‚kulturelle‘ ‚codierte ikonische Nachricht‘, die aus den Bildelementen und ihren Verweisungszusammenhängen (Konnotationen) besteht[148].

Wichtig erscheint an dieser Zweiteilung der bildlichen Bedeutungsebenen bzw. visuellen Kodes vor allem die semantische Offenheit jedes Bildes für Sinnassoziationen, die der Betrachter aufgrund seiner Erfahrungen und Wunschvorstellungen, allgemein: seiner ‚Ideologie‘, mit dem Bild verknüpft. Ähnliche subjektiv verschieden empfundenen Konnotationen sind der Linguistik auch bei der semantischen Analyse bestimmter Wort- und Satzbedeutungen bekannt. Im Bereich der Bilder erscheint ihr Anteil noch größer. Diese Offenheit kommt der Tendenz mancher Werbestrategien, ambivalente und damit verschieden wirksame Aussagen zu bevorzugen, sehr entgegen, können doch auf diese Weise Menschen mit unterschiedlichen Erfahrungen angesprochen werden.

Die Analysen von U. Eco über Reklamebilder[149] sind differenzierter als Barthes' Musteranalyse, insofern Eco die visuelle Rhetorik der ‚Reklame-Botschaft‘, das ‚visuelle Register‘, in verschiedene Ebenen visueller Kodifizierung aufgliedert und damit zusätzliche Interpretationsaspekte ermöglicht. Eco kennt wie BARTHES eine *ikonische Ebene* dargestellter Gegenstände oder Vorgänge, die der denotativen Bedeutung der Wörter entspricht. Der konnotationsreichen symbolischen (‚codierten ikonischen‘) Nachricht bei Barthes entspricht bei Eco die *ikonographische Ebene,* die sich in zwei Codifizierungstypen gliedert: eine Codifizierung historischen Typs und eine solche eines publizistischen Typs. Bei der historisch ikonographischen Codifizierung werden konventionalisierte Bedeutungen der Vergangenheit (z. B. historische Kostüme o. ä.) verwendet, beim publizitären Typ werden dagegen gegenwärtig moderne Bildmuster verwendet (z. B. Autos, Mannequins).

Diese Ebenen werden bei Eco ergänzt durch eine tropologische, eine topische und eine enthymematische Ebene.

[148] R. Barthes, Rhetorik des Bildes (Anm. 43).
[149] U. Eco (vgl. Anm. 42).

Die *tropologische Ebene* umfaßt die visuellen Äquivalente der verbalen Tropen, also die den rhetorischen Figuren und Tropen entsprechenden Bildkombinationen oder entsprechende neuartige Bildkombinationen, wie sie nach Meinung von Eco vor allem in der Werbung üblich geworden sind. Ebenso wie in der verbalen Rhetorik bestimmte Wortkombinationen und Bedeutungsfiguren zur Steigerung der Aussagewirkung verwendet werden, so lassen sich auch im visuellen Bereich ähnliche Figurationen aufweisen, die die tropologische Ebene des Bildes ausmachen. Es gibt beispielsweise bildliche Metaphern ebenso wie verbale Metaphern. Eine solche *Metaphorisierung* (Bildübertragung aus einem sachähnlichen, aber nicht sachgleichen Bildbereich) liegt z. B. vor, wenn in der Werbung einer Fabrik für Herrenhemden (Libero-Hemden, 1977) anstelle eines modisch gekleideten Herrn eine antike Zeusfigur mit Oberhemd und Krawatte abgebildet erscheint (vgl. Bild unten). Das Bild erweckt so durch die Verfremdung eine größere Beachtung und assoziiert zugleich die Konnotationen des Antiken, Klassischen und Altbewährten.

Eine bildliche *Metonymie* (z. B. Ausdruck des Ganzen durch einen Teil oder umgekehrt, durch ein Produkt o. ä.) liegt etwa vor, wenn beispielsweise durch die Abbildung von gutgenährten Kühen auf saftigen Wiesen für eine bestimmte Büchsenmilch geworben wird (z. B. Bärenmarke-Kondensmilch).

Eine bildliche *Personifikation* zeigt sich etwa darin, daß z. B. auf einer Werbeanzeige Limonadenflaschen Sprechblasen mit Sätzen zugefügt sind (Sinalco).

Als *Hyperbel* (Übertreibung) hat die vergrößerte Abbildung einer Alkoholflasche zu gelten, die neben einem gleichgroßen Manne steht (Schlichte-Steinhäger) – eine Abbildungsweise des Produkts, die in der oft übertreibenden Werbung häufig zu finden ist.

Eine *Antonomasie* (Darstellung des Allgemeinen durch ein Einzelnes) liegt bei sehr vielen Werbeabbildungen vor, indem nämlich Einzelbilder auf die Gattung verweisen, eine Frau z. B., die einen bestimmten Likör trinkt, auf alle Frauen usw.

Ein *Vergleich* ist bereits im einfachen Nebeneinanderstellen von Produkten und anderen Dingen oder im Nebeneinander verschiedener Situationen gegeben, z. B. wenn eine Timeband-Quartzuhr neben einer Sanduhr erscheint (um die Zeitmessung und den Fortschritt dabei zu demonstrieren), oder wenn ein Vitaminpräparat (gerigoa-depot) seine Wirkkraft bildlich durch einen grünenden Baum verdeutlicht.

Die *topische Ebene* erfaßt demgegenüber weniger die Darstellungsweise der Bilder als vielmehr die Darstellungsinhalte, insofern diese als Prämissen bzw. *loci* oder *Topoi* für bestimmte Argumentationen gelten, also bestimmte allgemeine Grundsätze, Klischees, aber auch tradierte Bildkombinationen und -motive, wie z. B. bestimmte Schönheitsauffassungen (junge Frauen u. Mädchen), Männlichkeitsideale ('harte' Männer), Jugend als Ideal oder Freundschaft, Liebe (junge Paare usw.), Naturidealisierungen (z. B. der klassische locus amoenus, die ideale Landschaft, in bestimmten Zigarettenwerbungen (z. B. *Auslese, Ernte 23*) oder Kosmetikwerbungen *(Irischer Frühling)*. Es ergibt sich daraus, daß auf der topischen Ebene auch bestimmte Ideologien begegnen, wie sie in der Gesellschaft verbreitet sind (wie z. B. 'Konsum ist stets angenehm'; 'Fortschritt ist stets positiv'; 'Prestige ist ein hoher Wert'; Schönheit, erotische Ausstrahlung, Jugend usw. sind ideale Werte usw.). Die meisten topischen Aussagen bleiben in ihrer Wertung ideologieredundant, d.h. sie wiederholen vorhandene Ideologeme (Meinungen, Erwartungen, Normen usw.) der Gesellschaft, ohne sie zu verändern, d.h. ideologisch informativ zu werden, neue Ideologeme zu verkünden. Daraus ergibt sich, daß Werbung in der Regel affirmativ-konservative Einstellungen vermittelt, allerdings auch Modetrends folgt, sofern sie kommerziell genutzt werden können (z.B. Erscheinungen der Pop-Kultur).

Als *enthymematische Ebene* kennzeichnet Eco die aus bestimmten Bildern zu ziehenden Folgerungen im Sinne allgemeiner ethischer o.ä. Aussagen oder entsprechender Appelle an den Konsumenten. Eco kennzeichnet als Enthymem beispielsweise das Bild einer jungen Mutter, die sich ,vorbildlich' verhält, indem sie ihr Kind mit dem Produkt X nährt und so andere Mütter zu gleichem Verhalten auffordern soll. Die enthymematische Ebene steht in engem Bezug zur topischen Ebene, insofern ein Enthymem ein Wahrscheinlichkeitsschluß ist, also ebenfalls eine logische Beweisführung, allerdings mit unvollständigen Prämissen, darstellt. Ermöglicht wird die Folgerung aus der jeweiligen Bildkombination durch den Antonomasiecharakter (die generalisierende Bedeutung, vgl. S.134) bestimmter Werbebilder.

Die vorgenannten semiotisch-visuellen Ebenen Ecos bedürfen m.E. einer Ergänzung durch eine Ebene der graphischen Mittel, eine *graphische Ebene*, die die genutzten graphischen Möglichkeiten und ihre Aussagewirkung erfaßt. Der Gebrauch bestimmter graphischer Möglichkeiten (z.B. der Drucktype, der Bildwiedergabe, der Farbenwahl u.ä.), durch die die phatische Dimension der erweiterten sprachlichen Funktionen nach Jakobson[150] realisiert wird, kann im Leser oder Betrachter einer Anzeige bestimmte Bedeutungsassoziationen oder Konnotationen hervorrufen, die die Gesamtbedeutung der Werbenachricht beeinflussen, ebenso wie dies bestimmte musikalische oder andere akustische Effekte in Werbesendungen des Rundfunks oder Fernsehens bzw. Films vermögen. Beispielsweise wirkt die Verwendung einer Frakturschrift in bestimmten Werbeanzeigen (z.B. für Asbach Uralt-Weinbrand) archaisierend, konnotiert Tradition und Erfahrung, auch wenn diese Werte nicht ausdrücklich verbalisiert erscheinen; die Wiedergabe einer Handschrift kann Vornehmheit, Gewandtheit oder Naivität ausstrahlen, ein

---

[150] R. Jakobson (vgl. S.48 Anm.95).

Foto wirkt realistischer, echter, wahrheitsgemäßer als eine Zeichnung; bestimmte Farben können aufreizend, geschmackvoll gewählt oder atmosphärisch emotional wirken usw.

Selbst Reduktionstechniken, wie etwa die Abkürzungen in Kleinanzeigen, können – kontrastiv in Werbeanzeigen verwendet – überraschende Wirkungen zeitigen, wie dies z. B. eine Plakatanzeige (1977) für Stereoanlagen von Philips verdeutlicht, die über der Abbildung des Produkts die Schlagzeile ‚Konzertsaal preisw. zu verk.‘ enthält. Dieses Beispiel verdeutlicht die Aussagenredundanz vieler Anzeigen: Der metaphorisch verfremdete Text (der durch die Metapher ‚Konzertsaal‘ den Wert der Ware zu steigern sucht), drückt so (bei gleichzeitiger graphisch bewirkter Transponierung in die Ebene der Angebote durch Kleinanzeigen) verbal das aus, was das Plakat auch ohne Worte, allein schon durch seinen allgemein bekannten Plakatcharakter, verkündet: Daß die Firma Philips ein neues Gerät zum Verkauf anbietet. Ebenso kann also die äußere Form einer Werbeanzeige, eines Werbeplakats oder Werbefilms bereits eine Nachricht verkünden, also Zeichenwirkung ausüben, die auf dieser graphischen Ebene erfaßt werden sollte.

Gegenüber der an R. BARTHES angelehnten Semiotik ECOS stützen sich die Werbebildanalysen W. NÖTHS [151] auf die Zeichentheorien von Ch. S. PEIRCE und Ch. W. MORRIS, wobei NÖTH vor allem die Zeichentypen von PEIRCE und die behavioristische Semioseerklärung von MORRIS auf die Analyse von Werbebildern anwendet. Von den drei Zeichentypen, dem auf direkter Verbindung (Kontiguität) zu seinem Objekt beruhenden **Index**, dem zum Objekt in Ähnlichkeits- oder Abbildungsrelation stehenden **Ikon** und dem auf arbiträrer Konvention beruhenden **Symbol**, habe das letztere die geringste Werbewirkung, es aktiviert als Erkennungssignal (Markenzeichen o. ä.) lediglich die Erinnerung. Häufiger nutzt die Werbung dagegen Ikone, etwa in der Form der Produktabbildung. Wichtiger sind jedoch Indices (meist in Verbindung mit ikonischen Zeichen), die als Abbildungen produktfremder Gegebenheiten (z. B. Partys, Verwendungssituationen, Wertstücke u. a.) zur Aufwertung des Produkts (vertreten durch sein Ikon) führen, insoweit hier Bedeutungs- und Signalübertragungen vollzogen werden (fast nach dem Schema des Pawlowschen Hundeversuchs). Daraus wird die Vorliebe vieler

---

[151] W. Nöth, Semiotik (vgl. Anm. 45).

Werber für Marken- und Gestaltungsstrategien mit (übertragbaren) situativen Zusatzinformationen erklärbar.

7.3 Bild und Text

Ein wichtiges semiotisches Problem, das auch bei der Anzeigenanalyse Beachtung verdient, ist das Verhältnis von Bild und Text in den Werbeanzeigen und Werbesendungen. R. RÖMER und U. ECO stimmen darin überein, daß der Text und seine Sprache gegenüber dem für Assoziationen und Fehldeutungen offenen Bild eine stabilisierende Funktion haben. Die durch das Bild leicht zum Abschweifen angeregten Vorstellungen sollen durch den Text wieder eingefangen und auf den Werbegegenstand und seinen Kauf oder Konsum gelenkt werden. Das Bild bleibt so nur aufmerksamkeitshaschendes und Wünsche weckendes Mittel im Dienste des verbalen Werbeappells. Die Verbindung von Bild und Text kann – wie ECO[152] gezeigt hat – zu verschiedenen Arten des Verhältnisses der beiden Zeichenkomponenten zueinander führen.

Ein übereinstimmendes *(homologisches)* Verhältnis ist dann gegeben, wenn die Aussagen des Textes im Bild ihre Entsprechung finden, wenn also gewählte Belebungstaktik und kommunikative Funktion im Bild wie im Text einander entsprechen, oder anders gesehen: wenn die topischen und die enthymematischen Aussagen des visuellen Registers mit denen des verbalen Registers übereinstimmen und Bild, Text und Sprache in den Denotationen, mitunter auch in den Konnotationen, einander adäquat bleiben.

Es sind allerdings auch Divergenzen verschiedener Art zwischen der Bildaussage und der Textaussage möglich, etwa derart, daß die ikonografischen Aussagen des Bildes (z. B. dessen ideologischer Hintergrund, dessen gesellschaftlicher Horizont oder dessen Geschmacksniveau oder dgl.) sich auffallend von Aussage und Niveau des Textes abheben; beispielsweise, wenn eine Werbeanzeige für Obstkonserven (Del Monte, 1974) mit einem Bild wirbt, das zwölf weiß gekleidete Krankenschwestern mit einer schwarz gekleideten (Ober)schwester in der Mitte an einer langen Tafel bei einem Mahl mit Kelchen versammelt zeigt, ein Bild also, das in der Anordnung, der Haltung und der Gestik der Personen sowie in der Bereitstellung der Geräte (Tische, Kelche) eindeutig Leonardo da Vincis Abend-

---

[152] U. Eco, a. a. O., S. 278 ff.

137

mahlsdarstellung nachahmt und somit religiöse, sakrale, ethisch-ca-
ritative und kunsthistorische Assoziationen bei einem kundigen Betrachter evoziert, auf die im vergleichsweise banalen Text, der lediglich Hinweise auf die Auslese des Obstes, die Möglichkeit des Ser-
vierens für Gäste und ein Rezept enthält, mit keinem Wort eingegangen wird (allenfalls im Hinweis auf die Möglichkeit, Gäste durch
verlockende persönliche Dessert-Ideen ‚aufs köstliche zu überra-
schen‘) (vgl. nachfolg. Bild und Text). Wir haben es hier bei dieser

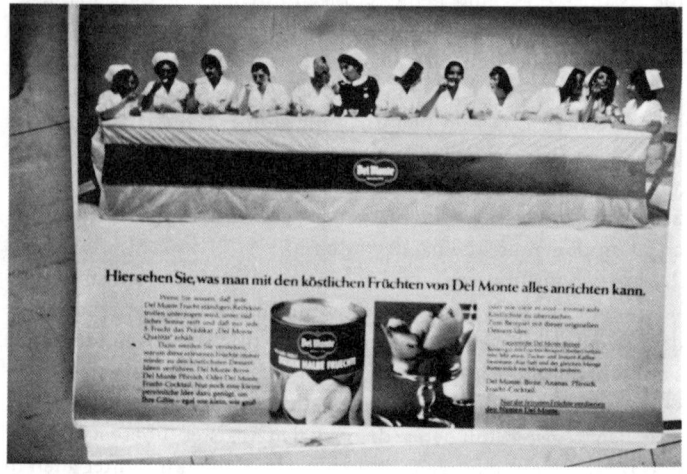

blasphemisch anmutenden Verfremdung des Bildteils sicher mit einem Einzelfall zu tun, bei dem die betreffende Werbeagentur die
Aufmerksamkeitswirkung der Anzeige durch einen ‚kulturellen
Schock‘ für ein gebildetes Publikum, durch die Nutzung ästheti-
scher Traditionen bei anderen, zu steigern suchte (für die weniger
Kundigen bleibt das Bild informationsarm, der Text lediglich prag-
matisch informativ und persuasiv), doch beweisen auch andere, weniger auffallende Anzeigen solche Diskrepanzen zwischen Wort und
Bild ebenso wie zwischen deren Aussagen und deren Rhetorik.

Eco hat an mehreren Beispielen unterschiedliche Bild-Text-Ver-
hältnisse hinsichtlich der Ideologie und Rhetorik ihrer Botschaften
aufgezeigt und vier Typen dieses Verhältnisses erläutert: 1. Anzeigen mit rhetorischer Redundanz und ideologischer Redundanz der
persuasiven Botschaft, wenn Text und Bild, Ikonographisches und

Rhetorisches die gleichen Intentionen und Aussagen enthalten (z. B. Darstellung erfolgreicher, gepflegter, schöner Menschen im Bild: Hinweis auf Erfolg und Schönheit durch das Produkt X im Text), 2. Anzeigen mit rhetorischer Information und ideologischer Redundanz, wenn das Bild mehr sagt, als der Text vermittelt, es jedoch in der globalen Konsumideologie mit diesem übereinstimmt (vgl. die Abbildung der Del Monte-Anzeige, S. 138), 3. rhetorischer Redundanz und ideologischer Information, wenn Text (und Bild) traditionelle ideologische Bewertungen (z. B. Größe, Komfort) angreifen und durch andere ersetzen, die textliche (und bildliche) Rhetorik jedoch traditionell bleibt und keine verfremdenden Kunstmittel einsetzt (Ecos Beispiel einer VW-Werbung in den USA), 4. rhetorischer Information und ideologischer Information, wenn rhetorische (textliche und bildliche) Mittel eigene Informationen bieten, die zugleich das ideologische Feld verändern, wofür Eco das Beispiel eines Plakats gegen den Vietnamkrieg in Form eines vergrößerten Formulars über den Kriegstod eines Angehörigen anführt. Hier sind Aufmachung und Aussage des Plakats in gleicher Weise ungewohnt (also neuartig = informativ) und nonkonformistisch. In der Warenwerbung dürften ähnliche Formen kaum zu erwarten sein, da diese dann gegen die vorherrschende Konsumideologie der Werbung Stellung nehmen müßten, also Antiwerbung wären.

7.4 Mögliche Erschließungsfragen zum visuellen Kode in der Werbung

1. Welche bildlichen/grafischen Einzelheiten enthält die Anzeige (das Plakat o. ä.)? 2. Welche Elemente sind hervorgehoben, stehen im Vordergrund? 3. Welche hier möglichen Bildelemente sind ausgelassen? Warum wohl? 4. Wie geschieht die Hervorhebung? 5. Wie sind die Bildelemente verteilt? 6. Ist es eine bildreiche Anzeige? 7. Wo sind besondere Blickfänge? 8. Wie wird das Werbeobjekt (Produkt o. ä.) dargestellt, wie hervorgehoben? 9. In welchem Verhältnis stehen die Bildelemente zum Produkt bzw. Werbeobjekt), zur gewählten Markenstrategie? 10. Welche vordergründigen Aussagen ergeben sich aus der bildlichen Darstellung? 11. Welche Assoziationen oder Wunschvorstellungen lassen sich mit den Bildern verbinden? 12. Welche ideologischen bzw. moralischen Folgerungen legen die Bildelemente nahe? 13. In welchem Verhältnis stehen Bild und

Text (bzw. Textteile) in den einzelnen Anzeigen (redundant, komplementär, differierend, konträr)? 14. Welche Eindrücke löst die grafische Gestaltung aus? 15. Wie wirkt die Farbgebung? 16. Wie wirken Markenzeichen und bildliche Zusatzelemente? 17. Welche sind als Aufmerksamkeitssignale, welche als Verweissignale geeignet?

8 Werbung im Rundfunk und Fernsehen

8.1 Die Bedeutung der Funkmedien für die Werbung

Mit der Einführung der Funkmedien Rundfunk (1925) und Fernsehen (1956) in Deutschland hat die ältere Anzeigenwerbung zwei wichtige Konkurrenten erhalten, die diese inzwischen umsatzmäßig fast eingeholt haben. Von den Gesamteinnahmen der Funkmedienwerbung im Jahre 1976 in Höhe von 1,068 Milliarden DM netto (1,386 Md. brutto) entfielen beispielsweise 861 Mill. DM (1,076 Md.) auf das Werbefernsehen (519,2 Mill. ARD, 342 Mill. ZDF) und 206,7 Mill. DM (netto) auf den Werbefunk der ARD und das hier ebenfalls stark vertretene Radio Luxemburg (160,2 Mill. ARD und 46,5 Mill. DM RTL). Die Nettoumsätze der Anzeigenwerbung in Publikumszeitschriften (ohne Fachzeitschriften und Zeitungen) betrugen dagegen 1,283 Md. DM[153]. Die Anzeigenwerbung in den Illustrierten und die Werbesendungen in den Funkmedien sind also am Umsatz gemessen nahezu gleich stark einzuschätzen.

Es ist in der werbewissenschaftlichen Literatur jedoch umstritten, welche Trägermedien in der Werbung insgesamt erfolgreicher sind, d. h. mehr und intensiver auf die möglichen Konsumenten einzuwirken vermögen[154]: Zeitschriftenanzeigen (z. T. auch Zeitungsanzeigen) mit ihren statischen Momentbildern und Lesetexten, die im Kontext interessanter Illustrierteninformationen wirksam miterfaßt sein wollen oder die nur hörbaren Radiospots des Werbefunks einzelner regionaler oder überregionaler Sender, die ständig oder nur zu bestimmten Sendezeiten ihre attraktiven Musiksendungen zur

---

[153] Alle Zahlenangaben entstammen dem Jahrbuch Werbung des ZAW 1976/77, S. 108, 140, 146.
[154] Vgl. dazu die Diskussion in ‚Der Spiegel‘ 13/1976.

Einblendung von Werbung unterbrechen, bzw. die kurzen Werbesendungen des Fernsehens, die Bild-Texteinheiten in filmischer Abfolge audiovisuell vermitteln.

Das hier angedeutete Konkurrenzverhältnis der verschiedenen Massenmedien besteht jedoch nur in der Sicht der privaten Zeitschriften- und Zeitungsverleger, vielleicht auch bei einigen Intendanten und Finanzchefs der Funkanstalten; für die Warenproduzenten wie für die Werbebranche handelt es sich hier eher um ein Komplementärverhältnis der Medien in ihrem Buhlen um die Gunst der Medienrezipienten als potentielle Konsumenten. Das erweist sich z. B. schon an den unterschiedlichen Sendeformen und Sendezeiten und den dadurch bedingten Unterschieden in den Zielgruppen. Während die Fernsehwerbung nur in der Zeit zwischen 18 und 20 Uhr über kurze Sendeabschnitte verfügt und dementsprechend (außer den Kindern und Alten) vor allem diejenigen erreicht, die bereits Feierabend haben, verfügt die Funkwerbung der einzelnen Sender den ganzen Tag über Sendegelegenheiten, die bevorzugt zwischen beliebte Musik- und Unterhaltungssendungen eingefügt werden (ebenso wie die Fernsehwerbungen meist mit spannenden Unterhaltungsserien gekoppelt sind), um eine möglichst große Zahl derer zu erreichen, die tagsüber, d. h. auch bei ihrer Arbeit Radio hören können (z. B. Hausfrauen, Autofahrer, bestimmte Handwerker, Rentner). Der Zeitanteil und der Anteil an gesendeten Werbespots sind bei der Rundfunkwerbung auch entsprechend größer als bei der Fernsehwerbung[155], was wohl nicht nur durch die wesentlich höheren Kosten der Fernsehwerbung bedingt ist[156].

Eine Tabelle über die prozentualen Branchenanteile an der Sendezeit beider Funkmedien in der Bundesrepublik (ohne RTL-Sendungen) im Jahre 1976 (Rundfunk jeweils in Klammern) vermag zu zeigen, in welchem Maße die einzelnen Branchen mehr das eine oder das andere Medium bevorzugen, aber auch, welche Branchen hier

---

[155] In der gesamten Fernsehwerbung (ARD + ZDF) wurden 1976 = 107 072 Spots in 790 Sendestunden gesendet; die Rundfunkwerbung (einschließlich Radio Luxemburg) umfaßte dagegen 263 444 Spots in 2312 Sendestunden (Angaben nach: Jahrbuch Werbung 1976/77, S. 141, 146).

[156] Eine Sendeminute kostete (ab 1. 1. 78) beim ZDF zwischen DM 77 000,– (i. März/April bzw. Oktober/November; 15 sec. 26 900,– DM) und DM 59 000,– (i. Juli/August, 15 sec. = DM 20 700,–); beim Westdt. Werbefernsehen (nur f. Nordrhein-Westfalen) = DM 34 000,– (15 sec. = 11 800,– DM).

besonders werbeintensiv sind (z. B. Nahrungsmittel, Süßwaren, Kosmetika und Waschmittel)[157].

Tabelle über die Branchenanteile an der Sendezeit der Werbesendungen in Fernsehen und Rundfunk
(in Prozentzahlen) (Rundfunk in Klammern)

1. Nahrungsmittel	7,0 (10,3)		13. Pharmaceutische und		
2. Milchprodukte	3,0 (2,1)		Schlankheitsmittel	3,7 (3,0)	
3. Heißgetränke	5,0 (7,5)		14. Haus und Garten	6,2 (5,8)	
4. Alkoholfreie			15. Putz- und		
Getränke	3,1 (3,8)		Pflegemittel	6,8 (4,0)	
5. Bier, Wein, Sekt	2,4 (4,8)		16. Waschmittel	8,8 (8,6)	
6. Spirituosen	2,0 (1,7)		17. Straßenfahrzeuge und		
7. Süßwaren	10,2 (8,2)		Zubehör	3,2 (3,6)	
8. Tabakwaren	0,2 (0,3)		18. Medien, Freizeit	6,0 (10,2)	
9. Kleidung, Textilien			19. Verkehr, Touristik	0,5 (1,7)	
und Schuhe	0,6 (2,4)		20. Handel	2,2 (5,6)	
10. Foto, Optik, Uhren			21. Finanzwirtschaft	4,3 (6,5)	
Schmuck	1,1 (0,6)		22. Landwirtschaft		
11. Körperpflege,			Tiere	2,1 (1,1)	
Kosmetik	13,6 (4,9)		23. Sonderformen der		
12. Mundpflege	5,0 (1,3)		Werbung	1,2 (1,1)	
			24. Verschiedenes	1,2 (1,1)	

Die Übersicht bestätigt, daß – trotz mancher Ungleichheiten – die meisten Branchen Rundfunk- und Fernsehwerbung etwa in gleichem Maße in ihre Werbungen einbeziehen.

8.2 Besonderheiten der Rundfunkwerbung

Die Rundfunkwerbung ist wie die Anzeigenwerbung monosensorisch; sie nutzt nur die akustische Signalvermittlung für ihre Zwecke. Im Gegensatz zur Anzeigenwerbung, wo die Werbebotschaften beliebig oft visuell empfangen werden können, bleiben alle funkischen Werbungen an den Zeitverlauf der jeweiligen Sendung gebunden.

Die Produzenten der Werbesendungen bemühen sich daher intensiv, durch unterschiedliche Mittel kotextueller wie gestalterischer Art die Aufmerksamkeitswirkung der Sendungen zu erhöhen.

---

[157] Angaben nach Jahrbuch Werbung 1976/77 S. 143 u. 147 zusammengestellt (Zahlen dort nach Sendern aufgeschlüsselt).

Solche kotextuellen Mittel bestehen in der Einbettung in attraktive Musiksendungen (Schlagersendungen, evergreens, Wunschkonzerte) sowie im Kontrast von Musik und Werbetexten. So wie der Illustriertenleser die Zeitschriften nicht primär um der Werbung willen liest, diese vielmehr nur als Beikost gereicht erhält, so wählen die Radiohörer die Sendungen der Funkwerbung nicht um der Werbung willen. Dem Kontrast zwischen bildreichen, auffälligen Werbeanzeigen und dem informativen Illustriertentext entspricht in der Radiowerbung der von Musik und Werbesendung. Die Unterbrechung der Musik ist allerdings oft auffälliger und mitunter suggestiver wirksam als der visuelle Lesereiz der Werbeanzeigen.

Diese Wirkung soll in der Rundfunkwerbung vor allem bei den Zielgruppen erreicht werden, die zeitlich in der Lage sind, solche Sendungen zu hören. Vormittags werden dabei besonders Hausfrauen angesprochen, denen Schlager und Evergreens oft in der Form von Wunschkonzerten geboten werden, wobei der Anschein einer demokratischen Programmwahl oder der einer besonderen Hörernähe durch telefonische Hörerinterviews u. ä. zusätzlich stimulieren soll. Nachmittags gehören Kinder und Jugendliche zu den angesprochenen Zielgruppen, denen die Werbespots zwischen beliebten Musiksendungen als Tonkonserven oder (gegen Aufpreis) live durch einen Diskjockey oder Moderator vermittelt werden. Die Abstimmung der Rundfunkwerbung auf die Bereiche des Haushalts und des Kinder- und Jugendkonsums spiegelt sich in den entsprechend höheren Sendezeitanteilen bestimmter Branchen im Hörfunk (z. B. bei Nahrungsmitteln 10,3 %, Freizeit- und Medienwerbung 10,2 %, Waschmittel 8,6 %, Süßwaren 8,2 %, Heißgetränken (Kaffee, Tee) 7,5 % der Sendezeit.)

Neben dem Unterhaltungskotext ist die Gestaltung der Werbespots von großer Wichtigkeit.

Die Signalvermittlung über Funkwellen, aus denen der Rundfunk hervorging, beschränkte sich zunächst auf Sprechsendungen, sehr bald auch auf Musiksendungen. Diese funkischen Grundformen findet man auch in der Werbung wieder. Dabei konzentrieren sich die Sprechsendungen des Rundfunks auf offizielles Sprechen, wie es in Nachrichtensendungen, Programmansagen u. ä. begegnet, ferner auf dokumentarisches Sprechen, wie es Reportagen, Interviews u. ä. eigen ist, und auf fiktives Sprechen, wie man es in Erzähltexten, Schauspielen und Hörspielen findet. Dem offiziellen Sprechen ist der Charakter des Informativen und Gültigen eigen, dem dokumentarischen Sprechen der des Realitätsbezogen-Wirklichen, dem fiktiven Sprechen der des Künstlerischen und Symbolischen. Der Werbefunk sucht diese drei Sprechweisen in seinen Werbesendungen zu nutzen. Dem offiziellen Sprechen nachgebildet sind die Ansagen und Aussagen anonymer Off-Sprecher, die mit markanter oder suggestiv wirkender Stimme Behauptungen über die Qualität und den Nutzen der Ware verkünden; dem dokumentarischen Sprechen entsprechen (vorgebliche) Verbraucherinterviews, in denen sich angebliche oder wirkliche Kunden (stets positiv) zu den Werbeobjekten äußern; fiktives Sprechen im engeren Sinne findet sich in eingeblendeten Slogans, Werbesprüchen, Szenen u. ä. (im weiteren Sinne sind natürlich sehr viele Werbetexte fiktiver Natur). In der nur auf akustische Eindrücke angewiesenen Werbung kommt den Sprecherstimmen (neben dem Inhalt der Spots) eine besondere Bedeutung zu. Die Wirkung der menschlichen Stimmen wird häufig durch zusätzliche Geräusche verstärkt, die eine Realitätsnachahmung, Stimmungsweckung oder eine besondere Signalwirkung anstreben sollen.

Die Schaffung eines Wirklichkeitseindrucks allein mit Sprechstimmen und anderen Geräuschen wird in den meisten Funkwerbespots erstrebt. Dabei kann es sich um Mitteilungen eines einzelnen Sprechers handeln (z. B. *Römer-Pils. Da schmeckt man die kraftvolle Würze*, gesprochen von einer sonoren kräftigen Männerstimme) oder um Dialogszenen, in denen eine kundige Person eine weniger kundige über Qualitäten einer Ware oder Dienstleistung aufklärt. Eine solche Werbeform macht sich die Imaginationswirkung dialogischer Hörszenen zunutze, wie sie durch Hörspiele, Interviews u. ä. bekannt sind. Die Werbeabsicht kann durch derlei Realitätsfiktionen mitunter etwas verschleiert werden. Solche Dialoge folgen dabei oft einem dialektischen Aufbauprinzip von These-Antithese und Synthese, indem zunächst ein Sprecher (oder eine Sprecherin) einen Schaden oder Mangel feststellt, ein anderer (eine andere) daraufhin das Werbeobjekt als Abhilfe empfiehlt und der erste Sprecher (mitunter auch ein Off-Sprecher) die Qualität der Ware bestätigt o. ä. und zu einer allgemeinen Anpreisung ausweitet. Manchmal wird ein solches Schema zur einfachen Mangelkennzeichnung und Hilfekennzeichnung verkürzt.

8.2.2 Die Musik in der Funkwerbung

Ein Großteil der Werbesendungen des Rundfunks (wie des Fernsehens) sucht die Musik als zusätzliches Werbemittel zu nutzen[158]. Dabei ergeben sich drei verschiedene Nutzungsmöglichkeiten: 1. musikalische Erkennungssignale und leitmotivische Sloganbegleitungen oder Melodien zu entsprechenden Werbetexten oder -liedern, 2. eine textbegleitende oder textergänzende musikalische Untermalung, 3. die (zitatähnliche) Einblendung klassischer Musikpartien zur Stilisierung der Werbung.

Die Einblendung bestimmter Tonfolgen oder Melodien als Erkennungssignale wird in zunehmenden Maße in der Rundfunk- und Fernsehwerbung genutzt. Sie erscheinen meistens am Anfang oder am Schluß der einzelnen Werbesendungen, übernehmen so gleichsam die Funktion der Aufmerksamkeitsweckung oder der Mitteilungsverstärkung, wie sie in Werbeanzeigen der Schlagzeile oder dem Slogan zukommen. Sie dienen außerdem einer zusätzlichen Differenzierung und Identifizierung der jeweiligen Werbung, was besonders in der Rundfunkwerbung wichtig ist. Dementsprechend beschränken sich derartige musikalischen Signale auf kurze leicht einprägsame Tonfolgen oder auf die Übernahme oder Imitation von Melodien, die aus Volksliedern oder Schlagern vertraut sind, häufig mit einem untergelegten Produktnamen oder einem Werbetext in Sloganform, z. B. *in CREDO ist Natur* (Duftspray); *Einen Tusch für Küppersbusch* (Herde); *Nimm den Husten nicht so schwer...* (nach der Melodie ‚Horch, was kommt von draußen rein, (Hustinetten).

Die zweite Form der Musikverwendung, die Musikuntermalung, wird meistens dazu verwendet, bestimmte Aussagen über das Werbeobjekt ‚abzutönen‘, um die erstrebte emotionale Wirkung durch zusätzliche musikalische ‚Konnotationen‘ zu steigern, ,,das Image einer Ware mit einem besondeen Flair auszustatten.‘‘[159] So verwenden z. B. bestimmte Waschmittelwerbungen gern zarte, einschmeichelnde Melodien zur Untermalung, Autowerbungen dagegen mehr festlich-feierliche Töne. Die Wahl der Begleitmusik ist dabei weniger von der Art der Werbeobjekte abhängig als vielmehr von der

---

[158] Vgl. hierzu: H. de la Motte-Haber, Das singende und klingende Plakat. Werbung durch Musik, STZ 42/1972, S. 143 ff.
[159] H. de la Motte-Haber, a. a. .O., S. 146.

Markenstrategie oder der Zielgruppe und den Erwartungen, die diese mit der Ware verbindet bzw. die ihr damit suggeriert werden (z. B. Prestige, Luxus, Lebensgefühl der Freiheit, Jugend, Sicherheit usw.)[160].

Die dritte Form der Musikverwendung, die Zitierung klassischer oder moderner Musik, dient weniger der Hervorhebung der Ware oder der Werbeaussagen als vielmehr der Stilisierung des Konsumrahmens und der Konsumatmosphäre, die auf diese Weise erhöht werden sollen, wodurch indirekt eine Werterhöhung (des Tauschwerts) des Werbeobjekts versucht wird. Wenn z. B. ein Werbespot für Sekt mit Bachs h-moll-Suite eingeleitet und ausgeleitet wird, so soll dies eine stilvolle Atmosphäre vortäuschen, zu der dieses Getränk passen soll, in die aber auch der Konsument durch den Genuß scheinbar versetzt wird. Die Musik erfüllt so die gleiche Funktion, die in manchen Werbeanzeigen der Bildgestaltung und den Farben zukommt. Die Kunst selbst wird jedoch so „auf die tiefste Stufe des Unkünstlerischen" transponiert[161].

8.3 Besonderheiten der Film- und Fernsehwerbung

Durch ihren multisensorischen Charakter, der sich aus der gleichzeitigen Ansprache des optischen wie des akustischen Sinnes ergibt, bilden die Filmwerbung und die Fernsehwerbung gewissermaßen die Krönung der medialen Werbemöglichkeiten. Sie sind zugleich die aufwendigsten und teuersten Werbeträger. Durch die Verkettung bewegter Bilder zu Vorgängen und Handlungen bei gleichzeitigen Sprechtexten oder Musik- und anderen Geräuschen sind sie den monosensorischen Werbeträgern der Anzeige wie des Hörfunks weit überlegen und akkumulieren gleichsam deren Einzelwirkungen zu einem nachhaltigen Gesamteindruck (ohne allerdings stets eine entsprechende Effektivitätssteigerung zu erreichen, s. u.).

Film und Fernsehen (und damit zu einem Teil auch deren Werbesendungen) genießen zudem als die technisch moderneren Medien ein höheres Ansehen[162]. Ihr Einsatz zur dokumentarischen Informationsvermittlung (in Wochenschau und Fernsehnachrichten u. ä.) färbt auch auf die Verwendung als Werbeträger ab und verleiht so

---

[160] Allerdings können bestimmten Klangfarben auch bestimmte Assoziationen und Symbolwirkungen zugesprochen werden, so z. B. der Klangfarbe der Flöte, Vorstellungen von Reinheit und Klarheit, vgl. de la Motte-Haber, a. a. O. S. 150.
[161] Ebd. S. 153.
[162] Vgl. J. Brechtel-Schäfer (Anm. 50) S. 37.

auch den Werbesendungen dieser Medien einen größeren Wahrheits- und Echtheitseindruck, besonders bei Kindern und naiven Erwachsenen, die die Vorgänge der Filmherstellung nicht kennen und die gefilmten Szenen (auch die Werbeszenen) für echte Lebenssituationen halten.

Die stärkste Nutzung des audio-visuellen Mediums für Werbezwecke erfolgte lange Zeit in der Filmwerbung. Die Kinos waren schon in den 20er Jahren dazu übergegangen, die Wartezeiten vor und zwischen längeren Filmen durch Werbung auszufüllen, um so zusätzliche Einnahmen von den Werbeagenturen zu erhalten. Zunächst wurden dabei plakatähnliche Werbediapositive mit Musikuntermalung, später mit zusätzlichen Lautsprecherdurchsagen vorgeführt. Seit den 50er Jahren verdrängen Werbefilme mit Sprechtexten und eingespielter Begleitmusik die einfachen Reklameformen.

Heute dauern Werbefilme in den Kinos, zumeist in Breitwand und mit Stereoton, oft mehrere Minuten. Sie bieten häufig gefühlvolle Stimmungs- und Vorgangsschilderungen und in der Regel erst am Ende empfehlende Hinweise auf das Werbeobjekt. Die sentimentalen Bild- und Musikdarbietungen, die das Markenimage emotional verstärken sollen, dienen so der Ein- und Umstimmung auf die angepriesenen Waren. Evtl. vorhandene Ressentiments gegen merkantile Werbeaktionen sollen zudem nicht sogleich geweckt, vielmehr verdrängt werden.

In der Fernsehwerbung wird diese Einstimmungsphase drastisch verkürzt, aber nur selten aufgegeben. Die kurzen Sendezeiten, die teuer bezahlt werden müssen, lassen dafür nur wenig Raum. Zugleich mit der Frage nach den Kosten eines Werbespots von 15, 20, 30 oder (selten) mehr Minuten ist von den Werbern die Wirksamkeit dieser Sendungen zu bedenken.

Da in der Bundesrepublik die Fernsehwerbung in geschlossenen Blockzeiten (zwischen 18 und 20 Uhr) erfolgt (im Gegensatz zum privaten Fernsehen in den USA mit ständigen Spot-Einblendungen), steht hier jeder Werbespot in unmittelbarer Konkurrenz zu anderen Spots. Er muß also durch besondere Gestaltungsmerkmale gegenüber anderen ausgezeichnet sein, um besonders bemerkt (und gemerkt) zu werden, wobei die Konkurrenten vorher kaum bekannt sind, Kontrastplanungen also nicht möglich sind. Bei der Ausgestaltung suchen die Werber, die die Fernsehspots entwerfen und meistens durch besondere Produktionsgesellschaften herstellen lassen, möglichst alle Komponenten des audio-visuellen Mediums (Bild, Text, Musik bzw. Geräusche) wirkungsvoll zu nutzen. Dabei werden in der Regel die gleichen oder ähnliche Marken- und Gestaltungsstrategien gewählt wie in der Anzeigen- und Rundfunkwerbung (vgl. S. 59 ff.), nur daß hier die jeweiligen Gestaltungselemente stärker zur Wirkung kommen. So kann z. B. der visuelle Eindruck durch die Art der Bildbewegung (Zahl, Dauer, Dynamik, Personen- und Gegenstandswechsel, Beleuchtung, Transparenz u. ä.) modifiziert und intensiviert werden. Für die akustischen Möglichkeiten (Sprechstimmen, Musik, Geräusche u. ä.) gilt das schon bei der Rundfunkwerbung Gesagte, nur daß auch hier im Zusammenwirken mit anderen Faktoren bessere Wirkungen erreicht werden können.

Die Fernsehwerbung nutzt diese reicheren Möglichkeiten jedoch größtenteils nicht zu einer verbesserten Information über die Werbeobjekte, sondern zur Verstärkung der emotionalen Einflußnahme. Wie verschiedene Untersuchungen ergaben, wird ein großer Teil der Sendezeit dieser Spots nicht zur Unterrichtung über die Markenartikel und Dienstleistungen genutzt, sondern zur Vermittlung sog. ,unthematischer Informationen', die der Auslösung von Stimmungslagen und Gefühlen (sog. *Anmutungen*) dienen. Der multisensorische Charakter des Fernsehens erweist sich gerade für derartige Akkumulationen des Emotionalen als besonders günstig[163]. Besonders in den Anfangsteilen der Werbespots sind solche ,unthematischen Informationen' häufig zu finden. Oft sind es bloße Situationsdarstellungen, die später auf das Werbeobjekt verweisen, es als Helfer erfordern o. ä., oder es sind schnelle Bildfolgen von bestimmten Verwendungssituationen (z. B. Partyaufnahmen o. ä., deren schnelle Bildabfolge erhöhte Vitalität signalisieren sollen, so z. B. in Pepsi-Cola-Werbungen), oder es handelt sich einfach um ideale Lebenssituationen, denen später das jeweilige Werbeobjekt zugesellt wird, in der Hoffnung, so durch räumliche und zeitliche Nähe zum Idealen Bedeutungselemente (Konnotationen) davon dem Produktimage beifügen zu können (vgl. S. 136).

Der Mangel an sachlicher Information und Argumentation, der in beiden Funkmedien größer als in der Anzeigenwerbung zu sein

---

[163] Brechtel-Schäfer, a. a. O., S. 228 f. – Auch B. Hauswaldt-Windtmüller (vgl. Anm. 17) teilt (a. a. O. S. 93) die Auffassung von L. Clausen (i. Behrens, Handbuch S. 107 ff.), daß die Werbung zur Minimierung von Information tendiert.

scheint, wird zudem durch den situativen Kotext des Fernsehempfangs begünstigt. Die Rezeption der Fernsehwerbung im privaten häuslichen Kreis, nach Feierabend, in der Verbindung mit spannenden (und entspannenden) Unterhaltungssendungen oder vor den Nachrichten fördert diese ‚Oberflächlichkeit'.

Die Massenansprache der Fernsehwerbung erlaubt andererseits kaum Festlegungen auf bestimmte Zielgruppen, da im Fernsehpublikum alle Bevölkerungsschichten vertreten sind. So ist das Fernsehen vor allem als Werbemedium für Massenbedarfsartikel geeignet (vgl. die Tabelle S. 142). Als eine besondere Publikumsschicht, die vom Werbefernsehen in besonderer Weise angesprochen wird, sind jedoch die Kinder anzusehen, die in vielen Familien bis 20 Uhr (mitunter auch länger) fernsehen dürfen. Für sie trägt die Fernsehwerbung oft noch Züge einer märchenhaften Unterhaltung, die durch entsprechende Zwischenbilder (Mainzelmännchen, Sandmännchen) noch verstärkt wird, was allerdings die Kinder nicht abhält, die in ihnen geweckten Konsumwünsche zu äußern und oft auch durchzusetzen (vgl. z. B. den hohen Anteil der Süßwarenwerbung). Wie sehr das Werbefernsehen hier auch negativ erzieherisch wirken kann, ist bereits vermerkt worden (vgl. S. 17ff.).

Es mag schließlich auch mit der mangelnden Zielgruppendifferenzierung und der wenig spezifischen Information des Werbefernsehens zusammenhängen, daß der Anteil an Klischeevorstellungen und gesellschaftlichen Stereotypen hier besonders groß oder zumindest auffallend ist (vergleichbar sind hier vielleicht die Programmzeitschriften und manche Massenzeitschriften und -zeitungen). So erscheinen hier z. B. die gesellschaftlich bedingten Rollenzuordnungen besonders fest (etwa der Frau als Hausfrau, Mutter, Putzfrau, Köchin und Geliebte; der alten Menschen als gütige Tanten und Onkel, als Putzhilfen oder als Ratgeber; der Jugend als Pop-, Party- und Jeansfans usw.). Die gesellschaftlich affirmierende Kraft, die konservativen Schemata und die Scheu vor Emanzipationen (soweit sie nicht wirtschaftlich einträglich sind, wie z. B. die erfolgreich vermarkteten Pop- und Jeanssubkulturen), die der Werbung allgemein zugesprochen worden sind, werden in der Fernsehwerbung besonders evident.

Der hohe Gehalt an emotionalen, aber auch an gesellschaftlich relevanten Tendenzen in der Fernsehwerbung wie ihre Analysierbarkeit machen diesen Bereich der Werbung zu einem wichtigen Arbeitsfeld kritischer Didaktik. Die Analysen der Anzeigenwerbung und der Rundfunkwerbung erweisen sich dabei als nützliche Vorstufen.

8.4 Mögliche Erschließungsfragen zur Funkmedienwerbung

1. In welcher Weise sucht die Sendung Aufmerksamkeit zu wecken? 2. Werden die Konsumenten unmittelbar angesprochen? Wo? Wie? 3. Wer sind die Adressaten der Rundfunk- bzw. der Fernsehwerbung? 4. Welche Funktion haben hier Gespräche oder andere Dialoge? 5. Welche Wirkung wird mit der Personenwahl der Sprecher angestrebt? 6. Wo wird hier Musik eingesetzt? In welcher Absicht? Wie wirkt sie? 7. Was hat sie mit dem Werbeobjekt zu tun? 8. Wechselt die dargebotene Situation häufig? 9. Welche Bildfolgen werden gewählt? 10. Welche Bildgrößen? 11. Wieviel Sequenzen? 12. Wie ist die Sprechweise der Sprecher (sachlich, pathetisch, suggestiv, zärtlich, schwärmerisch o. a.)?

9. Andere Formen der Werbung

Die bisherigen Ausführungen konzentrierten sich vorwiegend – dem Buchtitel gemäß – auf die beiden wichtigsten, weil umsatzstärksten und auffälligsten Werbemittel, nämlich auf Werbeanzeigen und Werbesendungen. Im folgenden sollen andere Formen der Werbung, andere Werbemittel mit z. T. anderen Werbeträgern erwähnt werden. Wir können uns hier auf kurze Darstellungen beschränken, weil sich hier viele der bereits erläuterten Eigenheiten wiederholen. Man würde aber der Vielfalt der Erscheinungen in der Werbung nicht gerecht, wenn diese weiteren Werbemittel und Werbeträger unerwähnt blieben[164].

9.1 Außenwerbung (Plakatwerbung)

Die Außenwerbung gehört zu den ältesten Werbeformen. Sichtbare Werbungen im Großformat sind als Wandmalereien, Reliefs oder einfache Kritzeleien schon aus der Antike bekannt. Mit der graphischen Verwertung des Papiers und der Verbesserung des Buch-

---

[164] Vgl. dazu die verschiedenen Angaben bei K. Chr. Behrens, Handbuch (Anm. 1).

drucks ergaben sich neue, transportable Formen der Außenwerbung, von denen das *Plakat* schließlich die größte Bedeutung erlangte, ja mitunter auch künstlerischen Ruhm erreichte. Man denke nur an die Plakate Toulouse-Lautrecs oder mancher Expressionisten. Als Meilenstein bei der Entwicklung der Plakatwerbung sollte auch die Erfindung und Errichtung runder Säulen zur Aufnahme von Plakaten durch den Berliner Drucker LITFASS (1855) erwähnt werden, zumal diese Werbeträger heute noch neben den Plakattafeln, Anschlagwänden und sonstigen Plakatträgern, die unter dem Begriff der Außenwerbung zusammengefaßt werden, in Gebrauch sind[165].

Die Plakatwerbung zählt nicht zu den einnahmestarken Werbeträgern. Die Netto-Werbeeinnahmen der Außenwerbung (Plakatwerbung) mit ihren über 150000 gemeldeten Anschlagstellen waren jedoch 1976 mit 288,5 Mill. DM weit höher als die der Hörfunkwerbung mit nur 206,7 Mill. DM.

Die Plakatwerbung dient vor allem der Werbung für Massenartikel, für Veranstaltungen und für den Wahlkampf der politischen Parteien. Neuerdings nutzen auch Bundesbahn und Bundespost diese Mittel bei der Werbung für ihre Dienstleistungen. Die Vorzüge des Plakats liegen in seiner Sichtwirkung meist an zentralen Stellen, ferner in der damit verbundenen ständigen Wiederholung der Werbebotschaft für Fußgänger und Autofahrer, in der breiten Streuung in Stadt und Land, besonders auch für regionale Werbungen sowie in der Preisgünstigkeit für die Werbenden. Die Plakatgrößen sind meistens einheitlich festgelegt als DIN-A1-Wert (84 x 59 cm) oder als Teil oder Mehrfaches davon[166].

Weil Plakate im Vorübergehen oder Vorbeifahren nur flüchtig gesehen werden, sind sie in der Bild- und Textgestaltung meistens auf klare, schnell erfaßbare Informationen ausgerichtet. Ihre Texte beschränken sich auf kurze Angaben, oft nur auf Schlagzeilen oder Slogans. Mitunter erscheinen von textarmen Anzeigen auch Plakate.

9.2 Drucksachenwerbung

Die Direktwerbung mit Hilfe von Postsendungen unmittelbar an einzelne Adressaten gehört immer noch zu den wichtigsten Formen der Werbung. Mit rd. 1 Md. DM an Nettowerbeumsätzen machte

---

[165] Vgl. Jahrbuch Werbung 1976/77, S. 99.
[166] Vgl. R. Roth, Plakatwerbung, in: Behrens, Handbuch S. 531 ff.

sie 1976 rd. ¹/₈ aller Nettowerbeumsätze aus[167]. Zu den Formen der Drucksachenwerbung zählen Prospekte, Kataloge, Broschüren, Preislisten, Flugblätter, Werbekarten, Antwortkarten, Gutscheine und gedruckte Werbebriefe. Besonders die Produktions- und Investitionsgüterindustrie, einschließlich pharmazeutische Industrie, Verlage und Dienstleistungsunternehmen, aber auch Versand-, Groß- und Einzelhandel machen von dieser Werbeform regen Gebrauch. Während sich ein Großteil der Direktwerbung an Firmen und besonders ausgewählte Berufsgruppen (Ärzte, Lehrer, Ingenieure usw.) wendet, richtet sich ein anderer Teil (besonders mit Werbebriefen) auch an andere Verbraucher, bei denen ein Interesse für bestimmte Angebote vermutet wird, oder als Postwurfsendungen o. ä an alle Bewohner eines bestimmten Gebietes (z. B. Rolläden- oder Alufensterwerbungen an alle Eigenheimbesitzer). Adressen für Direktsendungen werden durch bestimmte Adressenverlage vermittelt, die sich diese von Behörden u. ä. zu beschaffen suchen und dann verkaufen, oder rühren aus früheren Bestellungen, Kundenkarteien u. ä. Da die Werbung dabei oft persönliche Daten (Geburtstage, Hochzeitstage, Interessen, Hobbys, Kaufaktionen, Vermögensverhältnisse u. a.) bei der persönlichen Ansprache potentieller Konsumenten ausnutzt, sucht der Gesetzgeber mit dem neuen Datenschutzgesetz (ab 1. 2. 77) derartigen unfreiwilligen Vermarktungen der Privatsphäre entgegenzuwirken, so daß Daten von öffentlichen Stellen im Gegensatz zu früher nun nur noch bei Nachweis ‚berechtigter Interessen' des Empfängers und bei ‚Nichtbeeinträchtigung schutzwürdiger Belange' der Betroffenen (die von der Weitergabe benachrichtigt werden müssen) zu erhalten sind.

Die direkte Werbung, besonders durch komputergesetzte, mit persönlichen Daten des Adressaten angereicherte Werbebriefe, sucht die Vorzüge der angebotenen Waren oder Dienstleistungen meistens noch intensiver, argumentativer und aufdringlicher herauszustellen als dies bei anderen Werbemitteln der Fall ist. Durch zusätzliche Schmeicheleien, Einladungen zum Probebezug oder zu Warenproben, zum Bezug verbilligter Sonderleistungen, zu Preisausschreiben oder Verlosungen will man erreichen, daß der Angeschriebene sich möglichst in einen Geschäftskontakt einläßt, aus der Erfahrung, daß dann oft ein Geschäftsabschluß zustande kommt.

---

[167] n. Jahrbuch Werbung 1976/77 S. 99.

Da Werbebriefe und ähnliche Postsendungen in den meisten Fällen gesichtet, oft auch gelesen werden, erweist sich die Drucksachenwerbung wegen des hohen Kontaktgrades für die Werbung als effektive, für den Konsumenten oft als manipulative Werbeform, wenn er deren Versprechungen zu leichtgläubig vertraut.

9.3 Weitere Formen der Wirtschaftswerbung

Die Wirtschaftswerbung kennt sehr viele Formen der Konsumentenansprüche. Anzeigenwerbung, Film-, Fernseh- und Rundfunkwerbung, Plakatwerbung und Drucksachenwerbung sind nur die am meisten verbreiteten und auffallendsten Formen gezielter Massenkommunikation. Hier kann nur noch auf einige weitere Formen hingewiesen werden, deren Wirkung jedoch nicht unterschätzt werden sollte.

Zu erwähnen wären hier die verschiedenen Formen ständiger oder wechselnder *Sichtwerbung,* die auf Produkte oder Firmen hinweisen, z. B. Firmenfassaden, Firmenschilder, Leuchtschriften, ferner die Schaufensterdekorationen und die Warendarbietungen im Geschäftsinnern (vor allem in Selbstbedienungsläden und Supermärkten). Hier wechselt oft die Taktik des Großsortimentsangebots mit möglichst vielen Waren mit der des hervorgehobenen Einzelangebots, das mit all seinen Vorzügen gleichsam zur Besichtigung und Probe dargeboten wird (sog. display-Werbung).

Eine andere wichtige Werbeform ist die *Verpackungswerbung.* Die standardisierte Verpackung gehört insbesondere bei Markenartikeln zur wirksamen Warendarbietung, auch in Werbeanzeigen und Werbesendungen. Die Verpackungswerbung umfaßt aber auch das Packpapier, die Tragetaschen und Pakete mit einem Firmen- oder Warensignet.

Eine besonders textreiche ‚Verpackungswerbung' wird mit dem *Klappentext* von Büchern betrieben, wo sich oft Inhaltscharakterisierungen und werbewirksame Wertungen und Anpreisungen vermischen.

Schließlich ist noch auf die Formen unmittelbarer *Konsumentenansprache* durch Verkäufer, Vertreter und andere Kontaktpersonen (opinion leader, vgl. S. 45) hinzuweisen, die mitunter als ‚geschulte Werber' bestimmte Taktiken der *Überredungswerbung* mehr oder weniger geschickt anwenden und sich dabei oft nicht nur an Kaufinteressenten wenden. Bis zu welchem Grad von Aufdringlichkeit die Werbung dabei gehen kann, zeigen neuere Beispiele aus den USA, wo potentielle Käufer aus bestimmten Zielgruppen sogar telefonisch angesprochen werden, z. T. sogar unter Einbezug von Tonkonserven bestimmter Film-, Fernseh- und Sportstars.

9.4 Politische Werbung

Die Versuche staatlicher Behörden oder politischer oder halbpolitischer Organisationen, die Bürger eines Staates oder bestimmte Gruppen der Bevölkerung zu bestimmten politischen Bewußtseins- oder Verhaltensänderungen oder Entscheidungen (z. B. Wahlen, Beitritte, Zustimmung, Spenden u. a. m.) zu bewegen, werden seit geraumer Zeit als *Propaganda* (gelegentlich auch als *Agitation*) bezeichnet. Sie stellen jedoch, soweit sie an das freiwillige Handeln der Bürger appellieren, eine bestimmte Form der Werbung dar und bedienen sich in zunehmenden Maße auch der Methoden und Techniken der Wirtschaftswerbung. Insofern sollten sie bei Darlegungen zur Werbung nicht ausgeklammert bleiben und auch bei der kritischen Sichtung der Werbung nicht vergessen werden[168].

So wird z. B. die aufwendigste und auffallendste Form politischer Plakat- und Anzeigenwerbung, die *Wahlpropaganda* der großen politischen Parteien zu den Bundestags-, Landtags- und Kommunalwahlen seit Ende der 50er bzw. Anfang der 60er Jahre von großen Werbebüros in Verbindung mit den Parteileitungen durchgeführt. Die Kandidaten- und Parteienwerbung wird dabei häufig den gleichen Bedingungen im Hinblick auf Publikumswirksamkeit, Erinnerungsstabilisierung und Verhaltensentscheidungen unterworfen wie irgendeine Waschmittel- oder Alkoholikawerbung. Auf den *Wahlplakaten* findet sich die gleiche Textarmut und Beschränkung auf

---

[168] Vgl. zur Werbung in der Politik: H. Abromeit, Das Politische in der Werbung. Wahlwerbung und Wirtschaftswerbung in der Bundesrepublik, Opladen 1972. – H. Linhardt, Das Plakat der politischen Parteien, Bonn-Bad Godesberg 1971. – F. Klein u. a., Verbrauchsmodell für den ästhetischen politischen Unterricht – die ästhetische Präsentation politischer Parteien in der BRD – (Wahlkampf-Werbung), München 1972 (p. a. M. Popp, Nürnberg). – D. Matthias/J. Steinert, Bild und Wort in Wahlkampfstellung. Eine semiotische Analyse politischer Propaganda, Praxis Deutsch 18/1976, S. 52–57. – G. Müller, Das Wahlplakat. Pragmatische Untersuchungen zur Sprache in der Politik am Beispiel von Wahlplakaten aus der Weimarer Republik und der Bundesrepublik, Tübingen 1978. – Rolf Bachem, Einführung i. d. Analyse politischer Texte, München 1979 (Analysen zur Sprache und Literatur).

möglichst wirksame Bilder meist prominenter Politiker und/oder der jeweiligen Wahlkreiskandidaten der Parteien und knappe einprägsame Schlagzeilen und Slogans. In *Wahlanzeigen* herrscht meistens der gleiche hervorhebende und hyperbolische oder kontrastiv argumentierende Stil vor wie in Anzeigen der Wirtschaftswerbung (nur daß es für die Parteienwerbung kein Gesetz über unlauteren Wettbewerb gibt, das die Ausschließlichkeitswerbung und die Diffamierung der Konkurrenten verbietet, allenfalls nur – oft nicht beachtete – wechselseitige Fairnessabkommen der Bundestagsparteien).

In welchem Maße selbst innerhalb der Parteileitungen Überlegungen und Diskussionen zur werbewirksamen Wahlvorbereitung stattfinden, die den Beratungen der Werbeteams in der Werbebranche ähneln, hat beispielsweise 1976 das Feilschen zwischen CDU- und CSU-Führung um den Slogan ‚*Freiheit statt Sozialismus* – CDU' oder um die schroffere Form ‚*Freiheit oder Sozialismus* – CSU' offenbart.

Auch die Wahlplakate und Wahlslogans früherer Wahlkämpfe beweisen, wie sehr dabei – ähnlich wie in der Plakatwerbung für Markenartikel – visuell-persuasive und rhetorisch-persuasive Techniken der Aufmerksamkeitsweckung und Eindrucksverstärkung verwendet werden (vgl. z. B. *Keine Experimente,* CDU 1957, 1961; *Auf den Kanzler kommt es an,* CDU 1965; *Wir haben die bessere Mannschaft,* SPD 1969; *Vorfahrt für Vernunft,* F.D.P. 1969 u. a. m.).

Daß mit derartigen Vereinfachungen und Abbreviaturen politischer Problemzusammenhänge und mit den der Wirtschaftswerbung eigenen maximalen Hervorhebungs- und Verdeckungstechniken auch die Gefahren der Wählerverdummung, Manipulation und Überspitzung verbunden sind, ist von Kritikern dieser Formen politischer Werbung oft genug bemerkt worden. Es wäre allerdings verhängnisvoll, wenn – wie im Falle überspitzter Konsumwerbung – Distanz und Abstinenz, hier in der Form der Wahlverdrossenheit, die Folge einer derartigen Wahlpropaganda würden.

Politisches Bewußtsein und politische Meinungen sollten deshalb nicht nur auf Inhalten der Wahlslogans aufbauen; diese wiederum sollten das Ergebnis langjähriger Politik und konkreter Perspektiven spiegeln. Die Abhängigkeit der Wahlpropaganda von den Praktiken wirtschaftlicher Absatzwerbung ist zwar in einer marktwirtschaftlich orientierten und auf der Freiheit der Meinungen und der Meinungsbeeinflussung beruhenden demokratischen Gesellschaft, in der der turnusmäßige Kampf um Wählermehrheiten und politische Macht zu den Spielregeln des politischen Lebens gehört, kaum abzubauen; eine allzu sterotype Wahlwerbung im Stil der Markenartikelwerbung dürfte sich jedoch auf die Dauer für die wahltreibenden Parteien wie für das gesamte politische Leben nur nachteilig auswirken. Eine kritische Sichtung dieser Form der Werbung, verbunden mit Überlegungen über mögliche Verbesserungen, erweist sich auch hier als didaktische Notwendigkeit[169].

10. Exemplarische Einzelanalysen von Werbeanzeigen und Werbesendungen

Im folgenden sollen bisherige Erkenntnisse über die Werbung an einigen Einzelanalysen verdeutlicht werden. Es wurden dazu Anzeigen bzw. Werbesendungen aus verschiedenen werbeintensiven Branchen ausgewählt. Dabei kam es darauf an, das zur Sprache zu bringen, was an diesen Anzeigen an Sinn- und Wirkungselementen auffällt. Eine Vollständigkeit in der Analyse aller relevanten Elemente wurde nicht angestrebt. Auch sollte hier keine bestimmte Methode zugrunde gelegt werden; lediglich das Zusammenwirken verschiedener Register (Text : Bild, Text : Musik) wurde stets berücksichtigt.

Die Analysen können gewisse Grundzüge aller Werbeanzeigen aufzeigen; sie verdeutlichen aber auch, daß jede Werbeanzeige ein eigenes Gepräge aufweist. In diesem Sinne wollen die Analysen als exemplarische Fallstudien verstanden werden[170].

10.1 Anzeigenanalyse: MILDE SORTE („Kennen Sie die Werte von MILDE SORTE?) (aus: BUNTE Illustrierte 40/1977)

Wenn man beim Durchblättern der Illustrierten auf diese Anzeige stößt, könnte man zunächst meinen, eine Werbung für Telefone,

---

[169] Vgl. Praxis Deutsch Heft 18/1976 (‚Sprache im Wahlkampf‘), bes. G. Wolffs Beitrag, ebd. 13–21.

[170] Diese ‚Fallstudien‘ unterscheiden sich als Rezeptionsinterpretationen von den in der werbewissenschaftlichen Literatur üblichen ‚Fallstudien‘ zu einzelnen Werbekampagnen, wie sie z. B. in werbe- und marktwissenschaftlichen Zeitschriften wie ‚Der Markenartikel‘ geboten werden.

157

Telefonieren o. ä. vor sich zu haben. Da wir von den meisten Werbeanzeigen her gewohnt sind, das angepriesene Produkt im Mittelpunkt oder zumindest an auffälliger Stelle der Anzeige zu entdecken, müßten wir das Telefon, das hier den Mittelteil der Anzeige ausfüllt, als die Ware ansehen, für die hier geworben werden soll.

Nach dem Vorbild der Physik wird in der Semiotik das wichtigste informative Element als *Focus* bezeichnet, die Hervorhebung des Produkts in einer Anzeige als *Fokusmanipulation* oder *Fokalisierung*[171]. Dabei werden verschiedene Strategien nach dem Grad der Aufdringlichkeit unterschieden, die vom Fokuszwang bis zur Fokusverunsicherung und Fokustäuschung reichen.

In der vorliegenden Anzeige kann von einer ikonischen *Fokustrübung* gesprochen werden, da der Werbegegenstand der Anzeige, die Zigarette MILDE SORTE, überhaupt nicht abgebildet erscheint. Allerdings gilt diese Fokustrübung nur für das visuelle Register. In der (graphisch vermittelten) Textsprache wird dafür wiederholt auf das Werbeobjekt MILDE SORTE verwiesen: zweimal in roten Großbuchstaben in der signalroten Schlagzeile, einmal in weißer Schrift im roten Kreis der Wählscheibe des Telefons in der Bildmitte, einmal in roten Großbuchstaben im Slogan am unteren Textende, sechsmal in Großbuchstaben innerhalb des kleingedruckten Haupttextes. Daß es sich bei MILDE SORTE um eine Zigarettenmarke handelt, erfährt der Leser erst im ersten Satz des Haupttextes („MILDE SORTE ist eine der leichtesten Zigaretten."). Zwar können die Werber dieser Anzeige von einer allgemeinen Bekanntheit des Produktes, zumindest bei den Rauchern, ausgehen, zur Sicherheit wird jedoch im Sinne üblicher werblicher Redundanz das Produkt im Haupttext noch ausführlich gekennzeichnet und bewertet. Die Schlagzeile der Anzeige bleibt allerdings ebenfalls noch doppeldeutig. Die Anfangsfrage (*Kennen Sie die Werte von* MILDE SORTE?) läßt sich nämlich durch den folgenden Hinweis (MILDE SORTE *verlost DM 50.000 in Wertpapieren.*) auch auf Wertpapiere beziehen. Gemeint sind aber – wie uns erst der Haupttext belehrt – die Werte (= Anteile) an Nikotin und Kondensaten, die die Leser kennen sollen, wenn sie an einem Preisausschreiben mit der Verlosung der genannten Wertpapiere teilnehmen wollen. Die unter dem abgebildeten Telefon und über dem Haupttext stehende schwarzge-

---

[171] Zu den Begriffen vgl. W. Nöth (Anm. 45).

druckte zweite Schlagzeile *Anruf genügt!* verweist zwar auf die Möglichkeit einer solchen Beteiligung durch (telefonische) Angabe dieser Werte, bleibt aber ohne den Haupttext noch immer unklar. Dieser enthält dann neben Hinweisen auf die zu ermittelnden Werte und auf die Bedingungen und Modalitäten des Preisausschreibens eine Anpreisung dieser Zigarettensorte nicht nur wegen ihrer niedrigen (Nikotin- und Kondensat-)Werte, sondern auch wegen der *gelungenen Abstimmung auf Leichtigkeit und Geschmack,* eine Schlagwortkombination, die auch im Slogan (MILDE SORTE – *auf geschmackvolle Art leicht*) aufgegriffen wird.

Die Lösung der Preisfrage, der jeweils anzugebende Wert selbst, wird hier nicht (wie bei Preisausschreiben anderer Firmen) im Text versteckt angegeben. Der danach suchende Leser wird auf entsprechende Angaben auf den Zigarettenpackungen oder in anderen Werbeanzeigen verwiesen, ist also gezwungen, diese stärker zu beachten. Er erfährt lediglich, daß *der Nikotinwert um nahezu 60 %, der Kondensatwert um über 50 % niedriger als der Durchschnitt aller in Deutschland verkauften Zigaretten* sei. Das sind zunächst werbemäßig beeindruckende Angaben, die jedoch recht relativ und unbestimmt bleiben und nur die Gefährlichkeit der weiterhin vorhandenen Nikotin- und Teerstoffe (Kondensate) verschleiern sollen.

Mit dem Hinweis auf verhältnismäßig niedrige Werte an Schadstoffen in der Zigarette entspricht diese Werbekampagne der MILDEN SORTE den Werbeaktionen anderer Zigarettenfirmen, die durch Verweise auf die Reduzierung des Nikotin- und Teerstoffgehalts die Ungefährlichkeit ihrer Zigaretten demonstrieren und damit den von medizinischer Seite ausgehenden Warnungen vor der Krebsgefährdung durch Zigarettenkonsum entgegenzuwirken suchen. Die MILDE SORTE kann bei einer solchen Strategie zugleich auf die Verbesserung ihres Markenimages, das im Produktnamen signalisiert wird, hinwirken.

Mit der Entscheidung zu einer in der Zigarettenwerbung bisher ungewöhnlichen Werbung durch ein Preisausschreiben (,Huckepack-Werbung'), in dessen Gefolge zugleich verstärkte Werbung für das Produkt getrieben wird, bringt diese Werbekampagne eine Abwechslung in die auf bestimmte, fast standardisierte Markenstrategien festgelegte Zigarettenwerbung. Diese Abwechslung dokumentiert sich auch in der fast nüchtern wirkenden graphischen Aufmachung der Schwarz-Weiß-Anzeige, die lediglich durch die signalrote vierzeilige Schlagzeile, den roten Kreis mit dem Produktnamen auf der Wählscheibe des Telefons und durch die rote Markenangabe im Slogan aufgehellt ist. Insofern ist diese Anzeige nicht typisch für die sonst meist farbenfrohen und bilderreichen Anzeigen der Zigarettenwerbung.

10.2 Anzeigenanalyse: Schaum-Maske von Merz („Liebe emanzipierte Eva,...") (aus: Stern 45/1977) (Abb. S. 161)

Die Kosmetikbranche gehört zu den Wirtschaftszweigen, in denen zahlreiche Firmen mit ihren einander oft sehr ähnlichen Produkten konkurrieren und durch teure gezielte Werbungen ihre Marktanteile ständig zu verbessern suchen. Käufer der Waren dieser Branche sind vornehmlich Frauen und Mädchen der mittleren und gehobenen Gesellschaftsschichten, die in der Lage sind, zusätzlich Geld für die Pflege und Verbesserung ihrer Haut, ihres Teints, ihrer Haare auszugeben, um durch ein frisches und gesundes Aussehen attraktiver zu wirken, mehr anerkannt und in ihrem Selbstgefühl bestärkt zu werden.

Eine besonders umworbene Käufergruppe mit einem verhältnismäßig hohen Konsumvolumen bildet hier die Jugend. Sie wird deshalb in vielen Anzeigen besonders als Zielgruppe angesprochen. Text und Bilder sind dabei häufig auf diese Käuferschicht abgestimmt.

Auch die vorliegende Werbung für Schaum-Masken von Merz folgt dieser Strategie. In der unmittelbaren Anrede einer anonymen Käuferin hebt sie die kommunikative Dimension des Appells hervor, in der Anpreisung des Produkts die referentielle Dimension der Darstellung im Sinne des Organonmodells von Karl Bühler. In der Aufmachung (der phatischen Dimension) der Anzeige fällt vor allem die Textanordnung auf, die durch die fettgedruckte Anredezeile und durch die folgenden 13 gleichgroßen Zeilen in zwei Abschnitten wie ein Plakat mit einem Aufruf wirkt. Der Charakter der Werbeanzeige für ein bestimmtes Produkt wird erst in der unteren Bildhälfte deutlich, wo vier verschiedene Packungen des Produkts, jeweils mit der Vorderseite dem Betrachter zugewandt, erscheinen. Die auf den Packungen abgebildeten Mädchengesichter, die alle die Paste der ‚Schaum-Maske' im Gesicht tragen, blicken trotz einer leichten Bildverschleierung mit großen Augen auf den Betrachter und unter-

Liebe emanzipierte Eva,

gestern Abend ist es bei Dir ein bißchen spät geworden und wie die Dinge bei einem Mädchen Deiner Art liegen, könnte es sein, daß Du heute Abend wieder auf die Pauke haust:

ein walnußgroßes Flöckchen Schaum-Maske® – nicht unpraktischer als Dein üblicher Cremetupfer – läßt Dich jeden Tag in wenigen Minuten so ausschauen, als ob Du einen Sonntagvormittag lang ausgeschlafen hättest und nach einem fürstlichen Frühstück zwei Stunden in Wald und Feld spazierengegangen wärst.

**Schaum-Maske®
von Merz macht Dein
Mädchengesicht im
Nu wieder lebendig.**

Erfrischt und pflegt täglich mit dem „Feuchtigkeits-Vitamin" aus der Milch und zartduftendem Prickelschaum.
Schaum-Maske® gibt es nur von Merz.

161

streichen so den appellartigen Charakter der Anzeige. Gleichzeitig bieten sie eine Identifikationsmöglichkeit für die in der Anzeige angesprochenen Mädchen.

Der aufruf- oder briefartige Text beginnt mit der merkwürdigen Anrede *Liebe emanzipierte Eva,;* er richtet sich damit nicht an ein einzelnes Mädchen mit Namen Eva, sondern – im Antonomasiebezug auf die biblische Stammutter der Menschheit – an alle Frauen und Mädchen, vornehmlich an die, die sich im Sinne moderner Lebens- und Rollenauffassung als ,emanzipiert' betrachten. Was bedeutet hier ,emanzipiert' und warum wohl diese Zuwendung zu einer besonderen Gruppe? Der Folgetext läßt ahnen, was hier unter einer ,emanzipierten Eva' verstanden wird. Es geht dabei nicht oder nicht primär um Frauen und Mädchen, die sich von vorgegebenen gesellschaftlichen Zwängen zu emanzipieren suchen, indem sie für Gleichberechtigung und Selbstbestimmung der Frauen eintreten, sondern lediglich um solche Mädchen, die ihr Selbst durch einen gesteigerten Lebensgenuß und damit durch die Abkehr von braver Genügsamkeit und stillem Zuhausebleiben zum Ausdruck bringen wollen. Was sonst noch unter den umgangssprachlichen Wendungen *ein bißchen spät geworden* und *wieder auf die Pauke haust* zu verstehen ist, bleibt dem Leser bzw. der Leserin selbst überlassen. Die scheinbare politische und gesellschaftskritische Kennzeichnung ,emanzipiert' wird demnach vorwiegend als ein konsumkonformes Verhalten verstanden. Das strapaziöse ,Nachtleben' der angesprochenen Mädchen, das in der Sicht mancher Eltern und mancher Erwachsener vielleicht als übermäßig und ungesund kritisiert wird, wird so durch die Kennzeichnung mit einem gesellschaftlichen Etikett aufgewertet. Emanzipiert zu sein, gilt heute manchem jungen Mädchen als erstrebenswertes Ideal, was immer man darunter auch verstehen mag. Die vorliegende Werbeanzeige gibt diesem Worte einen Sinn, der ihren Werbeintentionen entspricht. Sie spielt dabei mit einer doppelten Verlockung: der Verlockung, gesellschaftlich progressiv (= emanzipiert), selbständig zu wirken, und der Verlockung, das Leben zu genießen. Beides wird hier manipulativ miteinander verbunden: Wer die Nächte durchfeiert, gilt als emanzipiert und ist gesellschaftlich ,in' im Sinne einer bestimmten Gesellschaftsideologie, die mit der Konsumideologie auffallend korreliert.

Die negativen körperlichen Auswirkungen eines solchen ,Nachtlebens' können nun durch das angepriesene Produkt ausgeglichen werden. Die uneingeschränkte Fortsetzung dieses Lebensstils erscheint dadurch problemlos; das gesunde Aussehen, auf das man ebenfalls Wert legt, wird so für jeden Tag garantiert. Die umständliche Prozedur der Gesichtspflege mittels Schaum-Maske wird im Text verharmlost *(walnußgroßes Flöckchen... nicht unpraktischer als... Cremetupfer);* die Wirkung in eindrucksvollen Vergleichen unterstrichen (Vergleich mit dem Ausgeschlafensein am Sonntagvormittag – der offenbar dafür reserviert wird – und mit dem Zustand nach einem ,fürstlichen' Frühstück und einem Spaziergang in der Natur). Das angepriesene Cosmeticum ersetzt demnach in der äußeren Wirkung die genannten naturhaften Vorgänge. Diese Wirkung des Produkts wird in einer besonders abgehobenen Aussage nochmals gekennzeichnet, wobei der möglichen Konsumentin in direkter Rede verheißen wird, daß ihr (offenbar ermüdetes) *Mädchengesicht im Nu wieder lebendig* wird.

Merkwürdigerweise wird die Wirkungsweise des Produkts, seine chemische Zusammensetzung und Dosierung, nur am rechten unteren Bildrande in kleinerer Schrift erläutert, wahrscheinlich deshalb, weil derartige Angaben nicht in die Gesamtstrategie der Anzeige passen, aber doch nicht unerwähnt bleiben sollen. Die Angaben sind allerdings recht vage, mehr semantisch aufwertend als konkret *(Feuchtigkeitsvitamin aus der Milch, zartduftendem Prickelschaum)*. Zuletzt wird hier erwähnt, daß die ,Schaum-Maske' nur von der Firma Merz produziert wird. Der Name ist für sie eingetragen und gesetzlich geschützt, was durch das kleine eingekreiste R neben dem Wort gekennzeichnet wird.

Die Anzeigenanalyse konnte verdeutlichen, welche Rolle hier der *ideologische Code* spielt. Dabei konnte der Eindruck entstehen, daß sich diese Anzeige nur an bereits ,emanzipierte' Mädchen wendet. Es muß aber hier bedacht werden, daß der angedeutete Lebensstil wie auch das gesellschaftlich-politische Schlagwort ,emanzipiert' bei manchen Mädchen eine Sehnsucht nach Flucht aus den gegebenen Verhältnissen, nach Teilhabe an einem anderen Leben wecken können oder ein bereits vorhandenes derartiges Eskapismusverlangen verstärken können, so daß die Werbebotschaft auch diese Mädchen anspricht.

10.3 Anzeigenanalyse: Bundesbahn-Reisewerbung („Wo trifft man schon…") (aus: Readers Digest 12/1977) (Abb. S. 165)

Die Deutsche Bundesbahn (DB) sieht sich seit den 60er Jahren der ständig zunehmenden Konkurrenz des Autos ausgesetzt und versucht, sich auf allerlei Art und Weise gegen den Rückgang der Zahl der Bahnreisenden zu wehren. Die Plakat- und Anzeigenwerbung gehört zu den auffallendsten Werbeaktionen des größten staatlichen Unternehmens und zu den besten in der deutschen Werbung überhaupt. Mancher Werbeslogan der DB-Werbung hat bereits sprichwörtliche Verbreitung und somit einen hohen Wiedererinnerungswert erlangt (z. B. *Alle reden vom Wetter, wir nicht.*), manche Werbebilder überzeugten durch die Klarheit und Gefälligkeit ihrer Situationswiedergaben. Dabei bevorzugten die DB-Anzeigen bisher Fotografien, vor allem Farbfotografien, als Bildvorlagen ihrer Werbung. Es fällt daher auf, wenn eine Anzeige von dieser Gewohnheit abweicht und sich mit einer kolorierten Strichzeichnung begnügt, die zudem durch ihre karikierend witzige Darstellung der üblichen harmonisierenden Seriösität anderer DB-Anzeigen widerspricht.

Möglicherweise war ein solcher Wechsel vom kleineren Format des Werbeträgers (DIN A 5) her geboten, für den eine Fotoverkleinerung wenig günstig erschien[172]. Auf jeden Fall kann der Wechsel vom Foto zur Strichgrafik bereits einen erhöhten Aufmerksamkeitsgrad für sich verbuchen, was der Werbeabsicht sicher sehr entgegenkommt.

Die vorliegende Anzeige nutzt sowohl das visuelle als auch das verbale (textliche) Register recht sparsam und wirkungsvoll. Sie bietet in der linken (äußeren) Bildhälfte die seitliche Darstellung zweier langgestreckter Finger, eines kürzeren dickeren, der sich von unten nach oben streckt, und eines etwas dünneren längeren Fingers, der von oben nach unten reicht und mit seinem rotgelackten Nagel den unteren Finger unterhalb der Fingerkuppe berührt. Dabei scheinen beide Finger von unterschiedlichen Energien erfüllt zu sein. So wie unterschiedliche elektrische Ströme bei einem Kontakt Funken auslösen, so gibt es auch hier bei der Berührung Funken, die allerdings in der Form von vier kleinen roten Herzen oberhalb des Fingernagels und der Fingerkuppe des unteren Fingers erscheinen. Rote

---

[172] Diese Werbeanzeige erschien allerdings im Frühsommer 1978 auch als Plakat.

**Wo trifft man schon
am ersten Urlaubstag
seinen ersten Urlaubs-Flirt?**

In der Bahn, wo sonst?

Urlaub von Anfang an. **DB**

Herzchen an Stelle von elektrischen Funken – das kann nur als volkstümliche Symbolik für einen Liebeskontakt verstanden werden, der zwischen einer Frau – metonymisch gekennzeichnet durch den rot lackierten Fingernagel des längeren Fingers – und einen Mann – erkenntlich am unlackierten kürzeren Finger – zustandekommt. Dieser recht vordergründigen Aussage des Bildes entspricht scheinbar die unkünstlerische Zeichnung, die in ihrer Naivität eher an den Stil von Witzblättern denn an eine künstlerische Absicht erinnert. Allerdings geben einige Besonderheiten der Zeichnung dem Betrachter Rätsel auf, deren Lösung nur vermutet werden kann. Da ist z. B. die Überlänge des oberen (weiblichen) Fingers. Was bedeutet sie? Ist der ‚Langfinger‘ hier symbolisch als der aktivere Teil zu verstehen, den die Gelegenheit zum Dieb macht, indem er sich seinen Part(ner) zu angeln sucht? Geht das Liebeswerben also von der Frau aus, trifft dann allerdings auf einen von erotischer Energie erfüllten Mann? Die rötere (fast violette) Farbe des unteren Fingers scheint ebenfalls darauf hinzuweisen; die Bildsprache scheint also diese Vermutung zu bestätigen.

Was sagt nun der Anzeigentext dazu? Wichtig ist hier der fettgedruckte Text, der hier rechts neben der Berührung der Finger und neben dem unteren Finger erscheint. Er besteht aus einer Frage, einer Antwort und einer darauffolgenden rhetorischen Frage sowie aus dem Werbeslogan *(Urlaub von Anfang an.)* und dem Signet der Deutschen Bundesbahn (DB). Die erste Frage *(Wo trifft man schon am ersten Urlaubstag seinen ersten Urlaubs-Flirt?)* konkretisiert bereits die Aussage der Zeichnung und macht diese so zum zusätzlichen Signifikanten des Textes. Die Bahnfahrt in den Urlaub wird damit zur Gelegenheit für den ersten Flirt (dem vielleicht weitere folgen). Die etwas eingerückte und so hervorgehobene Antwort *(In der Bahn – wo sonst?)* bekräftigt diese Aussage, die durch Zeichnung und Eingangsfrage bereits erkennbar geworden war. Der umgangssprachliche Duktus dieser Textpartien, der sich in umgangssprachlichen Wendungen *(Wo trifft man schon … wo sonst?)* und in der elliptischen Antwort äußert, korrespondiert dabei mit der Einfachheit der bildlichen Form, aber auch mit der Lockerheit des angesprochenen moralischen Hintergrundes, den die Werbegestalter hier geschickt in ihre Gestaltungsstrategie einbezogen haben.

Auch der Kleintext im rechten oberen Bildende bezieht sich auf den Anfangstext, indem Minibar und Schlafwagen mit dem ersten Urlaubsschluck und dem ersten Urlaubstraum in diesen Gedankengang einbezogen werden. Damit wird für den Betrachter die ‚Markenstrategie' dieser Anzeige deutlich: In dem Bestreben, ihre Dienstleistungen gleichsam als eine Ware oft zu verkaufen, um die Einnahmen zu steigern (was in diesem Fall nicht der Gewinnmaximierung, sondern der Verlustreduzierung und damit der Entlastung des Staatshaushaltes und letztlich dem Steuerzahler dient), muß die Bundesbahn ihren Reiseservice besonders hervorheben. Dabei legt sie nicht nur Wert auf den Hauptnutzen der Bahnreisen, die sichere und schnelle Beförderung (die auch durch das Auto erreicht wird), sondern besonders auch auf die verschiedenen Nebennutzen, vor allem auf solche, die der stärkste Konkurrent, das Auto, nicht bieten kann.

Ein solcher Nebennutzen der Bahnfahrt ist in der Möglichkeit zur Kontaktaufnahme mit fremden Menschen zu sehen. Dieser ,Nebennutzen' wird in der vorliegenden Anzeige eingeengt auf die Möglichkeit der erotisch betonten Begegnung zwischen den Geschlechtern, eine zweifellos etwas weniger konventionelle Form der Gesellung, wie sie vor allem bei Urlaubsreisen mehr oder weniger häufig geschieht und zu mehr oder weniger glücklichen Begegnungen führt.

Man könnte annehmen, daß sich die Anzeige nur an die potentiellen Urlaubsreisenden wendet, die einem Urlaubsflirt nicht abgeneigt wären. Werbung appelliert aber nicht nur an die Erfüllung vorhandener Wünsche und Sehnsüchte, sondern zielt auch auf die Weckung neuer Wünsche. Die hier angedeutete Möglichkeit eines Flirts kann so auch die ansprechen, die nicht auf eine solche Begegnung aus sind, aber dennoch im Urlaub den Alltag vergessen möchten. Die Werbung möchte auch diese Urlauber zur Bahnfahrt mit all ihren Möglichkeiten, Neues zu erleben, verlocken. Zuletzt sei noch ein Blick auf den ideologischen Hintergrund dieser Anzeige angebracht. Die Selbstdarstellung und Selbstanpreisung der DB als Begegnungsstätte für Flirts und erotische Abenteuer ist ein gesellschaftliches Faktum, das vor einigen Jahren noch undenkbar erschien, heute aber die zunehmende Erotisierung des Lebens und der Werbung spiegelt.

10.4 Anzeigenanalyse: Racke rauchzart – Whisky („Es braucht mehr als...) (Stern 45/1977, 104) (Abb. S. 169)

Die Alkoholikawerbung ist angesichts der Vielzahl konkurrierender Marken gezwungen, recht variabel in ihren Werbestrategien zu bleiben, um immer von neuem das Interesse der trinkfreudigen Bevölkerung auf ihre Produkte zu lenken. Die Whisky-Werbung bildet einen besonderen Zweig innerhalb der Alkoholikawerbung, der vor allem seit dem EG-Beitritt Englands und Irlands mit dem erleichterten Einführen englischer und irischer Whiskys auf den europäischen Markt manche neuen Ansätze entwickelt. Der Verweis auf die Herstellungstechniken, oft eingekleidet in eine interessante *story* (oder die Andeutungen einer solchen) bildet eine beliebte Strategie, nicht nur in der Alkoholikawerbung.

Die Strategie der vorliegenden Anzeige sucht vornehmlich solche Angaben zur Herstellung des deutschen *Racke rauchzart*-Whiskys vorzubringen, die den Begriff *rauchzart* erläutern sollen. Gerade durch diese Qualitätskennzeichnung, die ursprünglich wahrscheinlich nur ein differenzierendes und charakterisierendes Beiwort war, nun aber als Bestandteil des Produktnamens gesetzlich geschützt ist und – wie es im Haupttext der Anzeige tautologisch heißt – den einzigen Whisky der Welt kennzeichnet, der sich ‚rauchzart' nennen darf, soll das Werbeobjekt von anderen Whiskysorten abgehoben und besonders bewertet werden.

Entscheidend für diese Markenstrategie der Anzeige ist der Text, der nach Art einer kurzen Herstellungsgeschichte des *Racke rauchzart* abgefaßt ist. Er knüpft dabei an Herstellungsgeschichten anderer Sorten, besonders des schottischen Whiskys, an, die das Whiskybrennen in die neblige Welt der schottischen Highlands mit ihren Torffeuern verlegen und so das Produkt zu romantisieren suchen, hebt sich aber ausdrücklich von diesen *stories* ab, indem er in der Schlagzeile betont: *Es braucht mehr als ein Torffeuer, um einen Whisky rauchzart zu machen.* Dieser Gedanke wird auch im Haupttext nochmals aufgegriffen, um daran anschließend dieses ‚mehr' erläutern zu können. Was es ist, wird bereits in den Zwischenüberschriften deutlich *(Schottlands rauchige Malts, Deutschlands zarte Grains, Schottlands Malts und Deutschlands Grains werden verheiratet.)*, die anschließend jeweils einzeln erläutert werden. Der deutsche Whisky *Racke rauchzart* geht demnach aus einer Mischung ab-

Es braucht mehr als ein Torffeuer, um einen Whisky rauchzart® zu machen.

Erst viele Brände geben einem Whisky Charakter.

Die meisten Geschichten vom Whisky beginnen bei den Torffeuern, die irgendwo im schottischen Hochland flackern. Schöne Geschichten, von denen auch unser Racke *rauchzart* ein Kapitel erzählen kann.

Wer jedoch die ganze Geschichte kennen will, der muß wissen, daß ein Torffeuer nicht alles ist. Es gehört weit mehr dazu, den einzigen Whisky der Welt zu machen, der sich *rauchzart* nennen darf.

Schottlands rauchige Malts.

Das sind Whiskys, die 3, 5, 8, 10 und 12 Jahre alt sind. Wir kaufen sie in den renommierten Destillerien der schottischen Highlands, der Lowlands und der Insel Islay. Für viel gutes Geld. Denn die Malts bilden die rauchige Seite im Geschmack unseres Racke *rauchzart*.

Deutschlands zarte Grains.

Das sind Whiskys, die wir für Racke *rauchzart* extra in Deutschland brennen lassen.

Aus bestem Getreide. Zum Beispiel aus dem berühmten Weizen, der in der Hildesheimer Börde wächst. Die Grains machen die zarte Seite unseres Whiskys aus.

Schottlands Malts und Deutschlands Grains werden verheiratet.

Verantwortlich dafür ist Georg Habermann, einziger deutscher Whisky-Blendmeister.

Er hat schon viele gute Whiskyehen zustandegebracht. Entsprechend groß ist die Erfahrung mit der er rauchige Malts und zarte Grains verbindet. Was noch zur hohen Kunst des Blendes gehört, ist ein besonders weiches, whiskyfreundliches Brunnenwasser aus 240 Metern Tiefe.

Jetzt braucht der Racke *rauchzart* nur noch eine gewisse Reifezeit, die er in kleinen Holzfässern verbringt.

Bis zum Tag, wo Ihre Zunge mit ihm Freundschaft schließt. Zum Wohl!

6 Gläser zum Preis von DM 18,90 zuzügl. Porto und Nachnahme. A. RACKE Postfach 208 6530 Bingen

Nur ein Whisky ist rauchzart® - Racke rauchzart.

gelagerter schottischer Whiskys mit in Deutschland aus Weizen gebranntem Whisky hervor, die beide in einem besonderen Verfahren unter Zusatz von weichem Brunnenwasser verbunden werden und dann nach einer gewissen Zeit der Ablagerung in kleinen Holzfässern in den Handel kommen. Vom schottischen Anteil dieses Whiskys stammt danach *die rauchige Seite im Geschmack*, vom deutschen Anteil *die zarte Seite*.

Der Text enthält zahlreiche Angaben, die den Herstellungsvorgang, die Bestandteile und das Gesamtprodukt sprachlich aufwerten sollen. Da erfahren wir, daß die schottischen Malts bereits *3, 5, 8, 10 oder 12 Jahre* gelagert waren (die enumerative Nennung steigert die Aussage), daß sie *in renommierten Destillerien für viel gutes Geld* gekauft werden, daß der deutsche Whiskybestandteil *(Deutschlands zarte Grains) aus bestem Getreide. Zum Beispiel aus dem berühmten Weizen, der in der Hildesheimer Börde wächst* gebrannt werden. Schottischer und deutscher Whisky werden sodann nicht nur gemischt, sie werden *verheiratet* (vgl. unten ‚Whiskyehen‘). (Die Metaphorisierung dient hier sicher nicht nur der Verdeutlichung, sondern auch der Hervorhebung und Wertsteigerung.) Die Mischung vollzieht oder überwacht nicht nur irgendwer, sondern der *einzige deutsche Whisky-Blendmeister* Georg Habermann. Er hat, wie es weiter im Text heißt, *schon viele gute Whiskyehen zustandegebracht. Entsprechend groß ist die Erfahrung, mit der er rauchige Malts und zarte Grains verbindet.* Das Produkt ist somit ein ‚Meisterwerk‘. Die Namensnennung des zuständigen Meisters soll das Vertrauen zum Produkt bestärken, das so etwas aus der bloßen Technik des Herstellungsvorgangs herausgehoben ist. Wie die Mischung und Herstellung des ‚Racke rauchzart‘ nun eigentlich vollzogen wird, wie hoch die Anteile der beiden Whiskys sind, und ähnliche genauere Angaben werden jedoch verschwiegen.

Der Produktionsvorgang wird dennoch als ‚hohe Kunst‘ bezeichnet. Auch das zugesetzte Wasser ist von besonderer Art: *besonders weiches, whiskyfreundliches Brunnenwasser aus 240 Metern Tiefe.* Es dürfte also keine Verunreinigung dieses Wassers durch irgendwelche chemischen Rückstände zu befürchten sein. Die Lagerzeit, über deren Dauer man sich ausschweigt, erscheint entsprechend als *eine gewisse Reifezeit*, die das nunmehr fertige Produkt *in kleinen Holzfässern verbringt.* (Andere Whiskymarken betonen die Lagerung in Eichenfässern). ‚Reifezeit verbringen‘, das erinnert fast an menschliche Einrichtungen; das Werbeobjekt soll auf diese Weise sympathisch gemacht werden, damit – wie es zuletzt heißt – die Zunge des angesprochenen Konsumenten *(Ihre Zunge)* ,mit ihm Freundschaft schließt'.

Die Textfassung bietet eigentlich alle Aspekte des Bühlerschen Organonmodells der Sprache: der Ausdrucksaspekt spiegelt sich in der dargelegten ,Leistung' der Herstellerfirma und wird in den entsprechenden Pronomina der 1. Person Plural signalisiert: *auch unser Racke, wir kaufen sie..., unseres Racke..., wir für Racke... unseres Whiskys.'* Den Appellaspekt realisiert zunächst die Form der Werbeanzeige, aber auch die Kundenansprache am Schluß: *Ihre Zunge...* Der Darstellungsaspekt überwiegt hier ohnehin durch die vielen Einzelheiten über das Produkt und den Herstellungsprozeß.

Die Sprache des Textes ist einfach und übersichtlich, eine gehobene Umgangssprache mit nur wenigen Fachwörtern (Malts, Grains, Blend), aber um so mehr Aufwertungswörtern (s. o.). Der Satzbau bietet durchweg übersichtliche Sätze mittlerer Länge, gelegentlich auch alleinstehende Ausklammerungen *(Für viel gutes Geld. Aus bestem Getreide. Bis zum Tag, wo...).* Das visuelle Register hat gegenüber dem Text nur eine aufmerksamkeitsweckende und ergänzend informierende Funktion. Die obere Anzeigenhälfte enthält die Schlagzeile (3 Zeilen in schwarzem Fettdruck), darunter in einem liegenden Rechteck das Bild eines Feuerbrandes, der von einem dahinterstehenden, rot angeleuchteten Mann in Arbeitskleidung (mit Hemd und Mütze) entfacht wird. Dieses Bild trägt die kleine Unterschrift: *Erst viele Brände geben einem Whisky Charakter.* Es handelt sich also insgesamt um eine Information, die nicht notwendigerweise zum Haupttext gehört, ihn vielmehr ergänzt. Wo das Feuer entfacht wird, ist nicht erkennbar; jedenfalls ist es keins der ominösen Torffeuer, eher ein Vorgang in einem Industriebetrieb.

Rechts neben dem Haupttext in der unteren Hälfte zeigt ein kleineres Bild im stehenden Rechteck eine geöffnete Racke-Whisky-Flasche mit einem eis- und whiskygefüllten Glas daneben, auf einer Steinplatte vor einer grünen Landschaft und einem blauen Himmel mit weißen Wolken. In ganz kleiner Schrift wird in diesem Bild auf den registrierten Namensschutz für ,rauchzart' hingewiesen, ferner als Zusatzwerbung auf die Möglichkeit der Bestellung von Whiskygläsern bei der Firma Racke.

Diese Darstellung des fertigen Produkts, die mit der idealen Umgebung kernige Naturverbundenheit signalisiert und gleichzeitig zum Genießen einlädt, kontrastiert mit dem dunkleren, nur durch den Feuerbrand gelbrot erhellten oberen Bild. Insofern werden auch hier – wie im Text – Herstellung und Genuß repräsentiert.

Der Slogan (eher eine zweite Schlagzeile) betont nochmals mit der Einzigartigkeit dieses Whiskys mit dem alliterierenden Namen die Abgrenzung zur Konkurrenz: *Nur ein Whisky ist rauchzart – Racke rauchzart.*

10.5 Anzeigenanalyse: Opel ‚Manta' (,,Wer sagt denn...") (Stern 45/1977, 70)

Die vorliegende Anzeige unterscheidet sich insofern von den üblichen Auto-Werbeanzeigen, als sie das neue anzupreisende Modell nicht in strahlendem Tages- oder Kunstlicht als einziges Gegenstand oder kombiniert oder besetzt mit lachenden Menschen vorführt, sondern ins Dunkel eines nächtlichen Hinterhofes rückt. Hier wird der Opel ‚Manta' nur schräg von vorn beleuchtet, so daß allein die Vorderfront und die linke Wagenseite sichtbar werden. Da der Bildhintergrund, ein schräg zum Bild stehendes mehrstöckiges Wohnhaus und ein rechtwinklig darauf stoßendes Gebäude, das fast wie ein Schuppen wirkt, in dunklem Blau gehalten sind, das lediglich durch den etwas helleren Himmel und seine blasse Spiegelung in den Fensterscheiben des Hauses ein wenig aufgehellt wird, der vorgerückte Pkw jedoch mit seiner sattgelben Lackierung daraus hervorleuchtet (ebenso wie ein gleichfarbig erleuchtetes Fenster im 3. Stock), ergibt sich ein auffallendes harmonisch wirkendes Zusammenspiel zwischen den Kontrastfarben dunkelblau und gelb, das sich schließlich nocheinmal im gelb-blauen Firmensignet der Opel-Werke und der General Motors AG. findet.

Die bildliche Darstellung dieser Werbeanzeige will etwas hervorheben und etwas verschleiern: Hervorgehoben werden soll natürlich zunächst einmal das Werbeobjekt, der Opel ‚Manta', hier bildlich repräsentiert durch eine Luxusausführung mit allerlei Extras, optisch besonders fokussiert durch die schräge Vorderansicht auf den leuchtend gelben Wagen vor nachtdunklem dunkelblauen Hintergrund. Gezeigt soll auch werden, daß dieser anspruchsvolle Wagen nicht nur in die Wohngegenden der Wohlhabenden mit Villen und

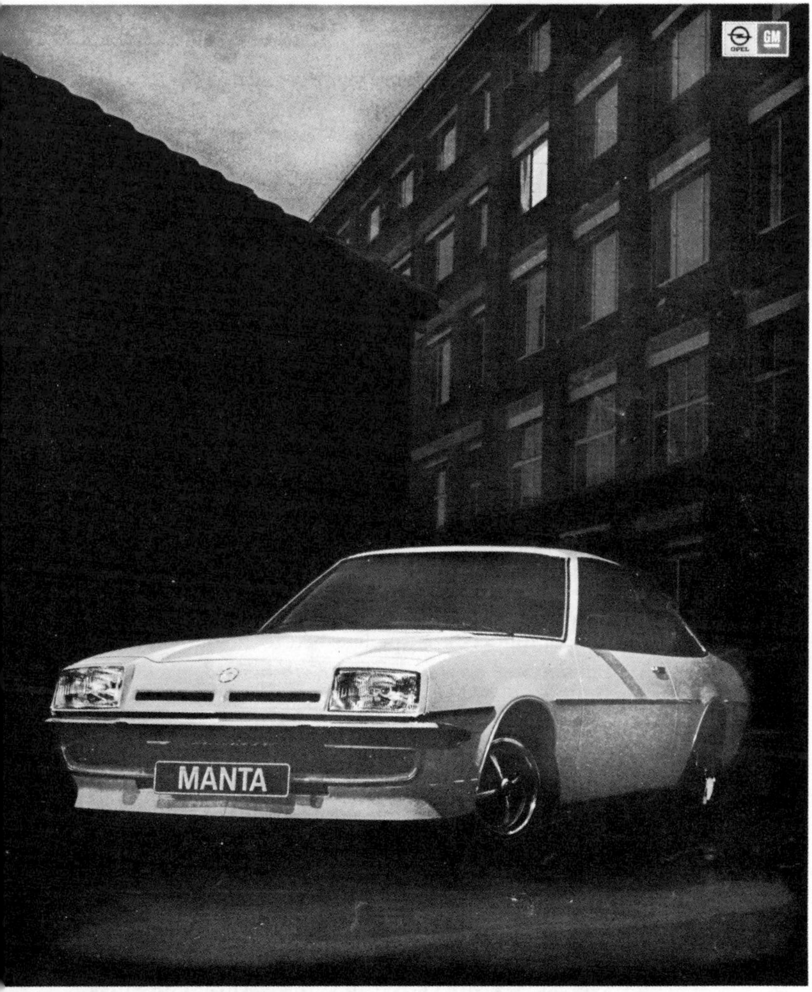

/er sagt denn, daß ein besonderes Auto
esonders kostspielig sein muß?

Manta

den Manta gibt es 7 verschiedene Motoren: von 1.2 l-N bis 2.0 l-E, von 40 kW (55 PS) bis 81 kW (110 PS). Und selbst der Stärkste ist noch ungewöhnlich sparsam im Verbrauch: nach DIN 8.6 l Super auf 100 km. Erfreulich auch: günstige Typschadensklasse und erstaunlich niedriger Anschaffungspreis.

Eigenheimen, sondern auch in die Hinterhöfe der Mietskasernen und Wohnblocks paßt, d. h. von weniger wohlhabenden Autofahrern erworben werden kann. Dieser Zusammenhang zwischen Hinterhauswohnung (im 3. Stock über gewerblich genutzten Räumen) und Besitz eines Opel ‚Manta' wird besonders signalisiert durch das erleuchtete Fenster im 3. Stock, das durch sein gelbes Licht mit der Farbe des Wagens korrespondiert. Das scheinbar zufällige Nebeneinander dieser Bildelemente soll offenbar vom Betrachter zu einem solchen Zusammenhang verknüpft werden, wie wir ihn in unserer Vermutung geäußert haben.

Verschleiert wird in dieser Anzeige der Alltag dieser Hinterhöfe, der einen disharmonischen Kontrast zum abgebildeten Luxuswagen ergeben und die Bildwirkung stören könnte. So beschränkt man sich hier lieber auf die Darstellung in der Nacht, die das Negative verhüllt und zudem farblich mit dem Werbebeispiel harmoniert.

Der recht knappe Text bestätigt die dargelegte Gestaltungsstrategie und unterstreicht die Markenstrategie, die den Grundnutzen der Sparsamkeit dieses Wagens der gehobenen Mittelklasse hervorzuheben sucht. Die Schlagzeile wirbt mit einer rhetorischen Frage, die keinen Widerspruch zuläßt, auf diese Möglichkeit, ‚ein besonderes Auto', aber kein ‚besonders kostspieliges' Auto zu kaufen, hinweisen *(Wer sagt denn, daß ein besonderes Auto besonders kostspielig sein muß?)*.

Der kleiner gedruckte Haupttext, ebenfalls in zwei Zeilen angeordnet, weist ferner darauf hin, daß es sieben verschiedene Motorvarianten und entsprechend unterschiedliche Motorleistungen bei diesem Wagentyp gibt, daß aber selbst der stärkste Motor noch ungewöhnlich sparsam sei, was durch Verbrauchsangaben nach einer DIN-Norm bewiesen werden soll, daß schließlich auch die Typschadensklasse dieses Wagens und der Anschaffungspreis (der nicht genannt wird) dieser Sparabsicht der Käufer entsprechen.

Der Anzeigentext verzichtet also von vorneherein auf die Angabe vorteilhafter technischer Details, konzentriert sich vielmehr ganz auf die Argumentation der festgelegten Sparsamkeitsstrategie, die sowohl den volkswirtschaftlichen Nutzen eines relativ niedrigen Kraftstoffverbrauchs hervorhebt (ein Argument, das neuerdings bei den gesetzlich verordneten Energieeinsparungsmaßnahmen auf dem amerikanischen Automarkt besonders wichtig ist) als auch die privaten Einsparungen bei der Anschaffung und Haltung dieses Wagens, der sonst nur durch seinen Namen (und den der Firma) und sein gefälliges, wirkungsvoll hervorgehobenes Äußeres beeindrucken soll.

Die gelungene grafische Gestaltung dieser Anzeige verdient dabei im Kontext des Mediums besondere Aufmerksamkeit. Durch die Beschränkung des Textes auf etwa 1/9 der Anzeigenhöhe und dessen Wiedergabe in schwarzer Schrift auf weißem Grund unter dem Anzeigenbild wirkt die Anzeige zunächst wie eine Seite des redaktionellen Teils der Illustrierten, in der sie erscheint. Sie ist dadurch weniger in der Gefahr, als bloße ‚Reklame' einfach überblättert zu werden. Das nach unten weisende Dreieck des sichtbaren Himmels in hellerem Blau und das leuchtende Gelb des Wagens verlocken dann zur Beachtung der Anzeige. Die fettere Schrift der Schlagzeile, das geschickt rechts neben beide Zeilen plazierte Opel-Signet und der Name ‚Manta' sowie das Namenschild (anstelle des Nummernschildes) im Bild, die beiden Firmensignets rechts oben und schließlich der Inhalt des Textes selbst sorgen allerdings dafür, daß diese Anzeige als solche verstanden wird.

10.6 Analyse eines Fernsehwerbespots: **Blend-a-med Zahncreme** (30 Sek.)

Drehbuchwiedergabe (nach der Sendung – am 19. 7. 78, 19.25 Uhr im ZDF)

Bildangabe	Format	Text	Geräusche
Marktszene	Totale	—	Stimmengewirr
Junge u. Mutter vor Äpfeln	Halbtotale	—	Stimmengewirr
Junge nimmt Apfel	Halbtotale	‚Darf ich?'	

Bildangabe	Format	Text	Geräusche
beißt in Apfel	Nah	—	knirschendes Bißgeräusch
reicht Mutter einen Apfel	Halbnah	,Hier, Mutti, beiß auch mal rein!'	Marktgeräusche im Hintergrund
Mutter wehrt ab	Nah	,Nein, mein Zahnfleisch' —	Marktgeräusche im Hintergrund
—	—		
Mann im weißen Kittel im Raum vor Tafel m. Zahnprofilschema	Halbtotale	,Alarmsignal! Parodontose droht'	schrille Hintergrundmusik
		—	Gong oder Akkord ausklingend (verzerrend)
Mann zeigt auf Tafel, wo Zahnfleischschwund gezeigt wird	Halbtotale — Nah Nah	,Mit Zahnfleischbluten fängt es an' ,Dann geht das Zahnfleisch mehr und mehr zurück. Das Ende ist Zahnausfall.'	3 x krächzendes Geräusch 3 x krächzendes Geräusch
	—	,Lassen Sie es nicht soweit kommen!'	—
Mann zeigt Blend-a-med-Packung	Halbtotale	,Nehmen Sie rechtzeitig Blend-a-med!'	—
	—	,Blend-a-med festigt das Zahnfleisch'	
Packung allein	Großaufnahme	,Damit Sie auch morgen noch kraftvoll zubeißen können.'	2 helle Akkorde und leichte Musik
Packung allein	Großaufnahme	,Die meisten Zahnärzte geben ihrer Familie Blend-a-med'	2 Apfelbißgeräusche helle Musikgeräusche im Akkord ausklingend

— = Schnitt

Interpretation des Werbespots

Der vorstehende Werbespot nutzt eine zweigliedrige Szenenfolge für die Werbestrategie der Blend-a-med-Zahncreme. Dabei wird ein dialektischer Szenenaufbau sichtbar, der in den Personen verkörpert wird: Dem unbekümmerten Jungen, der fröhlich in den Apfel beißt, steht die bekümmerte Mutti gegenüber, die es wegen ihres Zahnfleischblutens nicht mehr wagt, in einen Apfel zu beißen. Die Szene wechselt vom Markt (im Freien) unvermittelt in einen Vortrags- oder Behandlungsraum eines Herrn mittleren Alters im weißen Kittel, der offenbar einen Zahnmediziner oder einen anderen Wissenschaftler darstellen soll. Dieser erläutert anhand von Schaubildern dem Fernsehpublikum die Entwicklung der Parodontose und warnt vor ihr, wobei er anschließend das Werbeobjekt *(blend-a-med)* zur prophylaktischen Nutzung empfiehlt.

Der apfelbeißende Junge vertritt hier den Idealzustand, der erreicht werden soll: Seine Zähne sind (noch) in Ordnung. Allerdings können auch sie gefährdet werden, so wie die Zähne seiner Mutter schon gefährdet sind. Die Werbestrategen arbeiten hier also mit dem doppelten Gegensatz: Gesundheit – Erkrankung und Erkrankung – Heilung bzw. Vorbeugung, aus dem sich das genannte dialektische Argumentationsschema ergibt. Beide Szenen werden dadurch einander zugeordnet, obgleich die Eingangsszene nichts von Zahnfleischbluten und von Parodontose erwähnt. Diese Szene erfüllt also deutlich eine ‚Aufhänger'-Funktion für die Verkündigungen der Werbebotschaft in der zweiten Szene durch einen (vorgeblichen) Fachmann, der aufgrund seines Kostüms, des weißen Kittels, und aufgrund seiner Schaubilderläuterungen die (noch immer ernstgenommene) Autorität des Arztes oder Wissenschaftlers beansprucht, durch seine Botschaft aber eindeutig als Werber der Zahncremefirma erscheint. Das Operieren mit der Angst vor der Krankheit, wie es hier deutlich zum Ausdruck kommt, gehört zu den bevorzugten Werbemethoden der Hygiene- und Arzneimittelbranche, die dadurch ihre Produkte um so leichter absetzen kann.

Diese Markenstrategie findet auch in der Textgestalt ihre Entsprechung: Die angstweckende Ausmalung der Parodontoseentwicklung wird durch die unvermittelte (mit einem Bildschnitt und Sequenzwechsel verbundene) expressive Warnung *Alarmsignal. Parodontose droht!* eingeleitet und durch den drastischen Satz *Das Ende ist Zahnausfall* beschlossen. In dieser suggestiven Einschüchterungsstrategie verwendet der Kommunikator auch unbekümmert den sonst weniger geschätzten direkten Imperativ *(Lassen Sie...,* *Nehmen Sie rechtzeitig...).* Die Sprecherfigur als Sekundärsender in Pose und Kleidung des Fachmanns erscheint den Werbern dafür hinreichend legitimiert. Als zusätzlichen Autoritätsbeweis fügen sie jedoch im Slogan den Hinweis auf die *meisten Zahnärzte* ein, die aus Fürsorge und Vertrauen zu dieser Zahncreme nur blend-a-med verabreichen (was natürlich eine kaum beweisbare, aber auch kaum widerlegbare Werbebehauptung bleibt). Der fachmännische Autoritätscharakter dieser Werbung findet übrigens im fremd anmutenden, aus wissenschaftlich anmutenden Morphemteilen zusammengestoppelten Produktnamen, der dreimal im Text und im Schlußbild begegnet, eine zusätzliche Stütze.

Die Bild- und Textgestaltung wird zudem durch die Geräuschgestaltung ergänzt. Das hörbare Stimmengewirr des Anfangs soll die Echtheit der Marktszene beweisen. Mit der Warnung vor der Parodontose sind schrille Musiktöne (Filmorgel?) im Hintergrund verbunden, die den Angsteffekt verstärken können. Sie werden durch einen dumpfen Gongton oder Klavierakkord, der verzerrt ausklingt, abgelöst. Der bildlich verdeutlichte Rückgang des Zahnfleisches, der im Sprechertext ausdrücklich hervorgehoben wird *(mehr* *und mehr)* wird akustisch durch ein dreimaliges disharmonisches krächzendes Geräusch untermalt. Die Konsumempfehlung ist dagegen frei von Nebengeräuschen und daher besonders klar und eindringlich vernehmbar. Erst nach der zweiten Produktnennung setzt die Hintergrundmusik neu ein, nun mit heiter beschwingten Tönen, um während des Slogans harmonisch auszuklingen. Auffallend bei diesen Hintergrundgeräuschen ist das fast überlaute Knirschen, das den Biß in den Apfel signalisieren soll. Es erfolgt einmal gleichzeitig mit der bildlichen Darstellung am Anfang, dann aber zweimal bei den Worten *kraftvoll zubeißen* während des Schlußtextes und der Schlußmusik.

Die multisensorischen Wirkungsmöglichkeiten des Fernsehens werden hier also ausgiebig genutzt. Hierzu zählen auch die Mittel der Bildwahl und Bildführung, die in beiden Szenen auf realistische Veranschaulichung und psychologische Verdeutlichung bedacht ist, den Bildwechsel behutsam vollziehen, dabei ebenso mit Schwenks (3) wie mit Schnitten (4) arbeiten und die Bildgrößen nicht plötzlich verändern. Die Nahaufnahmen (3) heben die wichtigsten Situationen besonders hervor. Der Wechsel von der Totale im Spotanfang zur Großaufnahme des Produkts am Spotende verdeutlicht das in diesem Genre übliche Schema von der Mangelsituation zur Produktpräsentation.

11. Werbung im Deutschunterricht

Die Behandlung von Werbetexten ist erst seit etwa einem Jahrzehnt ein wichtiger Gegenstandsbereich im Deutschunterricht der verschiedenen Schularten und Schulstufen (vgl. S. 35 ff.). Der Einbeziehung dieses Sujets in den Deutschunterricht liegt die Annahme zugrunde, daß die kritische Analyse der Medien und ihrer Informationen deren manipulative Einflüsse verhindern oder zumindest einschränken kann.

Diese alte pädagogische Ansicht, die durch die ideologiekritischen aufklärerischen Ansätze der ,Frankfurter Schule' in der Soziologie neuen Auftrieb erhalten hat, ist nicht unwidersprochen geblieben, da zumal im Bereich der Konsumwerbung weniger die rational wirksamen als vielmehr die emotional wirksamen Einflußfaktoren wichtig sind[173]. Das bedeutet jedoch nicht, daß rationale Analysen der Werbung unwirksam sind, vielmehr, daß sie umfassender und subtiler als bisher oft üblich vorgenommen werden müssen. Es ist zwar nicht auszuschließen, daß auch derjenige, der die Methoden der Wirtschaftswerbung kennt, ihnen erliegen kann; man kann jedoch davon ausgehen, daß die Befähigung zur kritischen Analyse derartiger Phänomene von vornherein ein bestimmtes Distanzverhältnis ihnen gegenüber zu schaffen vermag, das unbewußte Einflußnahmen erschwert. Diese Befähigung zur kritischen Distanz und Analyse gegenüber den manipulativen Einflüssen verschiedenster Art ist ein wichtiger Schritt zur Emanzipation und Autonomie des Individuums, die durch die Schule angestrebt werden. Die Behandlung von Werbetexten (im weitesten Sinne) im Unterricht, vor allem im Deutschunterricht, erfährt durch diese Zielsetzung ihre Legitimation. Die anzustrebende Distanzhaltung und Analysefähigkeit setzt allerdings gründliche Kenntnisse über die einzelnen

---

[173] Vgl. Hauswaldt-Windtmüller (Anm. 17), S. 224 ff.; Kröber-Piehl u. B. Schulz (Anm. 38, 39).

Phänomene und Techniken der Werbung voraus, die im Unterricht zu vermitteln sind.

11.1 Lernzielbestimmungen für die Behandlung der Werbung

Wie allen anderen Unterrichtsvorhaben, so sollte auch der Behandlung der Werbung im Unterricht eine gründliche Reflexion der erstrebten Lern- und Bildungsziele vorausgehen, die als angezielte Fähigkeiten der Schüler zu formulieren sind.

Mit der Befähigung zur distanzierten kritischen Betrachtung und Analyse aller Einflußversuche der Werbung ist bereits das wichtigste Lernziel eines solchen Unterrichts gekennzeichnet. Dieses globale Ziel setzt jedoch eine Reihe von Teilzielen voraus, und zwar sowohl im kognitiven als auch im affektiven, z. T. auch im psychomotorischen Bereich[174].

Sie beziehen sich auf die technischen Zusammenhänge der Werbemittel und ihrer Informationsstrukturen ebenso wie auf die wirtschaftlichen und kommunikativen Zusammenhänge, die mit der Konsumwerbung gegeben sind.

Im einzelnen wären hierbei anzustreben:

1. die Einsicht, daß es sich bei der Wirtschaftswerbung (Konsumbzw. Absatzwerbung) um eine Erscheinung handelt, die sich aus dem Bestreben zumeist privatrechtlich organisierter, konkurrierender Firmen nach Absatzsteigerung und Marktbehauptung bzw. Markterweiterung in einer freien Marktwirtschaft ergibt. Die sich dabei ergebenden Fragen der Vermeidbarkeit bzw. Reduzierbarkeit bestimmter Werbungen wären dabei mitzubehandeln,

2. die Erkenntnis, daß es sich bei der Werbung zumeist um eine einseitige tendenzielle Informationsvermittlung handelt, die mit ihren Versuchen, Aufmerksamkeit, Interesse und Kaufbereitschaft für bestimmte Waren oder Dienstleistungen zu wecken, nur dem wirtschaftlichen Interesse der Werbenden dient. Die Unterschiede zwischen einer nur sachlich informierenden und einer ‚verführenden‘ Werbung, soweit solche zu ermitteln sind, sollten dabei ebenfalls bewußt werden,

3. Erkenntnisse über die wichtigsten Arten und Formen der Werbung, die dabei zu berücksichtigenden kommunikativen Zusam-

---

[174] Vgl. die Lernzieleinteilung von B. S. Bloom u. a.; vgl. auch G. Möller, Technik der Lernplanung, Weinheim 1973.

menhänge und Faktoren sowie die bildlichen, klanglichen und textlichen Einflußmöglichkeiten der Werbemittel,

4. die Sensibilisierung für das Erfassen werbewirksamer visueller, textlicher und klanglicher Gestaltungselemente der Werbemittel und für die Zuordnung der Elemente untereinander und die Fähigkeit zur selbständigen deskriptiven Analyse der Werbeanzeigen und Werbesendungen,

5. die Fähigkeit zum Entdecken manipulativer Beeinflussungsversuche in der Werbung,

6. (z.T. auch) die Fähigkeit zur kreativen Nachgestaltung von Formen der Werbung oder einer Anti-Werbung als Hilfe beim Erfassen der Werbetechniken und ihrer Elemente.

Diese Übersicht über die wichtigsten anzustrebenden Teilziele (Grobziele, die wiederum in begrenztere ‚Feinziele' differenziert werden können) zeigt, daß es sich hierbei zunächst um Lernziele handelt, die überwiegend kognitiv bestimmt sind (vgl. Lernziel 1, 2, 3, 5). Da Werbung jedoch, wie in den vorangegangenen Ausführungen gezeigt wurde, in großem Maße über die Weckung von Emotionen zu wirken sucht, impliziert eine Erziehung zur kritischen Wahrnehmung und Wertung von Werbevorgängen auch affektive Lernziele, wie sie in den Teilzielen 4 und 6 angestrebt sind, aber auch in den übrigen Teilzielen mitbegriffen werden.

Kritische Wahrnehmungsfähigkeit bedeutet dabei nicht, daß die in der Werbung vorkommenden emotional und ästhetisch wirksamen Gestaltungselemente als solche schlichtweg abgelehnt werden, vielmehr daß sie in ihrer jeweiligen Funktionalität und Intention erkannt werden (z.B. Bildgestaltungen, Musikuntermalungen).

Schließlich ist auch auf die Möglichkeit der Realisierung psychomotorischer Lernziele hinzuweisen, wie sie sich etwa bei der selbständigen Neuschaffung von Werbeanzeigen für oder gegen bestimmte Produkte (bzw. Phantasieprodukte) ergeben. Besonders bei jüngeren Schülern wird über diese Form der Beschäftigung mit der Werbung ein kritischer Zugang zur Erkenntnis der Werbetechniken und ihrer Manipulationen möglich.

11.2 Werbeanzeigen als Sonderform der ‚Gebrauchstexte'

Die fachdidaktische Einbeziehung von Werbeanzeigen in den Deutschunterricht erfolgte erst dann, als der schulische (bisher poetische) Literaturbegriff auch auf ‚Gebrauchstexte' erweitert wurde. Werbeanzeigen gelten seitdem als eine Textsorte innerhalb der Gebrauchstexte, jener Texte also, die in der realen alltäglichen Kommunikation als Träger von Handlungsanweisungen (Informationen, Appelle u. ä.) vorkommen. Sie unterscheiden sich also von Texten der fiktiven Kommunikation, die zudem meistens durch bestimmte ästhetische Gestaltungselemente geprägt sind[175].

Der Deutschunterricht will die Schüler mit ‚Gebrauchstexten' vertraut machen, damit die Schüler lernen, solche Texte, die ihnen jetzt und im späteren Leben oft begegnen, genau zu lesen und funktionsgerecht zu verstehen.

Werbetexte haben mit anderen ‚Gebrauchstexten', wie z. B. Gebrauchsanweisungen, Verträgen, Zeitungsberichten u. a. gemeinsam, daß sie ebenfalls Formen der realen schriftlichen oder mündlichen Kommunikation sind, bestimmte Informationen enthalten und bestimmte Intentionen verfolgen. Genaues Lesen und funktionsgerechtes Verstehen gehört auch bei Werbeanzeigen und Werbesendungen zu den fundamentalen Lernzielen, deren Erreichung hier allerdings differenziertere Analysefähigkeiten erfordert. Das ergibt sich aus der komplexen Gestaltungsstruktur dieser Texte, aus ihrer Einheit von bildlicher und textlicher, mitunter auch klanglicher Gestaltung wie aus der hier zumeist vorliegenden Verbindung von Information und Appell. Werbeanzeigen und Werbesendungen können somit als eine Sonderform der Gebrauchstexte angesehen werden. Ihre mitunter vorhandenen ästhetisch wirksamen Gestaltungselemente sowie die teilweise fiktive Gestaltung von Situationen rücken sie sogar in die Nähe der fiktiven Literatur[176]. Die unterrichtliche Analyse von Werbetexten im Zusammenhang mit anderen Gebrauchstexten (z. B. bei einer Illustriertenanalyse) sollte das berücksichtigen. Werbetexte können somit nicht repräsentativ für andere Gebrauchstexte sein.

---

[175] Zu ‚Gebrauchstexten' vgl. K. Gerth, Gebrauchstexte im Unterricht, Praxis Deutsch 1974/2, S. 14 ff.; B. Sowinski (s. Anm. 61).
[176] Vgl. die Auffassung M. Benses (s. Anm. 46).

11.3 Analyse und Synthese in der unterrichtlichen Behandlung von Werbung

Werbeanzeigen und Werbesendungen suchen durch die Komplexität ihrer Gestaltung zu wirken. Die Analyse der Gestaltungselemente erweist sich als brauchbare Form, um die Wirkungsfaktoren zu erfassen. Allerdings genügt es dabei nicht, sich lediglich auf die Faktoren- und Elementanalyse zu beschränken. Jeder Verstehensvorgang ist sowohl von der Verstehensfähigkeit des Rezipienten als auch von der Wirksamkeit der Gestaltungselemente und ihrem Verhältnis zueinander abhängig, die daher beide einzeln wie auch gemeinsam reflektiert werden sollten.

Es ist daher sinnvoll, bei der Behandlung von Werbung im Unterricht zunächst von den Schülerbeobachtungen und -reaktionen auszugehen, zu klären, wie sie Einzelheiten von Bild, Text und Klang empfinden, was sie interessant, neuartig, schön, übertrieben usw. empfinden, und warum sie es so empfinden. Oft merken die Schüler auch, daß eine Anzeige oder Sendung sie nicht anspricht, weil sie für andere Zielgruppen bestimmt ist. Mitunter kann auch die mögliche Wirkung auf andere Zielgruppen (z. B. Hausfrauen) hier reflektiert werden. Dabei steht häufig erst der Gesamteindruck, der sich aus einer unbewußten Synthese verschiedener Gestaltungsfaktoren ergibt, im Vordergrund. Der Synthesekennzeichnung wird in der Regel die Analyse von wirksamen Einzelheiten folgen. Wichtig ist hierbei der ständige Bezug auf Entsprechungen in anderen Gestaltungsbereichen, also z. B. auf Verweise auf Bilder im Text oder umgekehrt. Auf diese Weise werden Isolierungen vermieden, bleibt der komplexe Charakter der Anzeige oder Sendung bewußt. Hier können auch kreative Übungen der Schüler eingesetzt werden, z. B. der selbständige Entwurf eines Werbebildes zu einem vorliegenden Werbetext oder die Suche nach einem passenden Werbetext zu einem vorhandenen Werbebild. Auch so kann die notwendige Synthese von Wirkungselementen angestrebt werden, die wiederum in ihrer Funktionalität der kritischen Reflexion bedarf.

11.4 Werbesendungen im Unterricht

Während Werbeanzeigen aus Illustrierten und Zeitungen den Schülern leicht zugänglich sind und daher mühelos im Unterricht ausgewertet werden können, ergeben sich bei der Behandlung von Werbesendungen der Funkmedien einige Schwierigkeiten, die nicht nur technischer Art sind. Das technische Problem der Aufnahme und Wiedergabe läßt sich bei Rundfunksendungen am leichtesten lösen, da zumeist Tonbandgeräte oder Kassettenrecorder in den Schulen oder bei den Schülern vorhanden sind. Fernsehsendungen erfordern dagegen für die eingehende Analyse Aufzeichnungen mit den selteneren Videorecordern.

Die größere Schwierigkeit liegt jedoch bei der schnellen Abfolge der Sendungen, die in der Regel nur 10–30 Sekunden (selten 60 Sekunden) dauern. Ein verweilendes Betrachten simultaner Einzelheiten wie bei den Illustriertenanzeigen ist daher nicht möglich. Es ist deshalb notwendig, solche Sendungen in einzelne Segmente (Schnitte, Sequenzen) aufzulösen und diese einzeln und im Zusammenhang zu analysieren. Mitunter erweisen sich dabei Verlaufsprotokolle über die Sendung als hilfreich. Die Mehrschichtigkeit solcher Sendungen und ihre Einbettung in einen Unterhaltungskontext verdienen dabei besondere Beachtung.

Die meisten Sprachbücher und Lesebücher, die als ein Beispiel der Gebrauchstexte Werbetexte abdrucken, beschränken sich auf Werbeanzeigen[177]. Die wichtigen Unterschiede zwischen der Anzeigenwerbung und der gewiß ebenso wichtigen Funkmedienwerbung können so allerdings nicht verdeutlicht werden.

11.5 Die Behandlung der Werbung in Unterrichtsreihen oder Projekten und in Einzelstunden

Aus der bisherigen fachdidaktischen Literatur zur Werbung im Unterricht (vgl. S. 35 ff.) ergibt sich, daß dieses Thema zumeist in der Form von Unterrichtsreihen oder Projekten behandelt wird, also in mehreren hintereinanderliegenden Unterrichtsstunden besprochen wird. Ein solches unterrichtliches Vorgehen ergibt sich schon aus der Komplexität und Vielseitigkeit des Themas.

Je nach der Alterslage der Schüler, ihrer Vorbildung und Erfahrung und nach der zur Verfügung stehenden Zeit werden derartige Unterrichtsreihen bzw. -projekte unterschiedlich ausfallen. Es erweist sich jedoch als erforderlich, bestimmte Themen und Aspekte

---

[177] Beispiele für Rundfunk- und Fernsehwerbung (Textabdruck m. Einzelbildern) finden sich im Sprachbuch ‚Verstehen und Gestalten 7‘ des Oldenbourg-Verlags München, S. 64 f.

auf jeden Fall in die Unterrichtsplanung einzubeziehen. Dazu gehören: 1. die wirtschaftlichen Grundlagen der Werbung, 2. die kommunikative Situation der Werbung, 3. die Beschaffenheit bestimmter Werbemittel (z. B. Werbeanzeigen) nach Text, Bild und Klang
sowie ihrer Werbeträger (z. B. Illustrierten), 4. die erstrebte Beeinflussung der Konsumenten.

Bezieht man diese Themen in ein ausführlicheres Curriculum für
eine Unterrichtsreihe über Formen der Konsumwerbung (z. B. in
einer 9. oder 10. Klasse) ein, so wäre folgender lernzieldidaktischer
und thematischer Aufbau möglich:

**1. Einheit: Die verschiedenen Formen der Werbung in unserer
Umwelt**
Lernziel: Achtgeben auf Formen der Werbung im Alltag
Lernkontrolle: Sammeln von Werbebeispielen (als Vorbereitungs-
aufgabe), Sichten und Ordnen von Werbeanzeigen

**2. Einheit: Die wirtschaftliche Bindung und Bedeutung der Kon-
sumwerbung**
Lernziel: Erkennen der Werbung als geplante Hilfe zur Absatzförderung
Lernkontrolle: Materialsammlung zur Werbung in der Wirtschaft,
Erarbeitung eines Faktorenmodells zum Zusammenhang von Wirtschaft und Absatzwerbung

**3. Einheit: Werbung als Form einseitig appellierender Massen-
kommunikation**
Lernziel: Erfassen der Werbung als Kommunikationsvorgang
Lernkontrolle: Aufsuchen von Formen der Senderaussage und
Empfängeransprache in Werbeanzeigen

4. Einheit: Das Entstehen einer Werbeanzeige
Lernziel: Erfassen einer Werbeanzeige (oder eines Werbeplakats) als
überlegte Teamleistung
Lernkontrolle: Rollenspiele (Werbeteams) zu vorhandenen Anzeigen oder Neuentwürfen für Phantasieprodukte oder Besprechung
eines entsprechenden Films der Landesbildstelle

5. Einheit: Werbeanzeigen als Text-Bild-Einheiten
Lernziel: Erfassen von Text-Bild-Gestaltungen einzelner Werbeanzeigen

185

Lernkontrolle: Aufsuchen von Bildtypologien und Text-Bild-Entsprechungen oder eigene Gestaltung von Werbeanzeigen

6. Einheit: Die Versprechungen der Werbeanzeigen

Lernziel: Erfassen der Markenstrategien bestimmter Branchenwerbungen

Lernkontrolle: Zusammenstellung und Gruppierung von Werbeversprechen

7. Einheit: Struktur und Sprache ausgewählter Werbetexte

Lernziel: Fähigkeit zur pragmatischen und linguistischen Analyse der Werbetexte und Werbesprache

Lernkontrolle: Sammlung von Neologismen, Übertreibungen und Fremdwörtern

8. Einheit: Werbung im Rundfunk und Fernsehen

Lernziel: Entdecken von Gemeinsamkeiten und Besonderheiten zwischen Anzeigenwerbung und Funkmedienwerbung

Lernkontrolle: Beschreibende Analyse oder Protokoll eines Rundfunk- oder Fernsehwerbespots

9. Einheit: Manipulationen in der Werbung?

Lernziel: Erkennen von manipulativen Beeinflussungsmöglichkeiten in der Werbung

Lernkontrolle: Aufzeigen und kritisches Betrachten von Werbeeinflüssen im Bereich der Jugendlichen (z. B. Mode, Getränke, Musik)

10. Einheit: Sinn und Unsinn der Werbung

Lernziel: Fähigkeit zum Abwägen positiver und negativer Argumente zur Werbung

Lernkontrolle: Diskussion oder Erörterung über Notwendigkeit, Vorteile und Nachteile der Werbung (auch als Aufsatz).

Der vorstehende Entwurf sucht möglichst viele Aspekte in die unterrichtliche Behandlung einzubeziehen. Weniger systematisch vorgehende Lehrer werden möglicherweise andere Akzente setzen, sich vielleicht stärker auf die Einheiten 4–8 konzentrieren und das übrige mehr beiläufig behandeln. Wieder andere werden in den einzelnen Klassen den gesellschaftskritischen Rahmen dieses Entwurfs stärker als die Einzelanalysen betonen. Entscheidend ist nur, daß den Schülern im Verlaufe ihrer Schulzeit in der Konfrontation mit Werbebeispielen die Fähigkeit zur kritischen Distanz und zur selbständigen Analyse derartiger Werbungen vermittelt wird.

Auch die angegebenen Lernkontrollen wollen nur als Vorschläge zur Vertiefung der Stofferarbeitung verstanden werden. Sie zielen auf die Erreichung der angegebenen Teilziele und letztlich auf ein Richtziel ‚Emanzipation‘, das aber als solches nicht operationalisiert und kontrolliert werden kann[178].

Die Erziehung zur kritischen Erfassung von Werbung jeder Art kann sich nicht auf eine einzige Unterrichtsreihe im Laufe der Schulzeit beschränken, sie wird vielmehr Gegenstand in den verschiedenen Altersstufen sein müssen. Dabei können Einzelstunden oder Blockstunden sowohl der Hinführung zum Thema als auch der Wiederholung und Vertiefung früherer Unterrichtsergebnisse dienen. Die ständig neuen Kreationen im Bereich der Werbung fordern geradezu zum ständigen Wiederaufgreifen der Thematik heraus. Allerdings sollte auch bei derartigen reduzierten Unterrichtsprojekten eine zu isolierte Behandlung einzelner Themen, etwa in der Form bloßer Anzeigenanalysen, vermieden werden. Das Bewußtsein, daß jede einzelne Werbeanzeige Teil eines komplexeren wirtschaftlichen Vorgangs ist, kann die kritische Distanz gegenüber werblichen Beeinflussungsversuchen ebenso stärken, wie es die Sensibilität gegenüber den Einzelfaktoren der Werbung verbessern kann.

11.6 Die Behandlung der Werbung in den verschiedenen Schulstufen

Die heute vorherrschende Tendenz, die Schüler möglichst früh schon mit Phänomenen des täglichen Lebens zu konfrontieren, die seit den 60er Jahren zur Umgestaltung der Lesebücher und Sprachbücher und mancher Lerninhalte geführt hat, bedingte auch, daß Werbetexte in den Unterricht einbezogen wurden. Wenn auch – nach Ausweis mancher Richtlinien und didaktischer Beiträge – der Schwerpunkt einer komplexen Betrachtung der Werbung in die Zeit des gewachsenen Weltverständnisses zwischen dem 8.–12. Schuljahr angesiedelt ist, so zeigen Beispiele in der didaktischen Literatur wie in Lese- und Sprachbüchern, daß das Thema auch schon früher erfolgreich behandelt werden kann. An einigen Beispielen aus der di-

---

[178] Vgl. dazu W. Herrlitz, Thesen zu einem Curriculum: Leistungskurs Sprache in der Sekundarstufe II, in: G. Henrici/R. Meyer-Hermann (Hrsg.), Linguistik und Sprachunterricht (Informationen z. Sprach- u. Literaturdidaktik 9), Paderborn 1976, S. 31 ff.

daktischen Literatur sollen im folgenden unterschiedliche Möglichkeiten der unterrichtlichen Behandlung der Werbung auf verschiedenen Altersstufen erläutert werden.

So schlägt z. B. Wolfgang Menzel[179] am Beispiel der Besprechung eines Spielwarenkatalogs die Erörterung wichtiger Einsichten über die Werbung (Informationsentnahme, Text-Bild-Bezug, Weckung von Wünschen, Beeinflussung von Entscheidungen) bereits für das 2. Schuljahr vor. Auch Bernhard Engelen (1975)[180] stimmt für einen Beginn der unterrichtlichen Behandlung dieser Thematik schon in der Primarstufe ('etwa im dritten Schuljahr'), lehnt allerdings die Projizierung der Werbevorgänge auf Kommunikationsmodelle ebenso wie linguistische Analysen der Werbung ab. Stattdessen fordert er die Beschränkung auf einfache grundlegende Fragestellungen ('Warum... für was... bei wem... wo und wann... wie, mit welchen Mitteln... wird geworben?') und konzentriert sich zudem auf die konnotative Aufladung von Namen und Begriffen und auf die Wirksamkeit von Präsuppositionen. Engelens Ausführungen verdienen auch deshalb Interesse, weil hier Vorschläge für verschiedene Unterrichtsprojekte zur Werbung mit Angaben zur vorgesehenen Altersstufe gemacht werden, z. B. zur Zigarettenwerbung (5.–8. Schj.), zu BRAVO-Heften (7.–9. Schj.), zur Touristikwerbung (vom 4. Schj. an)[181], Kosmetikawerbung (7.–9. Schj.), über Werbung allgemein (6. Schj.), zu sprach- und bildästhetischen Gegebenheiten in der Werbung (vom 3. Schj. an).

Diese Vorschläge verweisen darauf, daß die Auswahl einzelner Bereiche der Werbung den Altersstufen und somit den Verstehensmöglichkeiten und Lebensinteressen der Schüler angemessen sein sollte. Das bedingt allerdings auch, daß komplexere und problematischere Themen erst in den späteren Klassen behandelt werden können.

Im Gegensatz zu manchen anderen, nur auf Materialsammlung und Analyse beschränkten Unterrichtsplänen schlagen J. LEHMANN und H. GLASER[182] für ein Unterrichtsprojekt in der Sekundarstufe II eine solche vertiefte Behandlung der Werbung (im weiten Sinne)

---

[179] In: Praxis Deutsch 2/1974 S. 38ff.
[180] Vgl. Anm. 73.
[181] Nach W. Gewehr, Theorie u. Praxis im Deutschunterricht. Projekte und Vorschläge, München 1975, S. 102, erst im 8./9. Schuljahr.
[182] Vgl. Anm. 78.

vor, vertreten durch Möbelwerbung, Urlaubswerbung und Partnerwerbung, die zugleich die Scheinwelt der Warenästhetik und ihre Tendenz zur Bildung neuer (trivialer) Mythen (im Sinne von R. Barthes) aufzudecken sucht. Die Lernziele sind hier gegenüber anderen Altersstufen dementsprechend erweitert: ‚Bestehendes sehen, kennen, analysieren, verstehen, bewerten, beurteilen, nach seiner Entstehung forschen und gegebenenfalls Möglichkeiten der Veränderung bedenken. Ein Problembewußtsein schaffen, das nicht nur Erscheinungsformen unserer Lebenswirklichkeit registriert und beschreibt, sondern ihren gesellschaftlichen Stellenwert, ihre soziale Funktion thematisiert.'[183]

Ferner werden als besondere Lernziele u. a. noch genannt: gegenstandsgerechtes Problemerkennen und Verfahren des Problemlösens, Vermittlung von Techniken des Umgangs mit Texten in rezeptiver wie kreativer Weise. Die einzelnen Grobziele werden dann gegliedert nach solchen des Textverstehens, der Textherstellung und der Einsicht in das Funktionieren der Sprache.

Wie die meisten Autoren zur Didaktik der Werbung, so sprechen sich auch LEHMANN/GLASER für ein Zurücktreten des Lehrers im Unterricht und eine Förderung sozialintegrierender Arbeitsformen (Gruppenarbeit, Schülerreferate) als methodisches Prinzip bei dieser Thematik aus. Die vielfach empfohlene *Projektmethode*, die eine stärkere Selbstarbeit der Schüler vorsieht und in allen Schulstufen möglich ist, erlaubt zudem von ihrer ursprünglichen Zielsetzung her einen fächerübergreifenden Unterricht, bei dem beispielsweise die ökonomische und psychologische Seite der Werbung von der Sozialkunde, die grafisch-bildliche von der Kunsterziehung und die textlich-sprachliche vom Deutschunterricht angegangen werden. Eine Verabsolutierung dieser Seiten im einen oder anderen Fach oder nur eine mangelnde Koordinierung würden jedoch der Komplexität des Themas nicht gerecht. Eher ist die komplexe Behandlung aller Seiten durch einen Lehrer zu empfehlen, auch wenn dieser sich Einzelheiten aus fremden Fachbereichen erst aneignen muß.

---

[183] Ebd. S. 9.

Literaturauswahl zum Thema:

Abromeit, H.: Das Politische in der Werbung. Wahlwerbung und Wirtschaftswerbung in der Bundesrepublik, Opladen 1972

Bachem, Rolf: Einführung in die Analyse politischer Texte, München 1979 (Analysen z. Sprache u. Lit.)

Binder, H.: Zum Verhältnis von visueller und verbaler Kommunikation in Werbebildern, Linguistik u. Didaktik (= LuD 22/1975, 85–102

Brandt, Wolfgang: Die Sprache der Wirtschaftswerbung. Ein operationales Modell zur Analyse und Interpretation von Werbungen im Deutschunterricht, Germanistische Linguistik 1/2, 1973

Bürger, Christa: Die Sprache der Werbung. Ideologie oder Aufklärung, 1970, abgedr. in: Dyck, J. (Hrsg.), Rhetorik in der Schule, Kronberg 1974 (Scriptor Tb. S. 39)

Eco, Umberto: Einführung in die Semiotik, München 1972 (UTB 105)

Ehmer, Hermann K.: Zur Metasprache der Werbung – Analyse einer DOORNKAAT-Reklame, in: Visuelle Kommunikation. Beiträge zur Kritik der Bewußtseinsindustrie, hrsg. v. Hermann K. Ehmer, Köln 1971 (DuMont aktuell) 162 ff.

Enders, H.: Das jenseitige Automobil. Untersuchungen zur Autowerbung, Sprache i. techn. Zeitalter (= STZ) 42/1972, 165–182

Engelen, Bernhard: Zu einem Unterrichtsprojekt Wirtschaftswerbung, in: Pielow, W. (Hrsg.), Theorie u. Praxis i. Deutschunterricht, München 1975, 74–91

Flader, Dieter: Strategien der Werbung. Ein linguistisch-psychoanalytischer Versuch zur Rekonstruktion der Werbewirkung, Kronberg 1974 (Skripten Linguistik u. Kommunikationswissenschaft 6)

Grosse, Siegfried: Reklamedeutsch, Wirk. Wort 16/1966, 89–107, abgedr. in: Peter Nusser (Hrsg.), Anzeigenwerbung, München 1975, 76–95

Hantsch, Ingrid: Zur semantischen Strategie der Werbung, STZ 1972, 93–114 abgedr. in: P. Nusser (Hrsg.), Anzeigenwerbung, München 1975, 137–159

Hantsch, Ingrid: Textformanten und Vertextungsstrategien von Werbetexten. Ein systematisches Analyserepertoire, in: P. Nusser (Hrsg.), Anzeigenwerbung, München 1975, 160–166

Haug, Wolfgang F.: Kritik der Warenästhetik, Frankfurt ²1972

Hebel, Franz: Sprache der Wirtschaft. Eine kritische Leseübung in Klasse 10, Der Deutschunterricht (= DU) 21/1969, H. 4, 58–72

Klotz, Volker: Werbeslogans, STZ 8/1963, 539–546, abgedr. in: P. Nusser

(Hrsg.), Anzeigenwerbung, München 1975, 96–104 (Kritische Information 34)

Januschek, F.: Werbesprache – erklärt aus ihren Funktionen und ihren Rezeptionsbedingungen, STZ 51/1974, 241–260

Lehmann, Jakob/Glaser, Hermann: Werbung – Warenästhetik – Trivialmythen, Bamberg 1973 (Studientexte u. Arbeitsmaterialien f. d. Deutschunterr. i. d. Sekundarstufe 2)

Maas, Utz: Zur Behandlung von Werbung im Sprachunterricht, STZ 51/1974, 216–230

Moliné, Marçal: Werbung. Motive, Märkte, Medien, Reinbek 1978 (rororo-sachbuch 7133)

Nöth, Winfried: Semiotik. Eine Einführung mit Beispielen für Reklameanalysen, Tübingen 1975 (Anglistische Arbeitshefte 8)

Nusser, Peter (Hrsg.): Anzeigenwerbung. Ein Reader für Studenten und Lehrer der deutschen Sprache und Literatur, München 1975 (Kritische Information 34) (m. reichhaltiger Bibliographie!)

Römer, Ruth: Die Sprache der Anzeigenwerbung, Düsseldorf 1968 (Sprache der Gegenwart 4)

Sowinski, Bernhard: Deutsche Stilistik. Beobachtungen zur Sprachverwendung und Sprachgestaltung im Deutschen, Frankfurt 1973, ³1978 (Fischer-Taschenbuch 6147)

Sowinski, Bernhard: Gebrauchstexte im Unterricht, in: B. Sowinski (Hrsg.), Fachdidaktik Deutsch, Köln 1975 (Böhlau-Studienbücher), 279–289 (= mit Bibliographie zur Werbung im Unterricht)

Werbung 1976/1977. Jahrbuch Werbung 1976/77. Hrsg. vom Zentralausschuß der Werbewirtschaft (ZAW), Bonn-Bad Godesberg 1977

(Außerdem wird auf die in den Anmerkungen zitierte Literatur verwiesen.)

Reihe
ANALYSEN
zur deutschen Sprache
und Literatur

Die Anekdote

Bearbeitungen
des Johanna-Stoffes

Gottfried Benns Lyrik

Deutsche Kindesmord-Tragödien

Einführung in die Analyse
politischer Texte

Einführung in die
Literatursoziologie

Experimentelle Prosa
der Gegenwart

Filmanalyse

Peter Handke

Kreative Gestaltungsübungen
im Deutschunterricht
der Mittelstufe Lyrik – Hörspiel

Lenz: Der Hofmeister –
Die Soldaten

Naturalistische Dramen
Gerhart Hauptmanns

Die Dramen des jungen Schiller

Friedrich Schiller,
Der Verbrecher aus
verlorener Ehre

Texte des Nationalsozialismus

Trivialliteratur 1
Trivialliteratur 2

Karl Valentin

Das Volksmärchen

Das Volksstück
von Raimund bis Kroetz

Werbeanzeigen
und Werbesendungen

Reihe
STUDIENTEXTE
für die
Kollegstufe

Der Bestseller

Autor und Vermittler

Die Rolle des Lesers

Theater und Publikum

Erzählen 1 (Erzähltheorie)

Erzählen 2 (Kurzprosa)

Erzählen 3 (Roman)

Elemente der Rhetorik

Lyrik

Strukturelemente des Dramas

Dramenbearbeitungen

Literaturkritik

Gegenwartssprache
Texte zur Diskussion

Mündliche Kommunikation

Gebrauchstexte 1
(Johann Faust.
Gestalt und Gestaltung)

Gebrauchstexte 2
(Georg Büchner.
Gestalt und Gestaltung)

Bayerische Literatur

Journalistische Textgattungen

R. Oldenbourg Verlag GmbH, München